世纪波
Century Wave

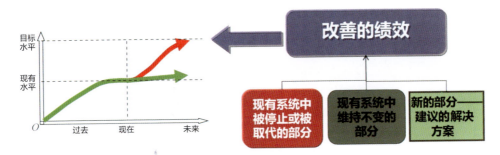

图 1-1　基于系统方法的绩效改善要求

什么阻碍我们达到目标？

制约 ——
因子或元素决定系统能达成多少

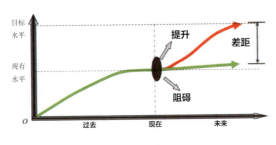

图 1-6　制约

可汗U形图

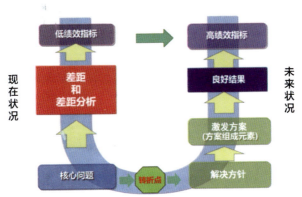

图 1-8　可汗 U 形图的基本模块

可汗U形图和系统改善的四大问题

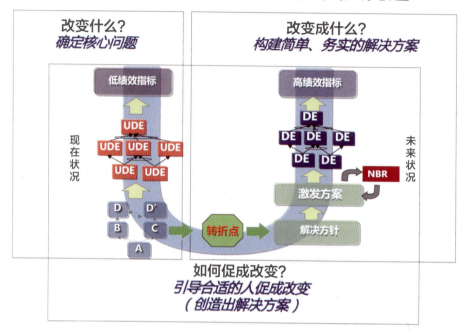

图 1-14 可汗 U 形图和系统改善的四大问题

图 3-13 激发方案 2：生产缓冲的颜色区

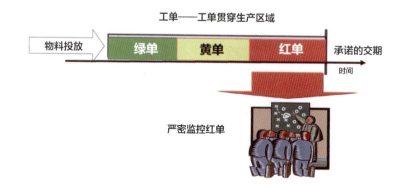

图 3-14 激发方案 4：管理者严密监控红单，并在必要时采取修正行动

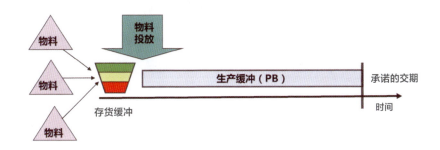

图 3-15 激发方案 5：管理或监督物料的可能性

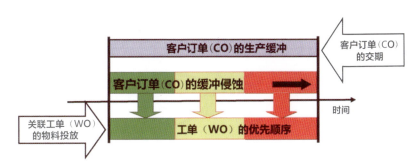

图 3-21 CO 的生产缓冲对 WO 状态的设置

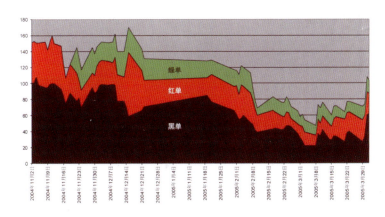

图 3-22 开工 WO 之缓冲状态的日统计表

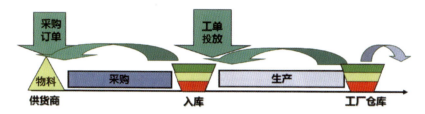

图 3-24　外购物料的计划模式

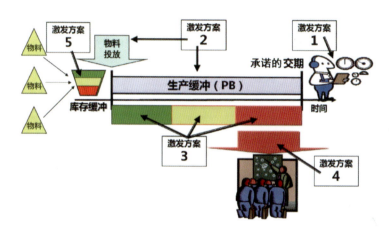

图 3-31　激发方案 1～5：报告准时交货及对 DDP 的立即改善

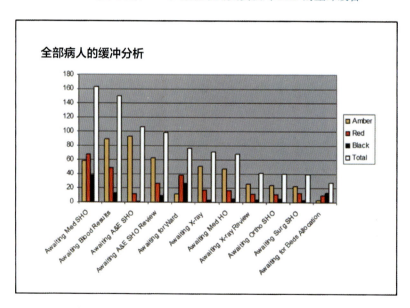

图 3-32　ER 缓冲管理的范例（Alex Knight 提供）

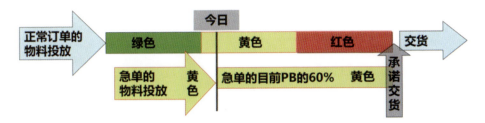

图 4-13　急单的承诺交期是目前 PB 的 60%

工单编号	物料投放日期	交付期	缓冲大小	%侵蚀
AS8843	20.09.2007	02.10.2007	9	175%
JI3756	13.09.2007	05.10.2007	17	127%
AA6556	20.09.2007	08.10.2007	13	117%
AA6509	25.09.2007	11.10.2007	13	100%
JI3768	19.09.2007	11.10.2007	17	100%
AA1879	26.09.2007	12.10.2007	13	84%
HH601	20.09.2007	15.10.2007	18	84%
L123-14	20.09.2007	19.10.2007	22	72%
KI1425/7	20.09.2007	19.10.2007	22	72%
UT7761	20.09.2007	19.10.2007	22	72%
FR1905	20.09.2007	19.10.2007	22	72%
AVB090	20.09.2007	19.10.2007	22	72%
ARY12/6	20.09.2007	19.10.2007	22	72%
AA6551	28.09.2007	16.10.2007	13	72%
SG823	24.09.2007	19.10.2007	20	68%
UT7761	26.09.2007	19.10.2007	18	65%
JI3754	27.09.2007	19.10.2007	17	64%
AA1873	01.10.2007	17.10.2007	13	63%
KI14253	24.09.2007	23.10.2007	22	59%
ARY12/1	24.09.2007	23.10.2007	22	59%

图 4-14　MTO WO 档案的摘录

图 4-16　WO 附上颜色标签

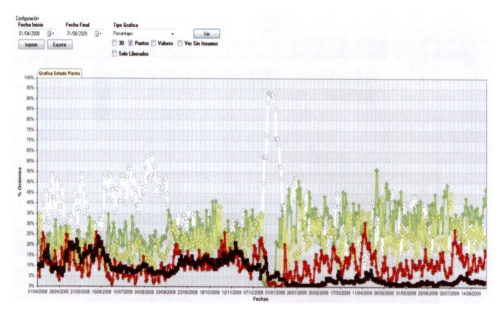

图 4-18　根据缓冲状态，呈现开工 WO 的分布图（Creatum软件）

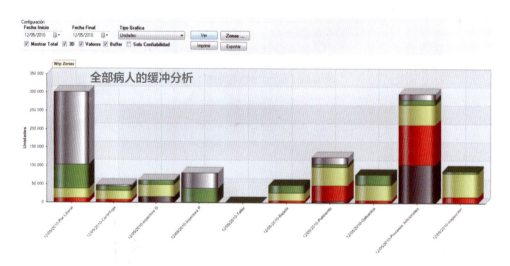

图 4-19　沿着生产流程，WO 颜色标示的概况（Creatum）

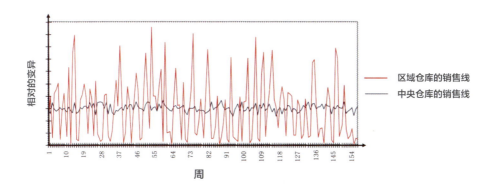

图 5-10 区域仓库与中央仓库需求波动的比较

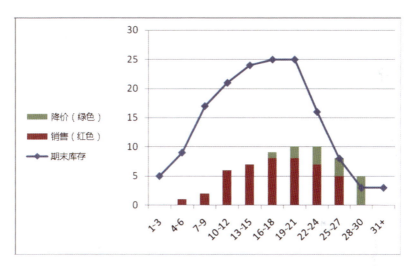

图 5-12 季节性业务的库存及销售的典型概况

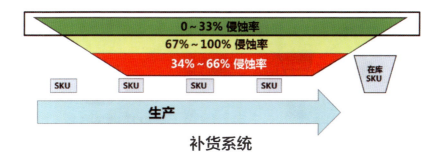

图 5-13 激发方案 2：库存缓冲包含在库 SKU 和生产线的 SKU

图 5-14　激发方案 3：开工工单的优先顺序

图 5-15　激发方案 4：生产管理人员密切监督红色工单及采取修复行动

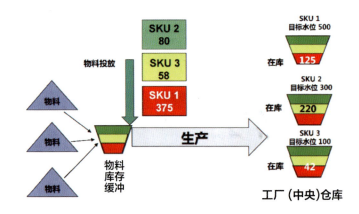

图 5-16　激发方案 5：监督及管理原料及零部件的可得性

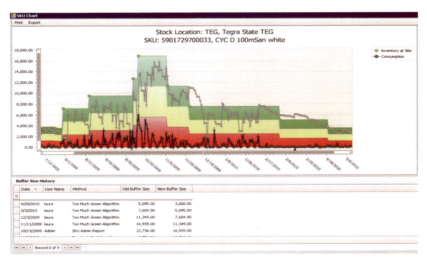

图 5-24　SKU 历史数据的范例：目标库存水位、在库库存和消耗量

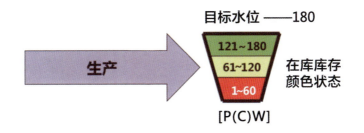

图 5-26　范例：一个 SKU 的库存目标缓冲为 180 个，并已全部入库

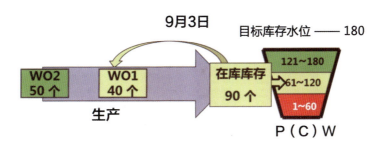

图 5-27　范例：根据库存缓冲状态设定工单的优先顺序，将在库库存及在此之前的工单，
需要生产的数量全都计算在内

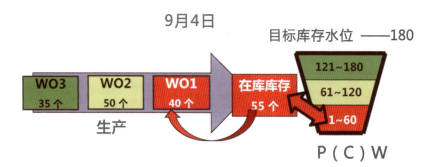

9月4日

目标库存水位 ——180

图 5-28 范例：根据库存缓冲状态提高工单优先顺序，P(C)W 至此消耗越来越大

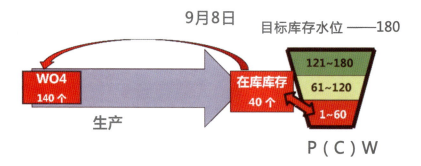

9月8日

目标库存水位 ——180

图 5-29 范例：9月8日的工单优先顺序

Work Center	Work Order ID	SKU	Client	Plant	Quantity	Order Type	Buffer Penetration	...	Actual Release Date	Notes
C	W356	ITEM06 PWH		Plant	700.00	Stock	70%		23/06/08	
B	W365	ITEM09 PWH		Plant	1,000.00	Stock	63%		25/03/08	
B	W366	ITEM10 PWH		Plant	1,500.00	Stock	61%		25/03/08	
B	W364	ITEM08 PWH		Plant	1,800.00	Stock	58%		25/03/08	
D	W354	ITEM01 PWH		Plant	1,200.00	Stock	57%		22/06/08	
B	W357	ITEM06 PWH		Plant	700.00	Stock	51%		23/06/08	
C	W358	ITEM03 PWH		Plant	800.00	Stock	51%		24/03/08	
A	W369	ITEM13 PWH		Plant	600.00	Stock	48%		26/03/08	
C	W363	ITEM07 PWH		Plant	600.00	Stock	46%		24/03/08	
B	W374	ITEM18 PWH		Plant	1,000.00	Stock	46%		27/03/08	
A	W383	ITEM27 PWH		Plant	1,000.00	Stock	46%		29/03/08	
C	W378	ITEM22 PWH		Plant	1,000.00	Stock	44%		28/03/08	
A	W370	ITEM14 PWH		Plant	500.00	Stock	43%		26/03/08	
A	W386	ITEM09 PWH		Plant	1,000.00	Stock	43%		29/03/08	
B	W376	ITEM20 PWH		Plant	100.00	Stock	41%		27/03/08	
A	W380	ITEM24 PWH		Plant	500.00	Stock	41%		28/03/08	
C	W360	ITEM04 PWH		Plant	1,000.00	Stock	40%		24/03/08	
B	W372	ITEM23 PWH		Plant	1,500.00	Stock	40%		27/03/08	
A	W379	ITEM25 PWH		Plant	1,000.00	Stock	38%		28/03/08	
C	W368	ITEM12 PWH		Plant	700.00	Stock	37%		26/03/08	
B	W373	ITEM17 PWH		Plant	500.00	Stock	35%		27/03/08	
B	W367	ITEM11 PWH		Plant	800.00	Stock	34%		25/03/08	
B	W381	ITEM25 PWH		Plant	500.00	Stock	32%		28/03/08	
D	W359	ITEM03 PWH		Plant	800.00	Stock	31%		24/03/08	
A	W387	ITEM05 PWH		Plant	1,000.00	Stock	23%		29/03/08	
D	W355	ITEM01 PWH		Plant	1,200.00	Stock	14%		22/06/08	

图 5-30 开工工单及缓冲状态的画面范例（来自 Symphony）

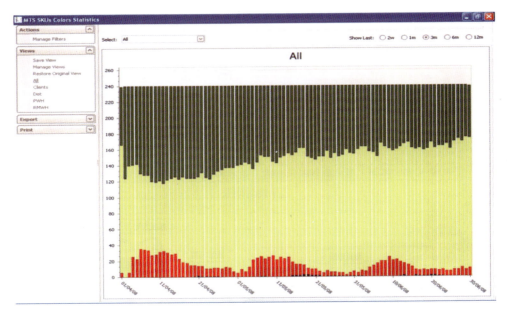

图 5-31　开工工单按缓冲状态的颜色组合范例（来自 Symphony）

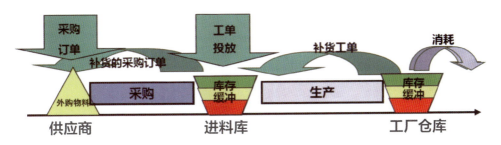

图 5-32　库存式采购示意图，提供在投放补货工单开工时外购物料的可得性

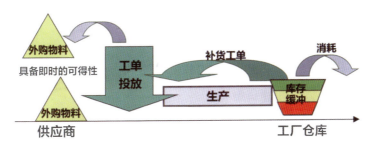

图 5-33　补货工单外购物料的即时可得性示意图，这些外购物料的交货时间很短，
进料库不备库存

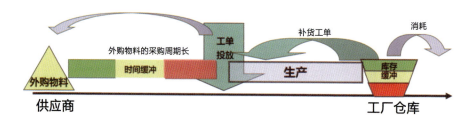

图 5-34　补货工单外购物料示意图，这些外购物料在进料库不备库存，
且采购时间长

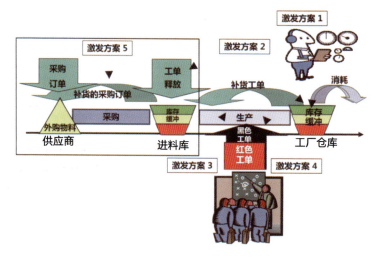

图 5-35　MTA 激发方案 1～5 运作的示意图

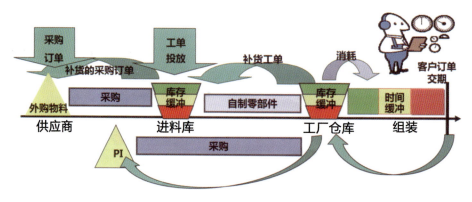

图 5-37　组装前 MTA 的内部可得性应用

持续改善：
TOC生产管理指南

（修订本）

[以] 欧德·可汗（Oded Cohen） 著

中华高德拉特协会 译

王仕斌 审校

EVER
IMPROVE:

A GUIDE TO
MANAGING PRODUCTION
THE
TOC WAY

电子工业出版社

Publishing House of Electronics Industry

北京·**BEIJING**

　　本书中文简体字版经由 Oded Cohen 授权电子工业出版社独家出版发行。未经书面许可，不得以任何方式抄袭、复制或节录本书中的任何内容。

　　版权贸易合同登记号　图字：01-2013-7739

图书在版编目（CIP）数据

持续改善：TOC 生产管理指南 / （以）欧德·可汗（Oded Cohen）著；中华高德拉特协会译. 一修订本. 一北京：电子工业出版社，2020.9
书名原文：Ever Improve:A guide to managing production the TOC way
ISBN 978-7-121-39459-1

Ⅰ. ①持… Ⅱ. ①欧… ②中… Ⅲ. ①企业管理—生产管理 Ⅳ. ①F273

中国版本图书馆 CIP 数据核字（2020）第 158313 号

责任编辑：杨洪军　　　特约编辑：田学清
印　　刷：三河市鑫金马印装有限公司
装　　订：三河市鑫金马印装有限公司
出版发行：电子工业出版社
　　　　　北京市海淀区万寿路 173 信箱　　　邮编：100036
开　　本：720×1000　　1/16　　印张：17.5　　字数：336 千字　　彩插：6
版　　次：2014 年 11 月第 1 版
　　　　　2020 年 9 月第 2 版
印　　次：2020 年 9 月第 1 次印刷
定　　价：78.00 元

　　凡所购买电子工业出版社图书有缺损问题，请向购买书店调换。若书店售缺，请与本社发行部联系，联系及邮购电话：（010）88254888，88258888。
　　质量投诉请发邮件至 zlts@phei.com.cn，盗版侵权举报请发邮件至 dbqq@phei.com.cn。
　　本书咨询联系方式：（010）88254199，sjb@phei.com.cn。

赞　誉

本书第 1 版于 2008 年 10 月出版，阐述了订单式生产解决方案。以下是一些读者和应用过本书知识的公司的反馈。本书此版包含可得性生产解决方案。

本书凝聚了欧德·可汗先生超过 20 年的心血和经验。他致力于教导和鼓励来自许多国家的人，协助他们解决各个领域的问题，包括个人成长和业务需求领域。我在这两方面都得到了他的指导且领悟良多。在使用 TOC 思考方式上，欧德·可汗先生的普通常识与对挑战问题的诠释手法已潜移默化为我的个人信条。

十分感谢他的教导。相信本书能让更多的人同我一样在持续改善的旅途上得到他的引导。

英国 Premier Percussion 公司创始人和董事长 Jonah Tony Doughty

毫无疑问，这是一本关于 MTO 非常好的书。我们采用书中的系统化方式来改善整体系统，取得了惊人的成果。为了保持公司所有部门的通力合作，我们还加上了可靠且快速回应战略与战术图的应用。而可汗 U 形图确实是一个非常好的方法，能让大家对该做之事达成共识，更重要的是停止有伤害的做法。我们按部就班地实施每个激发方案，提高了我们的聚焦力，加快了改善的速度。

哥伦比亚 Creatum 公司运营总监 Juan Esteban Xibille

在很多行业中，短前置时间和准时交货率是游戏的规则。如果你的工作环境是 MTO，你就得问：是否衡量准时交货率？表现得好吗？你知道如何进行系统化的管理吗？

经欧德·可汗先生指导，Intem 公司实施了 MTO 解决方案。公司 2009 年的利润几乎翻了一番，而当时的市场处于 25%下滑的情况。非常感谢欧德·可汗的指导和这本有价值的书！

土耳其伊斯坦布尔 Intem 公司执行董事　Erhan Eyüboğlu

2009 年 10 月，我们启动了新的生产排程与计划模式，实施过程严格遵照本书中的内容来执行。结果是显著地提高了准时交货率，某些生产线的准时交货率从 80%提高到 98%，其他生产线的准时交货率则从 60%提高到 96%。生产前置时间也大幅缩短。

在改善项目实施后，生产部的工作情况大不相同了，尤其是工作压力小了。有些客户非常感谢我们能提供可靠的准时交货率。在制品下降到无法想象的水平的同时，利润也大幅提高了。非常感谢欧德·可汗，这本书提供了在 MTO 环境下实施 TOC 生产方案的清晰指导。

哥伦比亚 Finotex 公司工厂经理　Fabian Vargas

通过研读、理解与翻译我的老师欧德·可汗先生的第二本书，利用积累的经验我对 TOC 知识的理解进入了一个新的阶段。我的几家客户公司实施了该书中的 MTO 准则，并取得了快速、有利和有把握的效果，这是对该书最好的认可。我非常期待将书中的方案应用到相关的公司。另外，可汗 U 形图为持续改善建立了坚实的基础。非常感谢我的老师将我带上这段美好的旅程。

高德拉特学院拉丁美洲区校长和哥伦比亚 Piensalo 公司总监　Alejandro Fernandez

如果领导者和管理者想要员工对自己的工作表现负责，必须回应他们持续提升能力的需求。在本书中，欧德·可汗先生明确地告诉我们如何维持并提升组织的能力和信心。欧德·可汗先生的方法提供了非常清晰的持续改善蓝图，遵循这个方法，组织实现卓越表现与成长愿景的心愿指日可待。

高德拉特学院大中华区校长和中华高德拉特协会会长　苏正芬

我在两周内拜读了本书四遍。本书以清晰、简单易读的风格传递的重要知识，是无法在其他课程中学到的。本书不仅鼓舞人心且令人感触良多，是任何想要严谨地使用 TOC 来提高效益者的必读之书。欧德·可汗先生集 30 年的实践和授课经验，提供了丰富的 TOC 知识，并以直接、坦诚的沟通风格与读者交流。如果是其他人，可能只考虑到推销自己，但欧德·可汗先生一如既往地坚持为历史捕捉可能丢失的内容，并持续开发与传播 TOC 的知识。本书为未来的实践者提供了重要的信息。

欧德·可汗先生创造了新图形来解读文字。TOC 思考程序的新 U 形图用于说明（第一次定义是在 1984 年）VAT 工厂类型与激发方案的关系，将 MTO 的改进流程与缓冲管理联系起来，实在太棒了！

英国苏格兰 Goldratt-TOC 有限公司　John Tripp

我见证了这本书的出现和成形。这是一本以充满热情之心完成的著作。欧德·可汗先生具有卓越的分享能力。在公司和培训的结果中，都可以看到本书带来的显著效果。和他一起工作也要付出代价——照章办事、高工作强度、时间总是不够用，然而过程却是令人愉悦的，并且收获丰厚。他的知识、逻辑、理解能力和架构组织能力实在让人敬佩。和他一起工作实在太棒了。谢谢你，欧德！

高德拉特学院俄罗斯区校长和 TOC 战略解决方案公司总监　Jelena Fedurko

译者序
持续改善，水到渠成，立竿见影

题西林壁

苏轼

横看成岭侧成峰，远近高低各不同。

不识庐山真面目，只缘身在此山中。

苏轼这首诗通过写景阐释哲理，耐人寻味。庐山非常雄伟，山岭绵延起伏、峻峰巍然耸立，可谓千姿百态，大有移步易景之妙。然而，因为置身此山中，视界受限，难免有无法看清庐山真面貌之憾。

◀ 意义 ▶

借助此诗点出 TOC 在持续改善上关注的整体概念，用诗意比喻世间的人和事物。个人的立场、角色、地位、责任及职务等不同，往往导致观察、思考、解读、假设及表达出片面或有限的观点与行为，不足以完善或完整地呈现全貌，不免落入偏离、狭隘或局部的偏颇。因而，有时这些主观成见或固执己见的表达，还可能含有负面的判定。其实，这些片面的景象属于完整情景的一部分，都是相互关联的，甚至是相依相存的。

就持续改善的主题而言，身为组织中的"领导者及/或管理者"，首要的自我挑战是拥有"见树又见林"的本领，拥有"着眼于系统全局，但聚焦于提升关键少数"的思维与实践能力。简言之，为了应对变化多端的市场与经济形势，建立一套凝聚组织资源的文化，以及有效展现组织竞争优势的机制，正是本书所阐述的持续改善的目的。

◀ 提要 ▶

　　无论具备多少生产管理的经验，在首次阅读本书时，如能暂时放下既有的思维框架，以一种赤子之心、开放的态度，客观地研读、品味书中深刻的含义与务实的手法，将体会到一种"啊哈"的感悟与惊奇。

　　本书包含五章，内容的组织逻辑以 TOC 四个基本的持续改善问题为框架。

　　第 1 章介绍用于分析系统问题的可汗 U 形图，借此图清楚界定当前面对的问题、未来的发展潜力，以及引领改变的可行方式。如此一来，可达到"见树又见林"的效果。管理团队识别其中的系统制约点——在能够产生 20/80 杠杆作用的关键少数因素之后，选择适时、适用的方法来释放系统能量。

　　第 2 章是生产与运营管理概述。本章定义了与 TOC 相关的知识和 TOC 的特定术语，通过学习其中的基础概念和原理，建立 TOC 应用于生产与运营管理的共同语言，以利于发掘和沟通系统问题，进而设立系统改善目标，以及审慎选择 TOC 聚焦模式与改善方案。

　　以上两章的主要目的是，为后续三章的具体实施机制建立团队对于系统现状的共识，共同描绘改善的愿景，以及学习 TOC 来改善制定的生产与运营的管理原理。

　　第 3~5 章的内容从制造行业常见的两种生产形态（订单式与库存式）开始，介绍 TOC 独特的可得性生产模式。整个内容的阐述过程依然按四个持续改善问题的逻辑进行，包含具体理解现实中的不良现象、设立系统表现的目标、明确现状与目标的差距、界定绩效衡量方式、设计具体的改善计划及风险管控方式，以及计划执行过程中工作人员的行为模式。

　　总而言之，本书有别于其他与 TOC 相关的出版物，应该被视为一本"工具书"，也就是说，大家可以放心地按照书中的管理模型与实施步骤去提升生产与运营管理的能力。当然，这也是一本非常好的员工培训书籍，如在人员新进及转岗时，用来帮助员工构建通用知识，提升技能水平。对于具备多年生产与运营管理经验的专业人士，本书有助于其将丰富的经验组织成一套具有清晰聚焦力的系统化管理模式。对于 TOC 专业人士和将 TOC 作为日常管理方式的经理人，本书必然令其再次眼前一亮，豁然开朗——认识到 TOC 不是普通的解决方案，而是能让管理"水到渠成、立竿见影"的良方。

◀ 致谢 ▶

"因缘际会，时机成熟，水到渠成，立竿见影。"这句话描写了本书形成的过程，其中包含了许多人的努力、支持、鼓励与祝福。

在此，以本人的名义，并代表本书作者欧德·可汗先生，特别向直接参与工作的人员，包括包绿菲、陈俊宏、赵智平、陈淑芬、廖玮、黄香龄等同仁，致以衷心的感谢！

谢谢大家的专业贡献与友情支持。如果没有大家共同的坚持与投入，欧德·可汗先生的 TOC 经典之作将无法适时出版。感谢你们的付出，期待通过本书的传播，让 TOC 持续改善之道成就组织的关键领导及管理能力，成为世界级制造企业的坚实基础。

高德拉特学院大中华区校长和中华高德拉特协会会长　苏正芬

推荐序

◀ 感恩欧德·可汗老师 ▶

2007 年年初在上海，我第一次接触 TOC 实务经验非常丰富的欧德·可汗老师。他是我踏入 TOC 顾问生涯的关键恩师之一，至今我的职业生涯仍深深受到他的影响！

课堂中，欧德·可汗老师为一群新手 TOC 顾问讲解 TOC 应用于工厂改善的步骤，至今仍让我印象深刻！很神奇的是，半年之后我担任了一家中国大陆的家具生产、销售企业的改善顾问，在此之前我完全没有任何家具企业的工作及顾问经验，但仅仅依照欧德·可汗老师传授的步骤及程序，该企业经过半年的改善竟然取得了惊人的改善绩效：准交率提升到 95% 以上，在制品减少 80% 以上，生产前置时间缩短了 75% 以上，销量增加了大约 35%。连我自己都惊呼连连，这是怎么办到的？！其实，就是依照欧德·可汗老师教的改善程序及步骤，按部就班地在工厂中落实，便能水到渠成、轻而易举地取得惊人绩效。这是学习 TOC 多年的我第一次真正感受到 TOC 的威力！

中华高德拉特协会将欧德·可汗老师撰写的 *Ever Improve* 翻译成中文，非常令人振奋！这本书对有志于运用 TOC 的顾问、经理人来说，是最佳的礼物。这本书将会协助更多企业、更多经理人找到更有效、更简单的改善方法，让绩效的显著提升不再是遥不可及的梦想。

希望这本书的出版可以让更多对生产、运营改善有兴趣的人轻松地尝到显著改善的甜美果实。

快鱼连锁服饰供应链总监　黄运金

◀ 与 TOC 的不解之缘 ▶

早在 2006 年，我有幸成为大中华区 TOC 学院的一名学生，从此与 TOC 结下了不解之缘。那时候 TOC 在中国的传播者还寥寥无几。因而，高德拉特博士及追随他的一批 TOC 专家不远万里来到中国传授 TOC 知识。

我们这些从未涉及 TOC 的管理者竟然能获得大师们的真传，这是我们的莫大荣幸。我听的第一堂 TOC 课由 TOC 大师、全球高德拉特学院院长欧德·可汗先生亲自授课，课程的题目是"TOC U 形改善方法论"。欧德·可汗先生的课程把我们带进了一个全新的管理逻辑世界，让我们攀上了思维高峰：U 形的左边是现实的挑战或困境，中间是最关键的决策与决心转折点，能攀登到 U 形的右边则意味着获得了突破性的改善成果。一周的课程很快过去了，当我们刚刚在几个词语中打转时，欧德·可汗先生又要启程，辗转去另一个国家的 TOC 学院了。所有的TOC 人都盼望着有一天欧德·可汗先生能把他的讲义拓展为一本 TOC 著作，尤其期盼中文版的出版。这一天终于来到了。

2013 年 6 月，就在我启程回美国度长假之前，我接到高德拉特学院大中华区校长、我的 TOC 恩师苏正芬老师的邀请，参与欧德导师之著 Ever Improve 的中文翻译。我欣然答应，用了整整一个夏天的度假时间完成了全书中文版的第一次校译。2013 年有个火热的夏天，杭州的炎热达到了历史最高水平，美国大部分地区也遭受了前所未有的热浪袭击，而我居住的地区却是一片清凉，让我能聚精会神地保持在良好的工作状态中：一会儿十个手指顺畅地游跃于键盘的字母之间，一会儿因为全身心思考整个人呆坐在电脑屏幕前，同时目光还得不停地游移在纸质的英文版和电脑的中文版之间，不断地咬文嚼字，希望能吃透字面意思，并品味到字里行间的精髓与神韵。每当我被卡住，我不得不叹息：还是没学好 TOC 啊，企业要改善、改进、进步，人要学习、学习、再学习。这正是欧德导师这本著作的核心：持续改善。

2014 年 6 月，在我启程回美国度长假之前，我又接到苏正芬老师的邀请——写一点译者感言。于是，我又回到了那个清凉世界。不同的是，我不再是一个校译者，而是重新成了欧德导师的学生，怀揣一份参与的自豪感，心存对导师的感恩之情，重温 TOC 蕴含在美妙的 U 形图里的突破性思维、系统观决策、流概念运用及一系列极具操作性的制造业解决方案。

TOC 思想和方法论极其深刻地影响了人们的管理思维和决策方法。对一个组织来说，唯有改善才能发展，而人生的境界何尝不是同一个道理。所以，要在这里再次感恩欧德导师，感谢苏正芬老师，更怀念高德拉特博士。

平衡计分卡和 TOC 管理专家　包绿菲

◀ 感谢有 TOC ▶

马斯洛曾说："心若改变，态度就跟着改变；态度改变，习惯就跟着改变；习惯改变，个性就跟着改变；个性改变，人生就跟着改变。"换言之："想法决定做法；思路决定出路；态度决定高度；格局决定结局。"

感谢欧德导师用心安排的应用专家计划的培训，所有老师都竭尽所能，想在短时间内让我们一蹴而成。老师们各显灌顶之能，协助我们避开荆棘之路，让我们站在巨人的肩膀上。真是万分感谢！

我将本书中的教导应用于我执行的改善项目中，并取得了相应成果——几年前已在 TOC 国际认证组织年会上公开发布。我的深刻体会是，在实施 TOC 的改善过程中，企业的改善团队在经过了几番改变的起伏后，终于使 TOC 稳健地成为企业的管理模式，并一直依循 TOC 的管理思维持续改善与成长。

DataDevelop Consulting 总监　苏超良

◀ 大海里的灯塔 ▶

一开始接到翻译任务时，我确实惶恐，因为自己的英文阅读能力及中文写作能力，只能勉强自用。但是，抱着能更完整地探究欧德思想的心情，我鼓起勇气接下了这个任务。

2006 年参加应用专家计划的培训时，我认识了欧德，当时就觉得欧德在生产管理方面的实务经验深不可测。终于，2008 年本书初版完成，2010 年完整版推出。自从事生产管理辅导工作以来，这本书一直是我遵循的准则。书中不但列举了执行步骤，还注明了需要参考的信息，甚至提醒需要建构的档案，可谓巨细靡遗。

在充斥着许多信息的生产环境下，书中提到的实施步骤及需要建构的档案提示等内容，如大海里的灯塔，让我不至于迷失方向。

我负责翻译本书的一部分。整本书由苏老师带领，分为数个部分，交由不同的人同时开始翻译的工作，以缩短翻译的时间。在翻译过程中尤其需要互相确认相关词语的译文，以维持表达的一致性，这让我确实领悟到"分工"与"合作"的关系。与组织中分工合作的道理相同，对于生产系统而言，必须用整体的思维来建构各个部门或功能相辅相成的效能，这是我此次翻译工作最大的收获。

中华高德拉特协会 TOC 生产管理顾问　陈淑芬

◀ 值得使用的工具书 ▶

个人从事 TOC 项目推动已有十多年，协助过的应用 TOC 的客户都取得了令人满意的成效。然而，许多试图在企业中自行推动 TOC 的朋友却经常反映 TOC 很难推动。我过去实施的 TOC 项目都是深入客户情境并详细讨论实施计划过程的，所以当时也认为 TOC 是难以自行推动的管理方法。

这个印象直到 2006 年我参加 TOC 应用专家计划培训才有所改观。我有幸得到高德拉特学院全球院长欧德·可汗亲自传授他累积 30 余年的 TOC 知识与经验，从而让我在 TOC 应用技能上得到对整个体系使用上的提升。2008 年，欧德·可汗院长赠予我本书的初版。拜读后，我发现书中内容竟与我推动 TOC 项目的经验不谋而合。此外，本书还非常系统地阐述了 TOC 运作原理及做法。所以，个人认为，本书对于有意自行推动 TOC 项目的朋友，的确是十分值得使用的工具书。

2013 年，我有幸参与中文版的翻译工作，得以更加深入地研读本书及更精准地理解作者所要传达的经验，受益良多。希望本书能让更多的朋友体会到 TOC 的强大威力。

TOC Business Solutions Ltd. 运营长　陈俊宏

中文版序

　　1978 年，我与艾利·高德拉特博士相识，自此开启了我的 TOC 旅程。当时，身为一家大型以色列制造企业的 IT 领导的我，对于公司采用的整套 MRP 系统中的生产排程软件并不满意。这时，高德拉特博士及他的伙伴提供了一套被称为最优生产技术（Optimized Production Technology, OPT）的软件系统。在对该软件进行查验后，公司在两个部门进行了试运行，效果非常显著，因此后续几年公司都采用这个软件。而我自己也继续使用 OPT 的概念，并将首次实施的经验用于另一家制造业公司。1982 年，我加入高德拉特博士的公司。

　　TOC 开始的领域是生产管理，以一种不一样的方式来管理流动，包含规划与控制生产。20 世纪 70 年代，OPT 软件系统确实达到了有力的立即性改善效果，但是，也遇到了难以将新方法的原理传授给需要的生产管理人员的问题。因而出现了一个需求，就是要有一套有效的方式，能够传授知识和说服管理层正确且有效地使用新方法。

　　接下来，我们便开发了一系列逻辑工具，用于解释"问题——改变什么""解决方案——改变成什么""实施计划——如何促成改变"的原理。这些逻辑工具被称为 TOC 思维流程，用于捕捉现状中既有的事实，以及开发和呈现解决方案的整体逻辑，以利于沟通，并将相关的知识传达给改善实施团队。在本书中，人们将看到基于这些逻辑的工具及解决方案的描述与应用。

　　生产管理领域使用 TOC 提升生产绩效之后，其他领域（如销售、营销、工程、财务等领域）也需要改善。针对这些领域，我们应用思维流程的方法逐一开发新的 TOC 管理模式。最终，从持续改善的角度来看，为了实现管理流动的目的，我们还应建立一套涵盖完整应用范围的 TOC 逻辑工具、运营指标及物流机制，以提升管理层做出优质决策的能力。

TOC 管理模式应用于今日，尤其是在生产方面，依然如二三十年前一样有效。通过 TOC 必定取得成果是毋庸置疑的。然而，主要问题是知道在什么条件下能有成效。TOC 的实施者必须检讨系统的现况，明确系统条件是否适合，或者能否开创新管理方案，是否能够达成预期的效益。而且管理方案的所有元素必须清晰，包含具体的内容、可行的逻辑结构，以及实施的机制与程序。

本书的目的在于提供 TOC 生产与运营管理的完整知识，以管理制造环境为焦点，相同的方案在适度调整后可用于服务行业。

本书分为 5 章。

第 1 章涵盖 TOC 的思考基础、观念与逻辑工具，用于协助开发与记录方案的必要工作，以达到提升系统绩效的目标。

第 2 章陈述生产与运营管理功能的概况。

第 3 章专注于传达基本原理，以及与订单式生产（Make to Order, MTO）环境相关的知识。TOC 的 MTO 模式包括 8 个激发方案（管理模式的组成元素），给予实施改善的领导们一套具体可行、逻辑清晰的方式，能够帮助他们获得团队的支持，以及建立按部就班的实施计划。本章的内容依照激发方案的条理展开，陈述实施方案的逻辑与理由，以及整体改善的价值。

第 4 章处理务实的运作机制，通过列举必要的作业流程，以建立每个激发方案所形成的新运作形态。同时，管理模式需要 IT 系统支持，为管理层提供信息，以及记载指导流动的管理决策。本章具体陈述了每个激发方案需要的 IT 信息。

第 5 章涵盖另一个类型的生产环境——可得性生产（Make to Availability, MTA）的知识与实施技能，这是 TOC 面向没有特定客户订单（为了快速响应，客户想要购买时有库存出货）却必须生产的管理模式。这种环境的传统方式被称为库存式生产（Make to Stock, MTS）。TOC 方案以一种受控的生产方式来确保客户需求的可得性，因此称为可得性生产模式，包含 8 个激发方案。其中有些是 MTA 独有的激发方案，有些与 MTO 的激发方案相似。本章还包含一部分 MTIA（Make to Internal Availability, 组装前 MTA 之内部可得性）的内容，针对预先建立零部件或组装件的环境，以利于在接到客户订单时能立刻组装出货。这个模式与 MTA 的逻辑相同，也包含 8 个激发方案。

总之，多年来我们已累积了足够的实务经验，包括上述管理模式的思维、知识、原理与实践技能等。例如，哪些行得通，哪些行不通，哪些是典型的失误与理解误区，以及哪些是危险动作并会有负面结果的决策与行为。这些内容在本书中都有描述。

　　TOC 是一种基于知识来管理系统的方式，具备开发新解决方案的特殊方法，以及全套完整开发与验证的管理模式，尤其是在物流管理系统方面。

　　TOC 物流管理模式如下。

- 生产管理：MTO、MTA 及 MTIA。
- 项目管理：关键链项目管理。
- 分销与供应链管理：可得性分销（Distribution to Availability, DTA）。

　　TOC 管理物流的方式在于管理流动，以符合承诺的服务水平：准时交货、可得性、项目准时完成与符合经费要求，或快速响应供应链的终端顾客需求。

　　TOC 物流管理系统的特点：管理流动的原理通过监督位于战略区域的缓冲来实现。系统中实际物品的流动情况反映与记录在缓冲数据库，管理层观察缓冲的状态便能具体了解流动的情况。为了落实承诺的服务水平，如果系统侦测到风险，管理层则立即采取修复行动，以如实履行承诺。实施定期的缓冲分析，以找出需要进一步改进之处。这将衍生出相关的持续改善项目，尤其是应用精益的项目。

　　因此，TOC 管理流动之道基于理解每个系统的 3 种流动类型。

- 加工流：物品的实体流动，可采用不同的加工步骤。
- 信息流：收集加工流的数据到缓冲，提供缓冲报表给员工及管理层（通常是可视的彩色图表）。
- 决策流：来自主要管理人员及/或管理层的指令，对加工流采取必要的行动。

具体示意图如下所示。

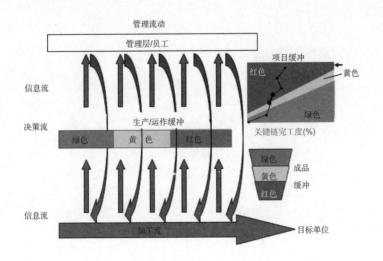

系统化地管理流动是 TOC 管理方式获得利益的关键。因此，必须按部就班地建立技术程序与缓冲管理，并且依照激发方案来管理缓冲。一旦激发方案在现状中就位，大家就踏上了成为 TOC 实践家的道路。成为一位 TOC 实践家，不仅需要展现系统中的激发方案，还需要看到带来的利益。

读者可以从本书中获得许多与 TOC 相关的知识与技能。这是一本实践生产管理模式的指导手册，希望它可以帮助读者成为一位真正的 TOC 实践家。本书提供充足的内容，让读者检验与实施 TOC 管理方式，并亲眼看见改善的成效。

祝各位读者快乐与成功。

欧德·可汗

前　言

　　本书是 *Ever Improve* 的完整版，涵盖了制约理论（Theory of Constraints, TOC）中的两种生产管理方案：订单式生产和可得性生产。2008 年推出了第 1 版，内容只包含本书的前 3 章。第 1 版在过去两年已经发挥了作用。我从很多国家的实施案例中看到了应用的效果，实现了我当初写书的心愿。

　　本书的撰写过程虽然充满了挑战，但结果令人欣喜。自 30 年前开始 TOC 职业生涯，直到现在我仍一直致力于 TOC 方法、解决方案和执行流程的开发、教学与实施工作，有很多经验可与大家分享。

　　在过去 6 年里，我一直参与高德拉特学院的教学项目，全力投入培养 TOC 生产及分销方案的应用专家和 TOC 顾问。我们在全球开展了一套 5~7 周的完整教学课程和一套 1~2 周的专题培训课程，培训了数以百计的学员。教学项目的目的是传授 TOC 知识和技能给确实愿意应用 TOC 进行改善的人。有一部分学员毕业后便加入大型的 TOC 项目，还有一部分学员则运用所学从事咨询工作。

　　在教学过程中我观察到，对于有经验的老师传授的知识，学员往往难以充分吸收。显然，TOC 的知识范畴是相当丰富的，想要完全吸收所学的内容挑战很大。为了帮助学员组织、保存和容易回想 TOC 知识，我开发了一套方法——从问题到解决方案完整地连接其中的逻辑，其被称为 U 形图。来自中国的学员陈俊宏先生及高德拉特学院的苏正芬女士给我看了一张他们绘制的 U 形图，之后此图便用于我所有发表的资料中。在此我非常感谢苏正芬女士通过教学和使用 U 形图来支持大中华区 TOC 社群的发展。

很多学员都认为可汗 U 形图①非常有用，一直敦促我为此出一本书，内容包括可汗 U 形图的知识和不同生产环境的应用案例。本书在 2008 年的 TOC 国际认证组织年会上发布了特别版。高德拉特学院拉丁美洲校长 Alejandro Fernandez 将本书翻译成西班牙文并出版。非常感谢！俄文版的翻译即将完成并出版。日文版和土耳其文版也正在策划中。

感谢来自哥伦比亚麦德林的 Creatum S.A.，他以本书为基础制订了 MTO 解决方案，感谢他们按照改进方案的顺序逐一执行，并自主研发名为 Cha-Cha-Cha 的 IT 软件包。感谢总裁 Alfonso Vélez、Juan Esteban Xibille、Andres Hurtado 及整个团队将本书的内容整合到工作和管理中。本书第 4 章有该软件的界面。

感谢 Inherent Simplicity 公司总裁 Amir Schragenheim 分享他们开发的 TOC 软件，名为 Symphony。本书第 5 章有该软件的 MTA 模块界面。

衷心感谢 Jelena Fedurko，她全程参与编写，帮助我完成此书。她敏锐和清晰的思路使本书条理清晰、词语一致。她花了大量时间从读者角度思索文字的表达方式，提出很多深思熟虑的看法和意见。正是她的热情、活力和热心成就了本书。

在过去两年中，我们一直在进一步开发可汗 U 形图及在生产、项目和人员管理上的应用。在编写本书时，Jelena Fedurko 和我借助几家公司的实施项目来验证书中内容的可行性，以及与实际工作的相关性和时效性。

若书中的知识和建议能运用到实际工作中，获得显著成效，并且提升专业能力，这是本书的最大成功。

祝各位读者阅读愉快。

欧德·可汗
2010 年 6 月

---

① 译者注：为了易于辨识此 U 形图，经作者同意在中文版统一冠上作者姓氏"可汗"（Cohen），
称为"可汗 U 形图"。

目　　录

EVER ▶ ▶ ▶

IMPROVE

绪论

为改善而管理

人人都有成功的权利

我不太确定，对于"成功管理者"，是否能够给出明确的定义。但有一点可以肯定——每位管理者的目标都是成为备受肯定及赞赏的优秀管理者。

管理是一种职业

和其他职业一样，管理的质量并不仅仅取决于管理者的学习精神和知识水平，性格、自身能力、技能、个人特质也会显著地影响管理者的整体表现。然而，为了有更出色的表现，不断学习与获取知识一定能提升管理者的能力。

希望从本书的开头，大家就能同步而行。我在此解说的方法是，首先理解改善的管理流程，接着为了改进组织中特定的物流功能，介绍实施方案的机制。

起点是渴望进步

在此我不谈为什么一般人及研究本书的管理者想要改善。这好比几何学中的公理，众人皆知。建立一个合理的改善架构需要有坚强的逻辑基础。事实上，始终有一股不断进取的力量，又或许是管理者想要进步，如此一来，就有了需要持续改善的可靠根据。因业务竞争的本质，在自由经济中运作的企业必须变得更好。而创新型企业则是由想要推广创造成果的发明家和受到新事业愿景激励的企业家所促成的。即使是公共服务事业，也有改善的压力。当今广受欢迎的六西格玛、精益生产和持续改善提倡相同的理念，这是源于 20 世纪 80 年代全面质量管理的持续改善。

基于持续改善的意义，可以这样说：

"专业管理者的角色，是在其职责范围内，持续改善系统的绩效。"

这是激励管理者成为优秀专业人士的动力，也是公司和上司对他们的期望。这也决定了管理者的报酬、分红和职位晋升的基础。

成为专业管理者是个人有意识的决定，也是自我筛选的过程。我认为优秀管理者有三种特性：有能力、有自信、有意愿付出努力打造与众不同的局面。优秀管理者都会同意这样的定义，因为这正是他们在职责内的管理作风。

专业管理者的角色定义包括以下几个要点。

职责范围

组织一旦派管理者去负责一个区域、子系统或整个系统，便期待该部分能运转顺畅，并对公司目标有建设性的贡献。为了促进改善，在构建一个解决方案时，其中一个重点是清晰地定义职责范围。在很多改善方法中，给予实施者的权力有限，从而导致实施者只能完成期待的一小部分或潜在结果的一小部分。

绩效指标

对组织的目标而言，每个区域和每个子系统都有特定的贡献。为了促进改善，还需定义隐性或显性的绩效衡量方式。为了对关键区域进行正式的绩效衡量，越来越多的公司使用平衡计分卡对关键绩效指标（KPI）达成共识并进行衡量。平衡计分卡的运用树立了区域性绩效衡量的重要性，以利于区域管理者倡导正确的行为模式和方向。人们也许会质疑设立某些 KPI 的必要性，但在方向上仍然支持设立区域性绩效指标的管理文化。

改善

人们常说："每次进步都是一次改变，但并非每次改变都是一次进步。"改善意味着向系统的目标迈进。设立 KPI 是为了衔接整个系统的长期战略与每个局部范围的短期行动及决策。通过使用 KPI，高层管理者提出渴望的高绩效水平。在大多数情况下，KPI 都有明确的考核评级，如绩效表现为优秀、良好或不达标。如果被评为不达标，管理者需要采取行动来修正现状，使绩效至少处于达标的程度，并继续努力提升到"良好"甚至"优秀"的水平。

持续改善

管理者的角色定义需有"持续改善"的绩效表现。这表示一种承诺，持续不断地寻找更好的方式，让系统的运行更顺畅、绩效更卓越。在很多年前，我曾与一家英国大型机械公司的工厂经理合作。当时已年过花甲的他，却是一位精力充沛、魅力四射、非常卓越的领导人。他对我说："我每天走进工厂大门都能想到一个系统改善的点子，等到想不出点子的那天，便是我功成身退之时。""承诺"在他的心中拥有至高无上的地位。这是一个承诺持续改善并为之奋斗的最佳实例。

当今系统运行的方式包含了以上四项管理者的角色元素。在此，我要提供一套方法、工具和一些通用的解决方案，以提升管理者的能力，使他们能更自如地发挥管理的能力。对于既有的管理方式，本书没有提出任何批评，本书的理念就是不断前进。如果目标是进步，那么管理者应该思考能带来更好（也希望是更快）结果的方向。

致力于每个系统的更高绩效，坚定地相信系统总是可以表现得更好（即便现在已经做得很好了），如图 0-1 所示。

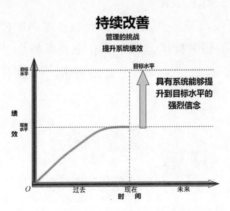

图 0-1　系统的历史绩效及期望的目标绩效

对于可量化的生产系统，能通过过去的经验来实现高绩效水平。例如，询问生产人员工厂的平均产量是多少，他们能不费力地回答"我们每日可生产 60 台抽水机"；如果接着问在生产情况良好时一天的产量是多少，回答是"80 台抽水机"；

追问到最后他们会承认，能做到一天 90 台，甚至 100 台。100 台这个数量可能很少发生，而且是在很特殊的情况下，但确实能够做到。由此推断，系统能够表现得更好。

也就是说，在现有的绩效表现和人们认为系统能够达到的更高绩效之间有个差距，差距区分了现状与更好的表现水平。在推进改善的过程中，差距具有激励及必然的作用，并为提升系统绩效的行动注入了精力和耐力。有些人采取行动是因为管理者或系统拥有者给予报酬，还有些人因个人特质自然地采取行动。

管理者想要改善存在的差距、追求更好的表现而寻找合适的做法。在许多改善方式中，有些靠直觉和自我感悟，有些来自教育培训或行业经验。如果从两个极端的角度来看，就是临时性措施和系统化方式。这两者是组织必要的做法，也代表管理者的两种不可或缺的能力。管理者必须确保系统绩效在当前及未来都达到优秀的水平。短期绩效需要临时性措施的“救火”，而提升未来绩效需要一套系统化方式。现实的倾向是短期绩效比长期绩效重要。不过，为了追求被认可的杰出表现，管理者如果对未来挑战不能未雨绸缪，那么终究会受到伤害。

在当前绩效不尽如人意时，改善显然是必要的，管理者也该有所行动。但是，临时性措施和系统化方式似乎存在冲突，而管理者必须二选一。之所以有这样的情况，是因为管理者没有足够的时间或资源兼顾这两种做法，以及缺乏能涵盖这两种做法并经证实可行的解决方案。

由于管理思路是开发改善方式的根本，我将在本书中使用疑云图（也称消云图、冲突图），来掌握临时性措施和系统化方式间概念上的差异。疑云图是TOC 思维流程的基本工具之一，图形上有 5 个框，用来帮助呈现对问题的理解，如图 0-2 所示。

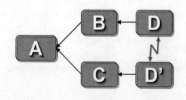

图 0-2   疑云图

将上述管理者可用的两种互相冲突的做法呈现在 D 框和 D'框里，图框的内容涉及决定和行动。

这两种做法都有根据，都存在于管理现实中，而且都曾为职责区域及管理者带来利益。这两种做法有不同的作用和管理目的，但重要之事都是为了达到经营目标、取得具体成果或实施一套战略。因此，将个别做法的战略或具体成果写入疑云图的 B 框和 C 框。

临时性措施（D 框）是实现短期成果的做法，管理者负责的区域保证会按高层管理者的期望，或者公司对外部单位的承诺来运作与完成交付（B 框）。典型的例子是一个重要客户威胁，如果不立即运送已延误的订单就要被客户取消业务。这个逻辑关系呈现如图 0-3 所示。

图 0-3　疑云图：B—D 的逻辑关系

在图 0-3 中，为了确保职责区域按照短期期待操作，管理者必须即兴发挥。从另一个角度来看系统化方法的逻辑呈现，如图 0-4 所示。

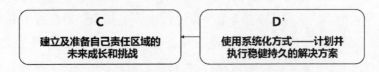

图 0-4　疑云图：C—D'的逻辑关系

图 0-4 中的逻辑连接是，管理者为了应对未来挑战而准备其职责区域，必须使用系统化方式。管理者必须调查、规划并引进改善举措和小型项目，以期能在未来实现更高的绩效。

在解释决定某个做法的逻辑上，图 0-4 中的两方都有理有据，这点稍后说明。之前提到 B 和 C 两种战略对管理目标皆是至关重要的。在管理者想要有成功表现并受到肯定的前提下，管理者一旦接受了管理角色，即承担起职责区域的持续改善任务，就必须确保短期成效并且不断进步。

完整的疑云图如图 0-5 所示。

迈向改善

管理者如何应对问题与挑战

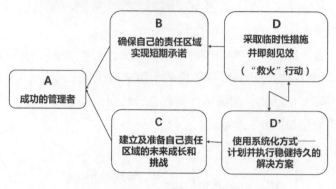

图 0-5　完整的疑云图

◀ 理解疑云图 ▶

可以用一个法庭的比喻来感受一下疑云图。假设 A 框是个法官，两位管理者找法官处理双方不同的意见，要法官决定谁对。第一位管理者为临时性措施辩护，第二位管理者为系统化方式辩护。第一位说："临时性措施是处理短期事务的唯一做法，因为它能快速回应问题。而且过去的记录已证明，它确实可行。"第二位说："虽然临时性措施确实有效果，却没有任何持久的效应，过一两天就被忘记了。而且，如果不处理根本问题，那么问题会再次发生。所以，最好一次性彻底地解决问题。为达到这一目的，最好使用系统化方式。"

按第二位管理者的说法，如果采取临时性措施（D），就无法建立及准备未来的战略（C），因而管理目标无法达成。同时，即兴发挥的管理者会理直气壮地说："在规划和实施改善项目时，短期问题仍旧在困扰部门和管理者。"这表示如果执行 D'，则无法实现 B。如果 B 无法实现，那么管理者的位置可能不保。正如很多管理者可能听老板说过："作为一位管理者，如果不解决短期问题，就不需要担心长期问题，因为这位管理者在公司已没有长期可言……"

现在，在改善方式上，大家面临一个重要冲突：即兴做法会是一种系统化方法吗？

法官（A）不想在短期绩效或长期绩效两个必要条件上妥协，因为这都是优秀和成功管理者的定义之一。管理者会想办法处理这种矛盾。公司的情况如何？对待规划和改进的普遍态度是什么？解决之道在于揭露与挑战造成观念上冲突的问题。

例如，法官（A）可以说"一个人不能同时实行两种做法——临时性和系统化，因为需要不同的技巧和不同的能力。因此，可以将短期问题交给生产、运营和物流部门，另外组建一个特殊的机构来处理未来问题"。这个部门可能是战略规划部、生产力中心等单位。将责任分摊到不同的部门能舒缓冲突情况，但不能化解矛盾，甚至更容易造成公司内个人和部门之间的冲突。

按我们的看法，相信有解决方案能化解这种矛盾。而且，这属于每位管理者权责范围内的事，进一步学习解决之道且学以致用，何乐而不为？

这个解决方式即 TOC 管理方式。

我们会根据一套系统化的方式来开发方法和机制，以利于实践管理改善方案，同时妥善保障短期利益。

聚焦造成冲突的两个主要原因："没时间"和"即使有时间，也不知道该做什么"。这表明冲突是因为缺乏两种管理资源——时间和知识。

一开始要投入一点时间，这是为了奠定实施方针所需的知识基础。之后，解决方案从短期改善着手，同时通过持续改善流程（Process of on Going Improvement, POOGI）建立不断进步的基础。随着解决方案的推进，短期问题将按系统化方式处理，进而释放出产能、精力和意愿去应对更深层的问题。必须关注解决方案的每个步骤与环节，而效益应该来自管理者职责区域的绩效改善。

本书共有 5 章：

第 1 章　TOC 系统方法——可汗 U 形图

第 2 章　生产与运营管理概述

第 3 章　TOC 订单式生产解决方案

第 4 章　TOC 订单式生产解决方案的实施

第 5 章　TOC 可得性生产解决方案

第1章

TOC 系统方法——可汗 U 形图

系统化绩效改善之旅从再定义管理者角色出发：管理者将自己看成职责区域绩效持续改善的负责人。

任何环境的绩效都是由多个要素融合而成的。

生产环境的技术表现是资源和流程的组合，以创造具有商业价值的零部件或产品（提供给终端用户或供应链的下游环节）。然而，生产部门的贡献不只是制造合格的产品。对于生产管理的期待是以合理的成本（甚至是最低成本）制造出合格的产品，并在有效的时间内提供给客户。

生产技术与能力会影响成本和时间，不过管理流程和决策的影响更为重要。

我们将技术事务包括机器、设备和制造程序留给工程专家，而专注于管理的部分，希望将生产环境的作用发挥得淋漓尽致。我们寻找更好的方式来管理生产流动，以确保按约定的时间和成本制造出合格的产品。

生产管理的挑战可总结为在商定的预算范围内，准时（根据承诺的交期）交付对的产品（根据承诺的规格）。

在现实的生产环境中，令人惊讶的是管理者一方面放弃承诺的交期，另一方面在质量、约定的规格和交付项上频频让步。所有妥协做法的最终意图是维持预算，但事实是付出努力后并非总能如愿以偿。

每家公司都有绩效衡量，这些衡量并非都是正式、清晰或被认同的做法，不过始终存在。参加 TOC 培训的管理者完成的第一个作业是对想要改善的部门进行调查，并且对现行的正式及非正式的衡量方式进行深入探讨。调查的另一部分内容是记录管理者对衡量结果的反应及其直接主管的反应。这些调查证实了以下两个要点。

（1）一般人，尤其是在乎自己职业前途的管理者，对于被衡量的方式既敏感又反应快速。

（2）为了改善部门绩效，管理者会思考自己能做什么。

尽管这两点都在常理之中，但仍为改善方法奠定了一个良好基础。

管理者在改善部门绩效的压力下，必须开发可行的解决方案，而该解决方案作为一个新构想，会改变部门管理的方式。在此，有个假设是管理者必须找到解决方案，因为目前的管理方式显然无法取得更好的绩效。有句管理谚语可描述此景，"做法一成不变，就会得到一成不变的结果"。也就是说，如果管理者想要部门进步，那么必须带领部门改变。

在很多情况下，管理者的解决方案确实会产生效果。从历史表现可见，过去的部门绩效已有不错的提升。不过，终有一天管理者不再满意改善的回报效益。这时，管理者可能会考虑采用 TOC（见图 0-1）。

有针对性的解决方案应该能促成改善，为什么结果却不如预期？

一个主要的原因是新构想无法在现有的管理流程和决策中适度地运行起来。例如，有一个时期有人实行及时生产（Just in Time, JIT），用以管理生产中的流动性，而丰田的看板系统是实施的模型。根据这个模型，机器的派工是按照生产需求顺序的记录进行的，严格遵循先后顺序是这个解决方案的重点。但是在实际操作时，许多西方公司为了能更高效地使用看板系统，容许操作员将几个相同工作同批处理，甚至允许插队，而不遵守顺序的指令。这种"改良"的看板系统，使得很多公司得不到 JIT 的全套好处。偏离日式使用方式造成了负面效果，起因是效率衡量。如果操作人员必须按照看板卡的顺序工作，那么设备换线的次数将会增加。而切换时间在效率衡量上不计入生产时间，所以绩效看似下滑了。

因此，在实施优良的解决方案之前，确实需要做些分析工作。在实施新解决方案时，需要剔除一些现行的管理流程，以利于展开新流程。

为了让新解决方案达到显著的改进效果，必须做好现状分析，审查现有管理流程和步骤，并且明确陈述以下几点。

（1）哪些是管理系统的"错误"部分，必须剔除。

（2）哪些新的部分必须加入，以替代错误部分，进而支持更好的表现。

（3）哪些部分维持不变，因为其余的部分够好了。

在理想状况下，大多数的管理流程和步骤维持不变，只有少数必须更换。就此而言，这将会是一个顺利过渡和变革的改善过程，且对现有系统的破坏非常小。基于系统方法的绩效改善要求，如图 1-1 所示。

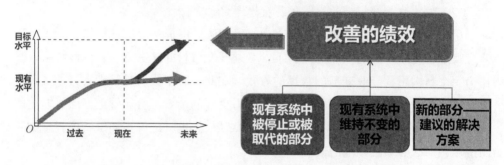

图 1-1　基于系统方法的绩效改善要求（彩图见插页）

在设计管理系统的改善方案时，以上要求有助于管理者确定要采用的流程，这个过程反映在以下 4 个问题中。基于多年用在系统分析的 3 个传统问题，TOC 加入第 4 个问题及回答问题的指导方针。

1. 改变什么

找出系统中必须停止或替换的错误部分。同时，最好找出所有错误部分的共同根本原因。错误的管理流程往往源于错误的思维，或者对某种早已失效的系统仍持有根深蒂固的信念。看不到问题的核心将大大阻碍新流程的实施，因为这些核心问题会继续向管理系统发送负面信号，进而使新流程的执行效果大打折扣，甚至干脆完全拒绝执行。

2. 改变成什么

构建简单、务实的解决方案，用新方案替换错误的部分，以实现绩效改善。解决方案还必须提供替代做法来取代错误的核心问题，加入的新动力促使部门和组织的绩效达到新水平。

3. 如何促成改变

找到方法引导合适的人参与和拥护改变，贡献与系统相关的经验和知识，以利于实施解决方案，并确保新流程成为组织管理文化的一部分。

4. 如何打造持续改善流程

开发并实施一套机制，能持续地为管理层指出需要进一步改善的问题与议题。

TOC 对这 4 个问题的理解如图 1-2 所示。

问题	**改变什么？** 确定核心问题
解决方案	**改变成什么？** 构建简单、务实的解决方案
实施	**如何促成改变？** 引导合适的人促成改变 （创造出解决方案）
POOGI	**如何打造持续改善流程？** 开发并实施机制， 确定下一个改善议题

图 1-2　系统改善的 4 个问题

【案例】　生产主导型企业

自工业革命开始到 20 世纪 80 年代，大部分的制造型企业都是以生产为主导的。生产主导型企业专注于充分利用生产能力，认为生产多少市场就会购买多少。所有的管理流程和步骤，即管理体系都是为了最高效率的生产环境而建立的。从绩效衡量的角度来看，机器和人的高效率看上去很有道理——生产越多，销售越多，公司越赚钱。在管理会计上，从产品成本角度考虑，驱使决策偏向高毛利的产品，公司能赚更多钱。后来，由于整个行业的产能扩大，竞争越演越烈，原来的思维不再奏效，公司成品库存大增，却再也没人愿意以之前的价格（生产主导时的价格）前来购买。

20 世纪 80 年代早期，有一家汽车轮胎的制造公司引进了 TOC。当我们介入时，公司正打算投资数百万美元兴建大型的轮胎成品仓库。工厂不断生产轮胎，生产效率非常高。虽然市场已经对这种高效率生产出来的老款式轮胎不感兴趣了，但公司还是没有停止过度生产。这是当时生产主导型企业的真实写照。这种思维不是错误的，而是无效的。

引进 TOC 思维能帮助管理者化解主要矛盾。

一方面管理者知道为库存而制造的轮胎不受市场欢迎；但另一方面工厂的绩效指标鼓励生产这种轮胎——除容易制造外，工厂损益表的数据也会好看一些。听上去似乎是皆大欢喜，唯独销售人员不认同，因为销售人员知道市场想要其他款式的轮胎。在生产主导型公司里，销售人员的声音没人理会，生产计划由工厂的人决定。

公司的基本思维从生产主导转向市场主导，会有许多务实的意义，而主要的一项是衡量工厂的方式。人们往往认为这样的转变有难度，但在很多案例中，工厂员工是愿意做合理的转变的，因为他们不喜欢看到产品在仓库里积压却不能为公司带来实际价值。不过，对财务和高层管理者来说，这样的转变就没那么容易了，财务和高层管理者担心公司的利润及自己的目标会受到影响。

通常，极少数的公司能凭一己之力完成这类转变，很多公司需要外部专家的帮助。在很多情况下，外部专家必须对公司直言其运作所依据的思维是不正确的，对潜在客户而言，这不是好消息，因为具有足够勇气接受如此评价的管理者不多。那些能接受外部专家评价的管理者已意识到公司不能再以生产为主导。总之，管理一家公司必须具备基本的思维模式。因此，任何回答"改变成什么"的建议方案，必须提出取代错误思维的新模式，作为管理体系的全新推动力。

正如全面质量管理提供了新的推动力，全面质量管理重视市场变化，推动从"生产主导"转到"市场主导"，主张通过市场上的客户来决定公司的绩效。所以，公司应该改变管理体系，以适应"客户至上"的趋势。

以上范例涵盖了系统改善的前两部分：问题和解决方案。如何促成改变是第三部分，包括两方面：如何推动合适的人员参与其中，以及如何改变及新增管理体系，并且成为公司日常运行的一部分。在日常运行更新后，还要确保公司再接再厉，全面质量管理因此提供了持续改善的机制。

成功推动人员支持改变和对改变的机制做出贡献，是通过吸引员工关注或委派员工参与来实现的。组织品质圈和改善团队提供员工参与的架构，只要员工成为实施改变的一员，其抗拒的程度便大幅降低。可惜，很多案例中改善项目的热情和成效维持不了太久。研究显示，很多公司在提出新发展方向的承诺后不久，其持续改善竟然成了"纸上谈兵"。很多案例的历史记录提到 TOC 融入全面质量管理环境，其中的 TOC 方案提供了关于需要改善的部门或问题的重要信息。一经改善，利益便显而易见，所有参与者皆大欢喜。

为了能够系统化地处理重大问题，管理者需要一套可行的逻辑模式。其在问题解决上，有以下两种主要逻辑思路。

（1）从问题开始着手，为解决方案奠定基础，接着开发或提出解决方案。这是数学教学和应用中所采用的方式。

（2）有人选择从解决方案开始，即"让我看到钱"。观察显示，有些管理者很没耐心，因为这些管理者短期内完成改善的压力很大，甚至会影响这些管理者的职业生涯。市面上有许多改善绩效的方式，因此管理者往往会邀请外部顾问并征询改善意见，希望顾问能做完整的分析，并提供调查结果与建议。

本书属于想要开发自己的解决方案，或想要理解优质改善方案的管理者与顾问师。因此，第 1 章主要介绍建立一套记录全貌的流程，依据这个思路，首先使用第一种从问题到解决方案的逻辑思路，后续再以更自由的思路来呈现特殊的解决方案。

◀ 问题与解决方案 ▶

▎改变什么

管理者想要改善职责内的绩效，必须检讨现行的管理体系，并且列出 3 张属于系统组成部分的程序和政策清单。

（1）必须从现有体系中剔除的部分。

（2）必须以新做法取代的部分。

（3）应该保留的部分。

乍看似乎任务艰巨，其实不然。有足够多的迹象引导人们去寻找不正确的地方，一旦发现了，便可从已证实可行的 TOC 方案库中选取适用的改善构想。

TOC 基本原理之一与科学系统的观点相同，认为管理系统拥有清楚的因果关系。这个原理有助于开发绩效改善的解决方案。首先调查目前系统的绩效为什么不达标，接着提出解决方案的假设条件、测试和验证为什么该方案能达到期待的改善结果。

在此介绍一个图形演示法，在分析问题的过程中，它能有效组织相关要素，有助于理解、掌握和应用知识。我称之为"可汗 U 形图"。

| 可汗 U 形图

可汗 U 形图的总体架构包含了系统调研的几个主要模块。

现在状况：

- 不满意的绩效水平，即低绩效的指标。
- 问题。

未来状况：

- 改善后的绩效水平，即高绩效指标。
- 解决方案。

解决方案的实施要素——转折点（Pivot）。

图 1-3 所示的架构仅是可汗 U 形图的基本结构。为了改善绩效，可以将可汗 U 形图展开成数据库平台，包含改善方案的所有相关资料。

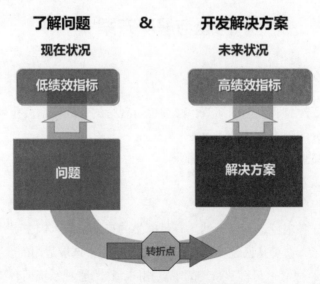

图 1-3   可汗 U 形图的基本结构

第 1 章
TOC 系统方法——可汗 U 形图

可汗 U 形图是一个通用模型，既可用于建立一套完整的系统解决方案，也可用于解决单个问题。使用这种方法不仅益于规划整体性的解决方案，也利于设计方案的实施细节。通过可汗 U 形图的基本方法，可以记录问题和解决方案的所有信息，能使很多问题分析师成为开发解决方案的能手。并非所有涉及新解决方案的人都要加入开发阶段的工作，使用可汗 U 形图可以具备彻底了解方案及相关逻辑的能力。在导入改善项目时，对所有参与人员而言，最具探索性的问题之一是"如果这是解决方案，那么它解决了什么问题"。

随着本书内容的扩展，我们会在这个架构上加入更多元素。回到管理系统思路中的剔除部分和引进部分，如图 1-4 所示。

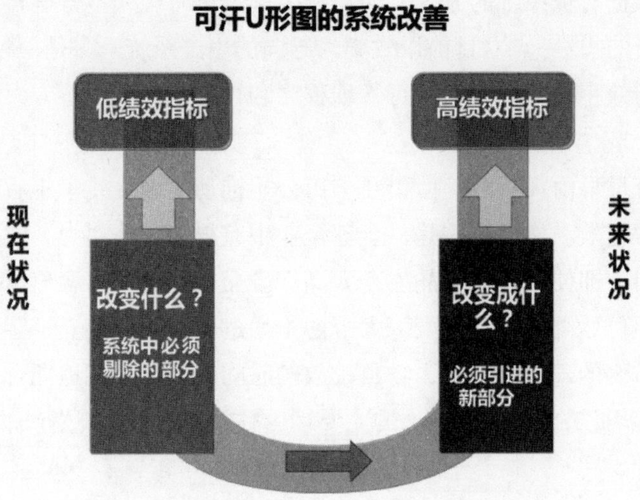

可汗U形图的系统改善

图 1-4　改善管理系统的可汗 U 形图

在图 1-4 中，图形的左侧为现在状况，包括目前渴望被修正的绩效水平和现行管理系统中必须剔除的部分；图形的右侧为未来状况，包括系统必须新增的部分，即必须引进的新部分，以确保改善效果。

可汗 U 形图是一个通用模型，其中的逻辑适用于每个可想象到的改善做法。如果查阅专业文献，会找到许多不同于可汗 U 形图方法的具体案例，因为几乎所有的专业参考文献都提到了某种改善方式及对公司有利的事实证据。这些改善方式包括全面质量管理、及时生产（JIT）、精益生产、六西格玛、平衡计分卡、作业成本法、关键路径（适用于企业实施项目管理的初期阶段）及制约理论。

当提出一个参考资料或案例时，人们陈述的内容是可汗 U 形图的右侧内容，对这些人而言已是事实存在。一般来说，只有在作者能清晰地演示改善做法的实际效果时，一篇文章才会被专业出版机构及研讨会接受。

管理者在陈述改善效果时，通常只说明采用的新管理方式，却很少提及关于可汗 U 形图左侧的内容。这并不表示这些内容不存在，只是没有清晰地陈述出来。关于新方法，管理者没能给受众一个完整的说明，以帮助他们充分理解改善方案能提升绩效的总体逻辑。虽然他们参照了推荐的新程序，但不知道在现状中需要剔除哪些部分，以便让新做法顺利运行并取得利益。

回到看板系统的例子，我们可以学到很多实施该方法的技巧，但其中没能清晰解释的是根据看板系统的方式，当没有生产工单时工人不得擅自加工，工人闲置是可被接受的。这一点对目前以效率为导向的生产系统来讲是一种思维的转变。如果不剔除与效率现象关联的现行管理程序和行为，那么改善方案就很难达到预期效果。

看板系统最早由大野耐一博士在丰田公司推动实施。几十年后的今天，看板系统依然非常有效。然而事实是，全球企业中有很多的公司为了效率而不停地向车间投放物料。即便知道在制品库存太高、准交率很差，给客户承诺的交货期毫无竞争力，但仍然继续投料生产。大野博士通过看板系统建立了客户服务水平比生产效率更重要的理念。因此，物料投放的时间应该尽可能地配合终端产品的消耗速度，这是将此方法命名为 JIT 的主要理由——不同于传统生产的"以防万一"的生产形态。

每种有效的做法都有其特殊的道理。人们在采用及实施某种方法后，会变得相当依赖这种方法，甚至到了愿意为之而战的程度。为什么？因为这基于这种方法对人们非常有效的事实。这种方法一旦得到证实，人们就想要告诉全世界。但从分析角度来看，人们仍然要问："这种方法有何独到之处？"

以旨在推动工厂整洁有序的 5S 管理法为例。什么是 5S 管理法的独到之处？在 5S 出现前就有干净、整洁的工厂了，那么什么是改变的要素？我的观点如下。

为了追求效率，很多工厂忘了制造车间的基本纪律，而凌乱的生产环境会造成品质和浪费的问题。5S 管理法的道理一清二楚，整洁的车间反映员工对自己工作场所的态度——他们在乎。当员工在乎工作的场所时，他们也会在乎所做的工作。这样一来，便开启了许多部门层面的改善行动。当员工对自己的职务引以为豪时，他们会投入更多的精力去改善工作环境，提升工作质量。

我们可以按同样的思路来说明上述每种做法的要点。

改善方法的核心理念是最根本的道理，我称之为转折点，如图 1-5 所示。

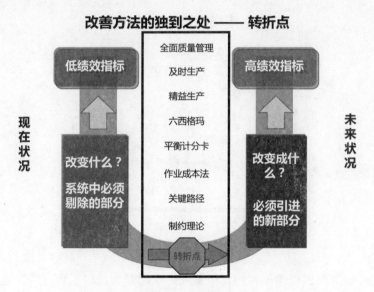

图 1-5　转折点

转折点建立了可汗 U 形图的关键思路及架构特色。转折点是中心点，用于解释采用什么不同的思维模式能促成渴望的新现实。

转折点是连接现在与未来的桥梁，即从造成现在状况的不正确思维到能促成未来状况的新思维，给予组织更务实和更合适的推动力。转折点回答的问题是"为什么这次会有效"。之所以许多管理者接触 TOC，是因为这些管理者在寻求某种新东西。只要管理者有能力用传统方法改善系统绩效，让自己或老板满意，就不会寻找任何新的管理方式。换言之，只有在改善压力（外部或内部）日益变重时，管理者才到处探寻新构想。

在此，TOC 转折点采用了 TOC 的改变方式，这属于"TOC 管理方式"的内涵。

TOC 管理方式的特点是什么？

概括来说，通过 TOC 转折点不仅能为管理者指出什么是不同的做法，还能明确指出什么是不能做的。简而言之，停止做错误的事，开始做正确的事。

TOC 管理方式基于这样的感悟：每个系统的绩效都往往受制于极少数的制约因素。对于系统目标来说，制约因素阻碍了系统达到更好的表现，同时也为管理者指出系统成长（"上升"）及绩效改进的方向。制约（见图 1-6）是 TOC 的重要术语，TOC 制约法也因此得名。

什么阻碍我们达到目标？

制约 ——
因子或元素决定系统能达成多少

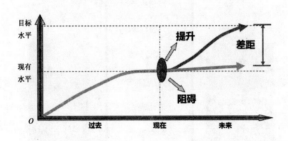

图 1-6　制约（彩图见插页）

人们都知道世界充满了制约，很多人说他们对制约很了解，因为他们的生命就充满了制约。然而，TOC 的制约术语与一般用词不同。TOC 定义的制约不仅是阻碍人们实现更佳表现之事，还包含极少数的事物或要素，借此支持系统能够成长与改善绩效。因此，图 1-6 中显示了阻碍和提升两个方向。

有人或许会问：制约并不仅有负面影响，其作为整体流程改善的工具还有正面影响，为什么要用像"制约"这样一个负面的词呢？事实上这没有特别的理由，仅是无其他可替代的词可用来表达制约的双重含义。在解决方案的应用上，我们按照 TOC 用语定义"制约"为关键词，以确保 TOC 社群按照原始定义使用"制约"一词。

以下是一些通用的 TOC 陈述。

- 每个系统有一个目标，这是建立该系统的目的。
- 每个系统的绩效有限，因此每个系统至少有一个制约。
- TOC 主张制约的类型很少，而且每个系统有极少的制约数目。虽然这种说法未经证明，但超过 30 年的实证经验提供了一套具有显著效果的优质方法。

因此，如果管理者想要控制职责内的系统绩效，就必须知道什么是制约及如何处理。TOC 管理方式是建立在接受制约决定整个系统绩效的基础之上的。

制约的类型有两种：行为制约和有效产出制约。

先来看制约的一种类型——行为制约。

在系统绩效方面，人为因素是至关重要的。一方面，人们的态度、意愿和能力可使系统表现得很差，这就表明人能使系统绩效恶化；另一方面，企业宣称"人是最大的资产"，则表明优秀公司是以优秀员工和优良的支持文化为基础的。观察新公司的表现，尤其在创业阶段，明显可见员工的行为推动了公司的成长与繁荣。这些观点支持了行为制约的主张。

不过，除某些基本工具能帮助改善者提升分析性的沟通能力外，直接处理行为制约并非 TOC 的强项。经验说明，许多破坏性极大的行为制约往往在企业处于糟糕的情况下爆发，而公司的经营方式让员工产生失业的恐惧。因此，确保公司不遭受行为制约的最好方式是确保公司成功运营，让每个员工在一定程度上共享企业的成就，而不愿破坏这样的成果。

接着来看制约的另一种类型——有效产出制约。

企业有其经营目的，即一个目标，而用于衡量目标完成情况的单位及产出该单位的速率称为有效产出（Throughput，T）。

在 TOC 用语中，有效产出是一个关键词。对于营利性组织来说，目标是现在和未来都赚更多钱，这一点不难解释。有效产出是企业通过销售而获利的程度。这部分的盈利是售价与总变动成本间的差额。总变动成本是公司支付给所有供应商和外部服务的费用，但不包括人工成本。

有效产出制约直接影响有效产出。

对营利性公司来说，有效产出是简单易懂的。营利性公司必须赚钱，以净利润和投资回报率为衡量单位。因此，可以使用金钱来解释有效产出制约。有效产出制约只有三种：产能制约、前置时间制约和市场制约。

（1）产能制约。产能制约是指某特定资源没有足够的产能，难以满足所有需要该资源的要求。由于缺乏产能而延迟交付客户订单，这样一来，造成收账延迟，有效产出被拖延。实际上，企业本可以更快地赚更多的钱。只要有更多的产能，公司就能按时完成订单，而很少被竞争对手抢单，或者因交付表现良好而获得新订单。

（2）前置时间制约。前置时间制约是指相较于竞争对手或市场的实际需求，完成一张完整的客户订单或一个特定项目的时间过长。从接到客户订单到收到产品、服务或项目的全部账款间的递延时间形成了前置时间。假如前置时间拉长，则有效产出被拖延；假如前置时间缩短，则能提前完成有效产出。也就是说，前置时间越短，市场的反应越好，从而能得到更多的产品和服务订单。

（3）市场制约。市场制约是指客户订单不足，这几乎是最终的制约因素。运营型企业，如制造型、服务型或项目型的公司，都是通过销售获得有效产出的。为了销售，公司需要有下订单的客户。当客户订单减少时，则有效产出会降低；当公司拿到的客户订单增加时（是有利的贡献），则有效产出提升。

管理者领悟到制约支配其系统表现的方式，对其在管理系统上有深度的影响。在确定了什么是制约后，管理者应该绞尽脑汁，最大限度地使用制约资源，确保不浪费，之后才是提升制约资源的产能。

TOC正式建立了一套流程，以利于借助制约进行系统化管理，这套流程被称为聚焦五步骤，具体内容如下所述。

（1）识别系统的制约。

（2）决定如何充分利用系统的制约。

（3）其他一切事物全力配合上述决定。

（4）提升系统的制约。

（5）警示：如果系统的制约在前一个步骤中被打破了，那么应重新回到步骤（1），不要让惰性成为系统的制约。

这五个步骤的奇妙之处在于为管理者提供了一个简单且务实的运作基础。其中的道理再清楚不过：身为管理者，可以忽视制约，但必须明白，制约不会忽视管理者或管理者的系统。这个逻辑很简单，即制约不该被忽视。管理者必须投入相当多的时间来保证制约是受到控制的。

当产能是系统的制约时，最大化使用资源的旧思维与极度注意制约资源的新思维，似乎站到了同一阵线。其实，虽然两者的管理关注度相似，但在管理系统上毫无共同之处，其中的程序、流程和政策是完全不同的。新管理系统只聚焦在制约资源，对非制约资源基本上不太注意。另外，所谓的"充分利用"制约，并非让资源拼命工作，而是运用一套符合逻辑的决策流程来处理这个问题——一旦知道这个资源的产能不足，我们就应了解如何使用该资源，才有利于提高公司的整体绩效。

在此强调步骤（2）和步骤（4）的不同之处，步骤（2）是"决定如何充分利用系统的制约"，而步骤（4）是"提升系统的制约"。当面对一个制约时，管理者倾向于凭直觉反应，通过提升制约来缓解它所带来的痛苦，即如果是产能制约，则去买进更多的产能；如果是市场制约，则要求销售以低价或特殊的促销来获得订单；如果是项目的前置时间制约，则利用一切职权要求项目管理者承诺更短的交付时间以保证拿到合同。

TOC 聚焦五步骤要求在提升制约之前先充分利用制约，其中有两个主要理由。第一，充分利用表示将制约中被浪费的部分使用起来。这个行动可立即执行，无须任何大投资且即刻有回报。第二，必须了解现状中造成制约资源浪费的原因，如果搞不清楚这一点，即便提升了制约，浪费还是会继续发生的。

一个系统中只有极少数的资源是制约因素，其他资源都是非制约因素，因此这需要不同的管理方法，即在确保非制约因素不对系统造成困扰的同时，对其给予较少的关注度，也就是非制约资源全力配合制约资源。

必须谨记，不同类型的制约具有不同的特性。

（1）产能制约：对某个资源或机器的需求大于其可用产能。

在一个无制约意识的环境里，系统制约可能在管理上没有得到任何特别的关注。当管理者采取停止浪费可用产能的行动时，则释放出更多产能，可缓解产能短缺的压力。为了提升系统制约，管理者需要获得更多的产能。

（2）前置时间制约：交期前置时间（Quoted Lead Time, QLT）超出客户容许的时间范围。

前置时间存在于两种情境：对运营范畴来说，可分为订单式生产（Make to Order, MTO）环境和项目环境，前者是指公司为特定客户提供定制化的产品或服务。

在这两种情境中，如果竞争对手能提供更好的交期，则可能威胁到公司的竞争地位，致使管理层压力倍增，需要提出解决问题的方案。有些运营系统可能建立成品库存，通过从库存快速发货来保障交期。

不过，有些情况下是不可能提前制造存货的。这时，业务经理会对生产经理施压，要求生产经理承诺一个往往不可能实现的交货时间。为了保住客户订单，高层管理者支持业务经理的做法，以利于完成业务经理提出的业务目标。此外，高层管理者可能会决定接受更多的订单，许下比当前资源可负荷程度更大的承诺。

最终结果是生产部门想尽办法，艰难地想要准时完成客户订单或承诺，而不良的交货表现往往会破坏公司的财务绩效与声誉。

因此，管理层的首要任务是确保准时交货，证明其系统的可靠性，以重获市场信心，这属于充分利用系统制约的决策。唯有公司挽回声誉，才能实施提升的步骤，通过缩短 QLT 的行动来达到具有竞争力的水平。

（3）市场制约：客户订单始终是首要制约。

制造型企业和服务型企业主要依靠销售产品或服务来产生有效产出。在自由竞争的市场里，当客户可自由选择供应商时，必须认同自身是受市场制约的，市场能决定企业的成败。对于既有业务的服务水平，管理者必须确保客户满意，这有助于维护企业的现有客户。之后，管理者必须考虑怎样才能从更多的客户处获得订单。

（4）行为制约：行为制约不能量化。这在比较不同企业和不同国家的文化时显而易见。

处理行为制约就是要停止做"错误"的事，减少不良行为。之后，推动做"正确"的事，增加良好行为。

┃选择制约

除了市场制约，企业还可能遭受其他类型的制约，但建议选择市场作为企业的战略制约，因为这能为企业带来无限的成长空间。订单越多，系统的绩效越好。

在某些情况下，有些人可能选择产能或前置时间作为转型期的第二制约。系统里的所有人都明白客户订单对系统至关重要，而产能或前置时间都服务于订单，所以需要特别的管理关注。

行为制约与不良绩效通常紧密相连。但根据 TOC 的实践经验，我建议不要直接处理行为制约。TOC 的强项在于提升系统绩效的改善方案，当系统能表现得更好时，人们皆大欢喜，就更能化解影响人们行为的挫败情绪。但这并不是放弃处理行为问题。TOC 的每个解决方案都包含缓冲管理（Buffer Management, BM），能对那些可能带来麻烦、需要加以管理关注的行为予以预警。

在此提醒一下，TOC 并非万灵丹，无法满足所有的系统改善需求。TOC 处理系统的管理部分，有些部分是系统的特性模块，应该由该领域的专家处理。例如，通过领先的技术、高质量的产品与服务给企业带来竞争优势。TOC 不直接处理这些模块，而是提供管理工具及方法，以利于管理者在竞争环境中能实施更有效的管理。通过使用缓冲管理，管理者能识别出因品质问题而需要特别关注的地方。TOC 还能帮助管理者让新产品和服务比竞争对手更早上市。TOC 针对运营系统的绩效改善，提供了整套的解决方案，还包含分销、项目管理、财务及衡量指标等。

┃转折点：现在与未来间的桥梁

转折点桥接现状中的错误思维即"核心问题"与建议的新思维即"解决方针"，如图 1-7 所示。

图 1-7　转折点成为现状和未来间的桥梁

假设管理者的直觉不错，而且确实想要改善系统表现。那么，这些假设得出的结论是，管理者知道是什么阻碍了他们达到更高的绩效，因而采取行动来处理这些阻碍因素。

如果预期的改善经常无法实现，那么必须质疑。为什么？推论如下所述。

- 选出来处理的问题并不严重。
- 解决方案无效。
- 解决方案的实施不到位。

无论如何，TOC 寻找的核心问题与系统的真实制约因素相连。

以下是一些潜在的核心问题。

- 企业处理了不正确的制约，如对以生产为主导的企业来说，之前的"制造产能是制约"的时代已经不存在了。
- 系统找到正确的制约，但是解决方案未能回应"充分利用制约"这个需求。例如，企业认同市场制约，以为市场属于订单式生产（MTO），而实际上市场真正想要及需要的是产品的可得性（可得性生产，MTA）。这个错误的想法会伤害所有参与者。

- 管理层的假设存在许多问题且需要逐个解决。如此操作可能需要很长的时间才能完成，而且命中制约的机会几乎为零。与此同时，制约不断地造成新问题且降低绩效。

确定核心问题是一个重要的过程。多年来这个过程不断地被重复执行，作为识别核心问题的模式，其有效性已得到证实。我们的探讨依赖于许多 TOC 书籍中记载的实践成果，本书引用了其中必要的内容。

对于不符合要求的绩效水平，TOC 提供了分析现状的方法。基于现实的迹象，进行分析以确定系统中未按期望运作的部分。现状与期待之间存在差距，通过差距分析来找出现有系统的核心问题。一旦确定了核心问题，就可以运用转折点选择合适的解决方针。之后，借助丰富的 TOC 知识来组织完整的解决方案，即激发方案（Injection）。

如图 1-8 所示，这些要素组成了构建可汗 U 形图的基本模块，包含确定问题和 TOC 解决方案。

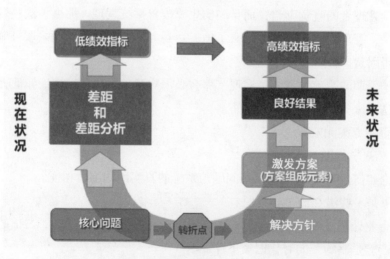

图 1-8　可汗 U 形图的基本模块（彩图见插页）

◀ 改 变 ▶

基于一套逻辑性的解决方案，可汗 U 形图可以描绘任何重要改变的全貌。到目前为止，我们已搭建了可汗 U 形图的主要模块：衡量指标、转折点、现在状况和未来状况。

我将可汗 U 形图当成一个主要的分析工具，可以涵盖完整的应用范围。可汗 U 形图可用于开发新解决方案，记录通用性（现有）解决方案的知识和适用环境，并作为实施通用性方案的基础。

所有的应用情境都有一个强烈的需求，即了解现状并揭露核心问题。这是可汗 U 形图左侧的作用，属于问题的部分——改变什么。

┃改变什么：什么是问题

认为系统能表现得更好，这个想法是引导管理者持续改善的主要动力。管理者偶尔也会遇到绩效变好的情况，但是管理者很快发现这些成功经验难以长期重复。而这些经验往往使管理者致力于取得更好的表现。

从系统的绩效表现开始，建立系统是为了某个目的。开发绩效的衡量指标是为了测量系统表现与设定的目标之间的差距，从而持续改善系统绩效。

企业聘请专家来改善系统，通常是因为企业主或管理者认为公司的业绩"差"。这不是批评之前的努力和成就，而是坚信系统能做得更好，因此才寻求专家的帮助。

系统能够表现的水平和当前的绩效程度之间的距离，称为差距。尽管这个差距可能让系统的管理者产生挫败感，但也给了系统的管理者追求进步的耐力和活力。一旦意识到差距的存在，我们就可以追问，为什么存在差距？是什么阻碍我们忽略了差距？

造成差距存在的理由，TOC 术语称为不良效应（Undesirable Effect, UDE），这是一些在现实中不受欢迎的事物，它们使系统的绩效处于较差的水平。UDE 好比医学中的症状，表示系统不健康，之后医生展开调查，通过因果逻辑关系找出核心问题，即造成数个差距和 UDE 存在的理由。用于建立及表达因果逻辑的分析方法称为现状图，即可汗 U 形图上的差距分析或 UDE 连接而成的图形。

挖掘核心问题的构想来自一个解决方案能消除越多症状越好的认知。所以，我们将核心问题定义为一个现状中存在的事物，并且是造成很多 UDE 存在的原因，能通过现状的因果关系得到验证。此时，如果不处理该核心问题，而让风险继续存在，则负面的效应会不断发生，进而使改善项目的正面效果递减，甚至没有好处。

核心问题有以下 3 种表达方式。

（1）一个错误的假设，被系统的管理者广泛地用于制定管理决策。

（2）两个相互矛盾的战术间的一种对峙状态。

（3）一个核心疑云图呈现出的核心冲突。

通过衡量当前的绩效水平、差距及不良效应（UDE），进行差距分析。将现状的逻辑分析及核心问题都记录在可汗 U 形图的左侧，如图 1-9 所示。

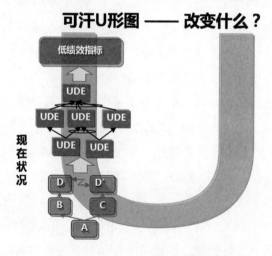

图 1-9　可汗 U 形图的左侧

▎解决方案：改变成什么

转折点描述了变化的本质。选用 TOC 作为转折点，表示转变成借助系统的制约来管理该系统。实施某个改善计划是一项重大决定，而改变系统管理方式提出的要求更严苛、更耗力。身为 TOC 的实践者，我们充分意识到管理者依赖我们的专业做事态度，并在健全的分析基础上给予建议。我们使用可汗 U 形图来建立完善的分析基础，并通过可汗 U 形图的右侧结构提出逻辑性解决方案。

解决方案包括以下 5 个方面。

（1）解决方针，即管理系统中，促成整体改变的新的基本思维。

（2）激发方案，即解决方案的主要部分，有新的管理特色，包括技术和管理程序、政策、IT 系统执行的程序，并成为公司的制度。

（3）有益的逻辑，即新流程和程序带来的良好结果。

（4）无负面效应，即在负面效应评估时，没有来自新管理系统的负面影响或负面结果。当有潜在的负面影响时，应该明确指出并加以讨论。如有必要，可以将额外的元素加入解决方案。

（5）改善的绩效，即在系统的绩效衡量中，所有用于支持改善连接的逻辑，可以证实解决方案与预期改善间的关系。

用可汗 U 形图来呈现解决方案，如图 1-10 所示。

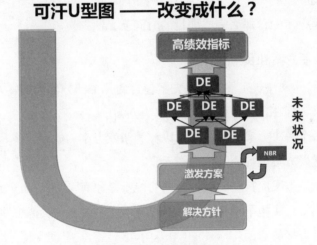

图 1-10　可汗 U 形图的右侧

1．解决方针

对一个系统的改善来说，解决方案的起点是解决方针。可以把每个可汗 U 形图看作一个独立的系统。如果转折点是 TOC 管理方式，那么解决方针就是"TOC 管理（某特定）系统的方式"，解决方针的标题可以是"TOC 运营管理方式"，或者"TOC 分销管理方式"，或者"TOC 项目管理方式"等。而在陈述解决方针时，必须更具体地说明该新思维的道理。

在解决方针中，我们选定系统的首要制约，并针对如何管理该制约提出新方法、新途径或新思维。

对运营管理来说，解决方针是按 TOC 的方式管理流动的。通常，市场制约是首要的制约，有些情形有次要的制约，即内部的产能制约。

而 TOC 分销管理方式主要基于一种特殊的"拉式"系统，是一种新的补货形态。这种方式认同市场制约，为了充分利用此制约，我们必须确保在正确的时间和正确的地点供应正确的产品。

对项目管理来说，解决方针是 TOC 项目管理方式，即关键链项目管理。选定的制约是项目的前置时间。传统的项目管理方式称为关键路径线法。TOC 认为项目前置时间受制于任务相依性及资源可得性的组合，即受到关键链的支配。关键链决定项目的前置时间，这是最长的系列活动（任务），且是必须一个接一个依序执行的活动。只要每个任务的执行时间是固定的，并且执行任务所需资源的产能与可得性是设定的，那么完成项目的时间就无法缩短。

2. 激发方案和良好结果

在 TOC 术语中，完整的解决方案包含的几个部分称为激发方案。激发方案是真实的突破，即在现实中植入 TOC 解决方案。

不是每个解决方案的元素都可以称为激发方案。激发方案具备以下特性。

（1）激发方案是加入系统的新元素。

（2）激发方案应具备突破性，因为绝不是原有系统的一部分。

现实中一旦实施了激发方案，就能为系统提供永久及持续性的"新血"，对于改善绩效有直接的帮助。

尽管已有许多系统的实施经验和信心足以证明 TOC 解决方案的成效，然而说明解决方案为何可行的思路还是很重要的。通过验证现实中的因果关系，来建立解决方案的元素与良好效应间的逻辑连接，如图 1-11 所示，这是 TOC 知识体系的一部分，对解决方案的设计至关重要。不过需要注意的是，这个知识体系是建立在对系统及其运作方式有透彻理解的基础之上的。

图 1-11　激发方案和良好效应间的因果关系

激发方案成为系统的现实，即能产生良好效应（Desired Effect, DE）——消除现状中的问题和不良效应后产生的良好结果。而解决方案的逻辑清楚地说明了在系统表现上，为什么管理系统的新方法会有正面作用。每位承诺改善系统的管理者，都必须了解并证明激发方案与对应的良好效应的联系，即了解并证明因激发方案而产生的效益。来自 TOC 激发方案的所有良好结果都有因果关系，并连接改善绩效，也就是说，只要能正确地实施激发方案，就能带来更好的系统表现。

3．潜在负面效应

同时我们必须认识到，每个植入现实的新激发方案都是一种改变，都含有潜在的负面效应。就像制药公司投入很多资金用于开发新药品，即使完成了也不允许在市场上直接销售，除非已经做了大量的实验和测试，能确保新药品没有任何副作用。改善计划也是一样的道理。在不少制造公司的案例中，改善计划曾导致员工下岗且没有返聘的机会。这是负面效应的一个例子，在 TOC 术语里称为负面分支（Negative Branches Reservation, NBR），即以一个具有缜密因果逻辑的图形来表达对潜在负面效应的看法，如图 1-12 所示。

图 1-12　激发方案和负面效应

虽然解决方案是为了得到良好的结果，使系统获得利益，但设想潜在的负面结果也是设计解决方案者的责任。如此一来，可能需要为解决方案开发额外的元素，以尽量防止负面结果出现。将这些元素加入解决方案包，即可组成一整套改善绩效的激发方案。

4. 绩效指标体现改善成果

为了实现系统的绩效改善，一个完整的改善计划从解决方针到激发方案和良好效应都已具备。可汗 U 形图的右侧包含了良好效应与绩效改善的连接。原理直截了当，即以良好效应取代不良效应。而不良效应是阻碍达到更高绩效的主要原因，一旦消除，绩效就会有所改善。

◀ 本章小结 ▶

看过了整个可汗 U 形图的架构、内容和功能，现在来看可汗 U 形图如何融入并表达 TOC 的基本思维——TOC 的三大基本假设和系统改善的四大问题。

| 可汗 U 形图和 TOC 的三大基本假设（见图 1-13）

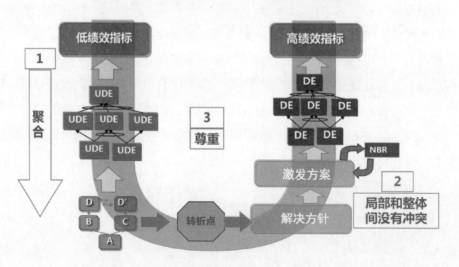

图 1-13 可汗 U 形图和 TOC 的三大基本假设

TOC 理论源于三个基本原理，并据此研发出完整的方法论、解决方案、实施方式和程序。这些基本原理被称为基本假设，如同几何学中的公理，接受这些假设的合理性纯属个人的选择。

基本假设 1：聚合

现实受制于因果关系的逻辑连接性。TOC 认为，适用于自然科学（物理、化学、生物等）的逻辑同样适用于人文科学，尤其在管理领域。TOC 还认为，现实中许多现象的形成可由极少的存在事物（核心驱使因素）来解释。正因如此，可以预期现状中存在的数个不良效应来自一个核心驱动因素。所以，通过聚合流程找出不良效应背后的共同原因，以此识别环境的核心问题。

基本假设 2：局部和整体之间没有冲突

源自科学的方式，TOC 认为局部做法（微观）和整体展望之间不应该有任何冲突。如果局部活动或局部行动有利于某个职务或部门，却不利于系统的整体绩效，那么 TOC 不接受这样的情况。对整体系统来说，TOC 的期待是以一致的方式来定义什么是有益的及什么是无益的。冲突来自人们对现实的感知，由于不接受以冲突为管理的形式，因而应促使 TOC 人和 TOC 解决方案找出双赢方案，而不是以妥协的方式导致两败俱伤。

基本假设 3：尊重人

尽管尊重人是被广为接受和倡导的价值观，但管理层并非总以此作为对待员工的准则，尤其在短期内需取得更好结果的沉重压力下。这个基本假设的本质是，即使面临困境，管理者也必须承担其控管范围内的全部责任，尊重下属的行为和心态，以赢得合作。

我们可以在可汗 U 形图上看到在哪里使用了这些假设，以及为什么这些假设对 TOC 解决方案至关重要。

基本假设 1：聚合。这主要用于寻找核心问题，在可汗 U 形图的左侧，属于"改变什么"的问题。

基本假设 2：局部和整体之间没有冲突。这是整个"改变成什么"问题的内涵，为替核心问题寻找双赢方案的主要观点。基本假设 2 提供解决方针和解决方案的元件，即激发方案。每个激发方案都是一个双赢的解决方案，针对妨碍管理者进一步改善其绩效的冲突或矛盾。

基本假设 3：尊重人。这是构成整个可汗 U 形图的基础。管理者通过尊重他人来发挥其角色功能。为了改进而带领改变时，管理者必须认真地推理与论证，通过可汗 U 形图来开发或学习完善的知识。如此一来，管理者才能做好准备，带领员工完成改变之旅。

| 可汗 U 形图和系统改善的四大问题（见图 1-14）

可汗U形图和系统改善的四大问题

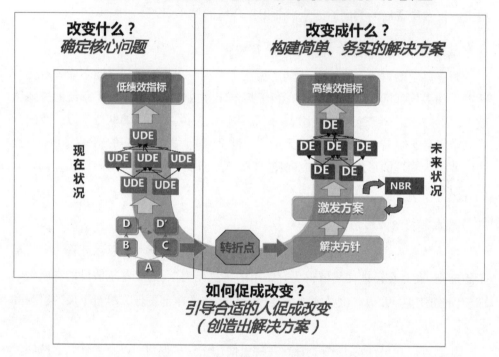

图 1-14　可汗 U 形图和系统改善的四大问题（彩图见插页）

如前所述，每位想要持续改善职责绩效的管理者必须回答以下 4 个问题。

（1）改变什么？

（2）改变成什么？

（3）如何促成改变？

（4）如何打造持续改善流程？

1. 改变什么

可以用可汗 U 形图的左侧内容来处理"改变什么"的问题。按 TOC 术语，这个问题的副标题是确定（准确指出）核心问题。从现有绩效水平开始，选取不良效应（UDE），通过因果关系分析、找出并确定核心问题，以解释大多数不良效应为何会存在。

2. 改变成什么

"改变成什么"包括转折点及可汗 U 形图的右侧内容，其中有解决方针、激发方案、潜在的负面分支及处理方式、良好效应（DE）和某范围内绩效改善的方式。

3. 如何促成改变

"如何促成改变"这个问题并没有直接出现在可汗 U 形图上，但实际上整个可汗 U 形图都在帮助管理者以逻辑方式来管理改变的过程。众所周知，每个进步都是一种改变，而面对改变的人会感到改变对安全感的潜在威胁。面对威胁，人们自然会抗拒改变。因此，管理者把推进改善与抗拒改变联系起来便不足为奇了。TOC 对此非常明确：带领改变的管理层要全权负责解释和传达改变的逻辑，要尽最大努力处理和消除任何威胁安全感的因素。管理改变应基于 TOC 的基本假设 3——尊重人。管理者的思维应该是，如果员工抗拒改变，要么因为改变有风险，要么因为看不到改变的好处，这是没有妥善沟通的体现。

可汗 U 形图提供了一种机制，以帮助管理者带领员工进行改变。管理者应该有能力处理员工对解决方案提出的问题和疑虑，因为对于员工而言这些是合情合理的担忧。为了妥善处理员工的质疑，管理者必须做足功课，充分理解可汗 U 形图并掌握流程，以管理对改变的反应。

4. 如何打造持续改善流程

每个 TOC 解决方案都含有持续改善流程。因此，持续改善流程出现在可汗 U 形图的右侧，是激发方案的一部分。

▍下一步是什么

为了分析问题、开发方案及实施计划，本书从头到尾使用可汗 U 形图为指导方针和实用工具。第 3 章将阐述 TOC 对于订单式生产环境的解决方案，并且根据可汗 U 形图来说明激发方案的知识基础。第 4 章也是根据可汗 U 形图来说明订单式生产实施计划的方法。第 5 章将讨论 TOC 对于库存式生产环境的解决方案，即可得性生产模式。

不过，在阐述解决方案和实施计划之前，先深入了解制造企业的生产与运营管理世界，并进一步了解运作现状，这就是第 2 章的主题。

EVER ▶ ▶ ▶

IMPROVE

第 2 章

生产与运营管理概述

TOC 观念及理论历经了 30 余年的发展与实践。多年以来，我们从许多生产环境累积的工作经验中，汇整出一些显而易见的普遍问题，并提供了一些通用的解决方案。

尽管生产领域的解决方案具有共通性，但是仍然需要深入了解生产环境的特质，以确保通用解决方案能实施成功。

必须确定需要改善的系统及系统中的管理角色。虽然本书谈论的范畴是制造企业的生产系统，尤其是物料加工及创造实体产品或货物的生产环境，但在此提出的观点也适用于其他类型的运营管理，如服务业中的金融和医疗服务。因此，运营与生产在此视为同义词。

人们期待生产管理者能解决生产方面的问题，而问题的根源往往是生产系统的本质，它关系到企业的整体效益。虽然管理者熟知其运营系统的现状，但他们也不得不承认掌管生产工作很有挑战性。在决策过程中他们需要从各方面来思考管理的流程，这增加了管理难度，所以有人认为这是一种艺术。然而，只要明白生产管理复杂化的主要原因，就易于深入理解现状，提高策划解决方案的能力，如此一来，便可大幅度改善管理流程，从而获得更好的系统表现。

影响生产车间运作表现的主要因素有以下 3 项。

（1）供应链中的供应模式。

（2）产能概况。

（3）生产流动的类型。

1. 供应链中的供应模式

有一种供应模式是每家制造商只是整体供应链的一个环节（如生产原料、零部件或组装产品的环节等），以供给其他生产部门或企业，它们之间是一种商业对商业的关系。还有另一种模式——这个生产单位是供应链中最后的制造环节，直接供给终端用户或经销商。下游单位如何采购上游单位的产品决定了供应链的互动关系、期望值、衡量指标、行为方式，以及管理系统的运作机制。

2. 产能概况

有些资源的产能有限，制约了生产的流动性。这些资源让管理者感到困惑，需要给予特别关注。所以，需要了解不同类型的产能概况及它们对生产管理流程的影响。

通常，提出某个解决方案，意味着这个解决方案能处理或消除某个问题。能同时处理更多问题的方案，就是更有力的处理方式。因而，针对特定问题，必须了解与学习上述特性，以利于开发解决方案。

现实中，生产管理者需要日复一日地面对诸多问题与挑战。按照 TOC 的基础假设 3——尊重人，基本上认为管理者竭尽所能地想要做好工作（虽然在许多情形下并非如此）。也就是说，为了做好工作，管理者必须处理问题和面对挑战，必须在现状下找到务实的解决方案。在走访一些生产企业的过程中，可以看到管理者处理问题的方式。生产环境是活跃及动态的，事物一直处于变化之中。管理者没有时间犹豫不决，通常必须立即做决定。有些问题会上升到更高的管理层级，这些问题必须有更长期且规范的解决方案，于是便有了作业程序。由于生产方面的表现会影响公司整体业绩，需要由高层管理者决定相关的政策，以确保生产工作与公司目标及绩效指标一致。

如果管理是一个解决方案，那么最好要问："假如有解决方案，那什么是要解决的问题？"实施管理的做法是为了解决系统各部分不同步而造成无法顺畅运作的问题。在很多情况下，管理职位的候选人都是有能力完成任务和解决问题的，他们当前的管理方式基于过去解决问题的经验。

理解生产管理的现状，意味着知道管理者如何及为何做决定，如日常事件的决定(当下的即刻决定)、基于程序的决策,以及在清晰的公司或生产政策下的决定。

学习是一个动态过程。在这一章节,我想阐述这样的观念:管理者需要学习及了解生产管理的实际状况。通过学习,汇总出一幅现行的主要管理流程图,包含可能的重大问题,即大多数生产环境中可能存在的共通不良效应。

在实施 TOC 解决方案时,必须先核实对具体环境的调研结果与通用的管理流程图的匹配程度,再更新与升级管理流程图以符合实际情况,这是通过设计、执行与记录现状调研(Current Reality Study, CRS)的过程来落实的。CRS 的相关内容将在第 4 章中具体说明。

3. 生产流动的类型

产品结构、物料清单的结构及产品制造流程,会直接影响管理解决方针的形成。尽管所有生产管理出现的棘手问题都大同小异,但不同的生产流动类型出现的问题有其特殊性,这就带来了特殊的管理挑战。

生产管理范畴

生产管理范畴的定义如下:

所有与订单管理流程有关的活动,从投放物料到车间,直到为发送给客户做好准备。

生产管理范畴如图 2-1 所示。

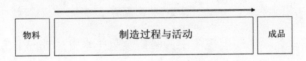

图 2-1　生产管理范畴

其他议题(及问题)也会给生产管理者带来麻烦和困惑,但不属于生产管理范畴。即便是生产管理者的责任,依然不在生产管理的专业职权内。

例如,质量问题非常关键,生产管理饱受其害。然而,造成品质不良的原因有很多,可能是物料不符合规格、加工流程不适用、设备问题,或者是操作人员不熟练。对每种可能的原因,公司有具备专门知识与能力的职能部门(如进货检验、生产工程、技术或培训部门等)去处理。因此,质量不列入生产管理范畴。

生产管理流程

生产管理必须管理流动，即管理者必须确保成品根据达成共识或承诺的日期抵达发货区或工厂仓库。成品必须符合既定的产品规格（符合正确的品质）与正确的数量。

因此，管理生产流动，是指将物料投入生产车间，并通过多台机器及其他资源，按照设定的制作程序，顺工序一步步流动。有时制作流程中的某些工序，需要根据物料清单，将数个部件及/或零件组装在一起，成为子装配件、装配件，或者完成最后的组装。

所以，管理生产流动要能保障正确的物料与加工所需的设备和资源相互匹配。

生产有一种自然的内建流动性。在生产环境中的操作人员及工人，期待和被期待对在等待的物料进行加工。随着加工程序的流动，物料一步步往成品区移动。最终，投入的物料都会抵达成品区。这就是日本人用水的流动比喻生产的流动现象的原因，如图 2-2 所示。

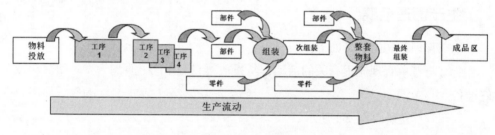

图 2-2　生产流动

这样的比喻固然不错，但现实中的障碍会阻止水自然地向下流动，此时管理者必须介入，以维护流动性能。

在实际的生产管理中，生产车间就是有不安分的"墨菲"①。例如，设备坏了、员工请假、物料出现瑕疵、零件找不到、库存记录有误，以及客户改变想法、更改数量、改变交期或想要的产品等，这些只是长长的问题清单上的一部分，需要管理者及时关注并做决定。

---

① 事实上，在西方国家的生产领域中墨菲众所皆知，但是世界上的其他地方不见得知道。墨菲现象意味着发生一些不在计划内的事情，而且会对流畅度造成负面影响。网上对"墨菲定律"最普遍及相关的解释是"凡是可能出错的事均会出错"。

一旦墨菲出现，自然的流动便受到阻碍。一般来说，生产管理者会定期开会，至少一天一次，有时次数更多，在会议上讨论和决定即将采取的行动，以使损害降到最低。

除了墨菲，还有其他问题扰乱原本的流动性能。例如，设计工程部更改产品，这可能需要替换已经在产线的物料，改用不同的制造流程，生产不同的零部件；再如，新品开发的人员想要检验新构想，要先打样，生产只好暂停。所以，可能也需要召开日常的生产会议，来检核生产目标及达成实施行动的共识。

为了帮助生产管理者面对工作负荷与挑战，生产控制部诞生了，其角色是编排生产计划及控制该计划的执行。一群跟催订单的人员被派到生产车间，去处理延误或重要订单滞留的问题。为了易于规划与管控生产流程，生产车间使用了一种指令单，即工单，用来管理生产控制部和生产部的关系。工单是特定货物的指定文件，如零件、配件或产品。使用工单以许可生产部领取物料、使用资源和支出费用。另一个与投放工单相关的重要决定是工单的大小（批量）。

为了管控众多的货物品种，自然要利用电脑去管理流程。规划软件在 20 世纪 50 年代问世，如 Kraus（产能负荷与排产系统），以及与 COPICS 系统整合的 CAPOSS 系统（这是 IBM 推出的第一个整合型制造系统，希望有助于规划与管控生产流动，同时考虑资源和库存的状态）。

虽然采用电脑系统对生产管理有帮助，但也使管理方式更复杂。许多公司为此有了新职能，即物料管理。这个功能必须根据物料计划，确保生产及组装需要的原料及外购件及时到位。一个需要处理的关键问题是物料投放。其实投放的物料最后会到达成品仓库。这里的问题是：什么时候应该给仓库发出准备与出示物料的指令？假如投料太晚，成品可能无法如期完成；假如投料太早，就会造成工厂的在制品太多。所以，太晚或太早都有负面效应。常见的情况是，物料投放的指令由规划软件处理。

生产流动越迅速、顺畅就越好，这是制造企业的一项显著竞争优势，能转换成更多的销售或更高的有效产出（如果客户愿意为更高水准的服务买单）。

综上所述，在管理流动上，生产管理必须处理如下共通问题。

- 物料投放（时间与数量）。
- 资源派工。

- 回应缺料。
- 应对墨菲。
- 承诺交货（时间与数量）。
- 启动及实施改善。
- 与其他影响生产流动的功能同步运作。

接下来具体看一下其他影响管理流动的要素。

◀ 供应模式 ▶

每个生产设施都是供应链中的一个运作环节。生产环节与下一个环节间的关系，对生产管理环节的方式有很大影响。尤其是以什么方式启动生产运作，并使成品移到下一个环节。在许多情况下，下一个环节属于另一个财务单位，这表示从一个环节到另一个环节的移动，对这两个组织的绩效都有重大意义。所以，这两个组织都尽可能地以应有的严谨度来处理货物移转，这会反映在绩效系统中。

如果客户不满意制造企业的服务水平，就会以正式或非正式的方式向管理者施压。屈服于客户的压力，管理者认可了客户期待的服务水平。而对客户的承诺应该是内部绩效系统的一部分，如采购系统有"供货商评比"机制，用于记录约定的交货服务程度及可靠性。此评比机制也用于评估与供应商的未来业务，以确保制造商能达到客户要求的服务水平。

生产环节与下一个环节间的关系如图 2-3 所示。

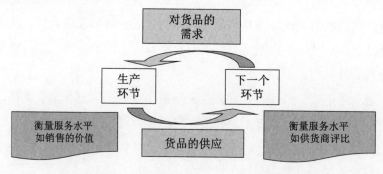

图 2-3　生产环节与下一个环节间的关系

- 订购货品的方式。
- 货品转移到下一个环节的方式。
- 每个环节衡量其他环节的方式。
- 一个环节的内部绩效衡量。

绩效衡量会影响管理方式。订购货品的方式和发送的启动节点都影响内部的物流，如物料投放、赶工和物料管理等。

两种常见的供应模式：

- 订单式生产。
- 库存式生产。

1. 订单式生产

在订单式生产（Make to Order, MTO）模式中，下一个环节的"客户"会针对某个特定产品，给出一张特定的订购单，包含要求的数量与交期。而交期是按制造商的政策，或者按客户与制造商指定的内部部门（如客户服务部、销售部等）商洽而定的。双方一旦同意，所确定的订单基本上就是双方的合约。根据此合约，制造商的生产部门就可生产产品，并期待产品交付、客户付款。事实上，MTO 对生产领域来说是一种舒适的供应模式，但前提是市场愿意接受制造商的响应时间。MTO 的响应时间包含生产时间，如图 2-4 所示。

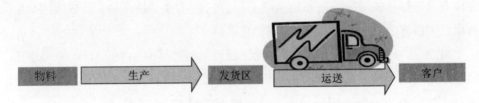

图 2-4　MTO 模式适用于愿意等待生产响应的客户

2. 库存式生产

简单来说，库存式生产（Make to Stock, MTS）模式是在客户未给予确定订单的情形下，即开始生产的管理决策。这基于商务考虑的决定，很多情况也是迫于客户施压。当客户订单到来时，期待制造商的响应比 MTO 模式更迅速，因为成品已在仓库，或者接近完工。MTS 模式（见图 2-5），可被视为建立战略性的存货缓冲，以利于下一个环节的未来需求。公司一旦决定持有成品库存，就会指派管理库存的责任单位，如销售部、物料部或者生产部。这样的情形相当于生产的"客户"就是成品仓库。如果中央仓库无法满足所需的服务水平，那么公司可能选择设置更接近销售端的区域仓库。通常，区域仓库的操作方式就像客户给生产部下补货订单一样。

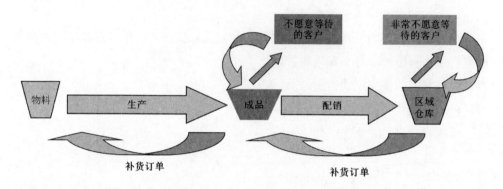

图 2-5　MTS 模式适用于不愿意等待生产响应的客户

3. 可得性生产

还有一种供应模式称为可得性生产（Make to Availability, MTA）。这是 TOC 解决方案的一部分，旨在改善供应链在 MTS 模式下的绩效表现。

MTS 根据对未来需求的预估而生产产品，生产计划的预测大多数基于最畅销的产品需求而定。如上所述，由于市场不愿意等待制造商生产产品，因此制造商在没有客户订单的情况下就开始生产了。另外，因为季节性产品会造成产能不足，所以必须提前生产，建立库存以应对销售高峰。

MTA 是一种 TOC 的解决方案，为了处理某些类型的 MTS。MTA 提出建立产品生产与产品即时消耗状态的直接联系。在持续监控库存缓冲下，生产计划根据库存缓冲的补货需求来制订。第 5 章将详细阐述 MTA 模式。

在实务应用上，MTA 整合了 MTO 及 MTS 的生产环境。消费性产品的生产环境基本上以 MTS 为主导，其中慢销品的生产是例外，因为它的库存消耗量低且零散，可采用 MTO 对应特定的补货需求。不过，MTO 主导的环境可能需要持有某些成品库存，以维护客户服务水平。

| 供应模式对生产管理的意义

供应模式影响绩效衡量及某些运筹问题。

绩效衡量

生产环节与下一个环节间的关系清楚地表达了对客户来说什么是重要的，因此应该成为正式绩效衡量的一部分，以利于管理供应链上这两个环节的关系。例如，有些环境对于准时交货的要求非常高，如有延误则对制造商进行罚款。

在设置生产单位的内部绩效衡量时，应该把客户需求作为主要考虑的因素，因为现实中有许多生产设施受制于追求效率的目的，甚至不惜牺牲客户服务。

继续这个思路，在此讨论 MTO 绩效衡量的含义，而 MTA 部分将在第 5 章详细说明。

在 MTO 的生产环境中，客户在意的是如下几项。

- 准时交货率（简称准交率，Due Date Performance, DDP）。
- 交期前置时间，即从订购产品到产品交给客户的时间。
- 产品价格。

因此，从企业内部的角度来说，针对 MTO 生产环境，应该有如下 3 个重要的绩效指标，以反映市场需求。

- 准时交货率。
- 生产前置时间（Production Lead Time，PLT）。
- 运营费用（Operation Expenses，OE）。

在此，强力推荐采用准时交货率为生产单位的首要绩效指标，同时确保交期前置时间与行业水平并驾齐驱，并通过缩短生产前置时间逐步提升并超越行业水平。

接受准时交货率为 MTO 生产环境的首要绩效指标，则可建立可汗 U 形图的参照点，即目前绩效和渴望的未来绩效，如图 2-6 所示。大多数 MTO 生产环境的目前绩效是准时交货率低于 100%，而渴望的绩效是尽可能接近 100%。

虽然准时交货率对 MTO 生产环境来说是很合理的绩效指标，但这既不是普遍的做法，也不是被普遍接受的观念。强势的客户能对其供应商要求高准时交货率，但是较弱势的客户就只能接受不可靠的供应商。准时交货率不是一个企业内部正式的生产绩效指标，管理者允许订单延迟，这可能是造成低准时交货率的主要原因。

还有一个造成低准时交货率的原因是追求低价供应商。许多公司要求采购部去找便宜的供应商，这些公司认为采购节省的一分一厘将直接贡献为利润。所以，采购人员可能选择新供应商，即便交期前置时间较长（结果会拉长制造商的响应时间），或者不是很可靠。在很多情况下，节省成本对采购人员比准时交货更重要。

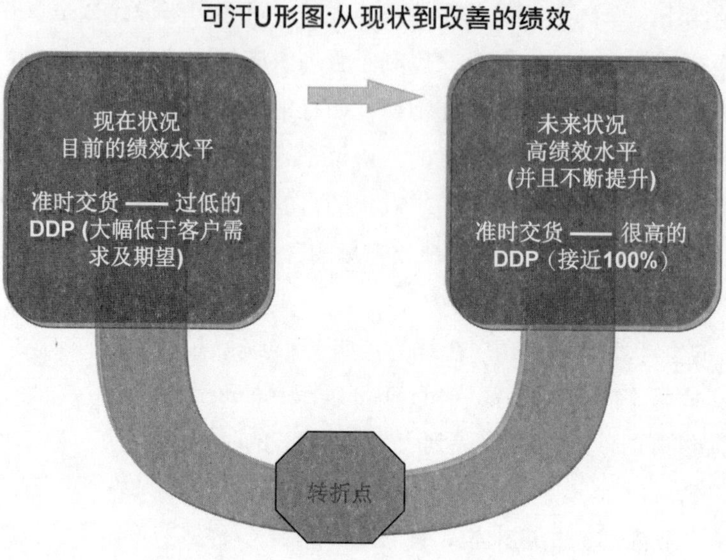

可汗U形图:从现状到改善的绩效

图2-6　建立可汗 U 形图上面部分的共识

其实这是制造商的一个绝佳机会，能建立一项竞争优势，而且是竞争对手根本不曾想到会有任何好处的优势。在此所提的竞争优势是，在具有竞争力的交期前置时间下，能有极度可靠的交货承诺。一位有远见的领导人应该能够挖掘高准时交货率的潜在价值。

在此，可汗 U 形图是一种引导机制。对 MTO 生产环境来说，需要建立以准时交货率为首要绩效指标的共识。这个改变可能是个挑战。多年的沉重压力与一向注重制造成本的习惯，会使整个系统聚焦于降低成本，尽可能压缩开支，节省物料、资源及人力等。而交期绩效排在第二位，除非客户极力要求或情况确实严重，制造商才会认真看待，以特例处理（赶工以满足某个客户的交期，却以另一个或其他多个客户的交期作为代价）。一般来说，并非所有制造企业的员工都清楚准时交货是客户的重要需求。

因此，并不是到处可见衡量准时交货率的确定做法。即使某些数据会反映准时交货的水平，也并不能说明绩效衡量的真实情形。有些公司宣称拥有高水平的交货表现，其实这些公司的"准时"是按交期的同一周，甚至按同一月计算的。另一种情况是认为准时交付订单 90% 的产品就算整张订单准时交货了。要使用可汗 U 形图，必须理解与记录公司衡量绩效及内部沟通的方式。

在许多生产环境里，特别是大型装配工厂，总体排产试图为不同生产单位做生产计划，并指定某个时段的生产数量，但极少给任何实际交期。这样的做法使生产线员工远离市场，而对于准时交货的重要性失去敏感度。

在开始实施 TOC 生产改善方案前，强烈建议集中关键人员交流与沟通目前 DDP 的情况，以及改善准时交货率对公司未来表现的影响。一定要了解高层管理者、客服人员、销售代表及财务人员的看法。

在与销售人员沟通时，常常因为客户不满意准时交货率，而造成销售人员与生产单位的关系紧张，甚至引起双方冲突的情况。

对于延误交期及应付销售部的压力，生产管理者的本能反应是对生产控制与物料管理人员施压，要求在系统设定的时间前就采购及投产。这样便将此压力转嫁到物料需求计划系统，即加大系统中的生产前置时间。然而，加大生产前置时间就会拉长交期前置时间，影响公司的客户服务水平，并带来负面的竞争效应。此外，加大生产前置时间还有非常负面的影响，即增加在制品在车间的时间，导致再次拉长等待时间及绑住更多资金。

因此，接受准时交货率为首要绩效指标，并确定准时交货率、运营费用及生产前置时间彼此影响的直接关系，即可建立当前（不满意）绩效水平的共识，这是可汗 U 形图的左上方；决定具有潜力的改善之处，以提升对全公司有正面影响的绩效，这是可汗 U 形图的右上方。

供应模式的物流含义

供应模式通过提供需要的输出，即需要制造的产品，来影响运筹系统。系统由输入、输出与实施流程组成。整体生产单位形成一个系统，含产出成品（输出）、消耗原料和外购零部件（输入），以及执行制造程序（流程），如图 2-7 所示。

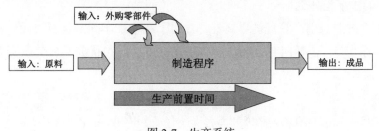

图 2-7　生产系统

管理生产是指在商定的时间内完成需要的输出。因此，生产必须知道输出的要求，如哪种产品、数量多少、何时交付。

供应模式确定公司接收输出要求的方式与做法，将该要求传递给生产管理者，以进行规划、控制与执行生产计划。

请注意有两类指令：一类是"客户订单"（Customer Order, CO），这是指下一个环节要求的产品；另一类是"工单"（Work Order, WO），这是为了管理生产系统，把客户订单转成工单。客户订单转成工单可以是一对一搭配（一张工单对应一张客户订单）、一对多搭配（一张工单对应多张客户订单，含相同产品的累计数量），或者一张大客户订单可以分成数张工单。将客户订单转成生产计划是由生产计划人员完成，或者由电脑软件生成的。所以，需要知道生产计划和控制是否由电脑处理，用哪种系统。当使用电脑软件时，有些管理程序由电脑自动操作，并被视为常规工作。如此一来，生产管理者往往不知道电脑软件如何制定流程与做决定，他们完全依赖电脑软件。但是，有些电脑软件做出的决定可能会造成不良结果，导致不良效应发生而使系统表现不佳。

下面两个关键的基本认识有助于管理规划与控制流程。

- 用于编排生产计划与控制的方式，如 PLT [生产前置时间，或称为制造前置时间（Manufacturing Lead Time, MLT）]。
- 用于生产规划、执行和控制的既有电脑整合系统，如 MRP（物料需求计划）或 ERP（企业资源计划），ERP 一般含 MRP。

（1）PLT。

PLT 是指一张工单从投料生产到成品发货或放入工厂仓库的时间。这段流动时间的波动从一种产品到另一种产品，以及从同样产品的一张工单到另一张工单，有时有时间长度的统计，但不完善。如果使用 MRP 做计划及控制，则要有具体的 PLT，因为 MRP 软件需要这个参数。所以，必须知道 PLT 是什么，以及所用软件应该使用的数字是什么。

理解了 PLT 对生产管理的重要性，知道了在生产车间的运行时间，有助于决定何时启动生产，包括何时投料、评估工序进度，并按优先顺序分配资源、物料与管理关注。

就像有一张机票一样，我们知道不管我们是否登机，飞机都会起飞。如果我们不想误机，最好先知道与机场的距离和离起飞还有多少时间，再计划及决定怎么去机场。

这表示规划与执行流程的基本单位是时间。

一张工单的运行时间包含以下几种主要的"时间段"。

- 加工时间，用于物料加工的实际时间。
- 排队时间，工单花在等待设备的时间（工单排队等待加工资源）。
- 换线时间，用于备妥指定设备的时间，以便处理特定工单。
- 等待时间，等待组装流程需要的其他零部件的时间。
- 保护时间，用于处理意外及计划外发生的事件，又称墨菲时间。

PLT 明显比工单的加工时间长（工单的加工时间约占 PLT 的 5%），有些加工时间段之间低于 1%，甚至有些换线时间也是相当短的。而大部分 PLT 是落在了排队、等待与保护时间段。了解 PLT 时间段的组成是很重要的，有利于寻找改善流程管理和提升绩效的机会。

（2）MRP 系统。

PLT 用于投料和物料计划（用在物料需求计划模块）。电脑软件的设计逻辑是，"你先告诉我何时需要完成工单，我再告诉你何时投放物料、何时订购外购件，以便准时完成组装"。

这表示 MRP 必须有一个生产总计划，从而规划采购和投料。可以手动输入数据，由另一个电脑系统转档，或者可以通过 MRP 从客户订单清单生成。

MRP 的概念在 20 世纪 60 年代末形成，MRP 软件已实施 30 多年，成为生产管理的一部分。但是，这种情形只发生在西方国家。对于制造业快速成长的国家，当面对大量应接不暇的产品需求时，小公司根本没有时间建立必要的管理架构和系统。

1. MTO 的物流含义

从物流角度来看，MTO 是一种直截了当的供应模式。客户订单是生产规划与执行控制的运作基础。客户订单转成生产计划，生产控制功能编排工单及生成所需的所有文件。总之，只要给客户的 QLT 比 PLT 长，准时完成工单基本上没问题，即产品应该能准时或提前交付。

如果已经在使用 MRP 系统，那么许多流程及程序便是日常运作的一部分了。

2. MTS 的物流含义

MTS 环境可能较为复杂，因为客户是"虚拟"的，而产品需求是基于预测和大致"估算"（猜想与计算结合）的。

不过，我们可以找到一个简单的方式，即依照成品库存的产品需求，开出库存订单。这些订单包含由库存管理原理决定的数量（如最小-最大或经济订购量）和给仓库的交货日期。交期可根据 PLT 而定，特别适用于有 MRP 的操作环境。另一种管理库存的常见方式是要求销售部给出产品的销售预测（通常一个月一次），并要求生产部生产当月的预测数量，只要在当月内完成预测数量即视为生产绩效良好。

库存订单的存在会影响生产线员工与生产管理者的行为模式。如果同时有库存订单与客户订单，则会出现库存订单的生产优先级较低的现象（因为不是真的订单）。其他情况是生产管理者使用库存订单来完成设定的产量目标，或者"增大"效率的效果。当工厂仓库内的库存不足以覆盖客户订单时，便发出需要赶工及特别处理的紧急订单，这种订单往往受到管理者的高度关注。

总体来说，供应模式对生产管理有连带作用，因而需要处理以下问题。

- 从下一个环节取得需求。
- 生产总计划。
- 生产前置时间。

3. MTA 的物流含义

MTA 模式是针对 MTS 的 TOC 解决方案，在第 5 章将详细阐述。

◀ 产能概况 ▶

管理生产的第 2 个重要影响因素是产能概况。配备专用资源或生产线能使生产管理工作比较简单。想象一个简单的生产场景：只有一台设备或一条生产线，只生产一种产品，只要开动设备，持续运作，几乎不需要管理介入。然而，现实并非如此简单，往往会涉及许多成品、中间过程、资源不能专用等问题。管理者必须分配资源。

产能是指某资源可用于执行制造程序的时间，以某个时间段的小时数来衡量，如每天、每周、每月的小时数等。资源一般泛指设备，而设备需要操作人员。有时设备充足，但人手不足，所以提到设备产能还要考虑操作人员的因素。另外，某种技能的短缺也会造成制造程序的执行困难。

设备的可用产能对 PLT 及准时完成工单的能力影响较大。当设备处于超负荷状态时，工单便出现排队等待的现象，导致 PLT 拉长，需要管理者更高的关注。因此，为了便于管理，最好知道哪台是超负荷设备并密切注意，以及哪台设备有足够的产能而不需要投入太多注意力。

从产能负荷的观点来看，有如下 3 种资源类别。

- 瓶颈（Bottleneck，BN）。
- 产能制约资源（Capacity Constraint Resources, CCR）。
- 非产能制约资源（non-CCR）。

以上类别的定义是基于计划负荷与可用产能的比率的。当某个资源的计划负荷超过 70% 时，我们称之为产能制约资源（CCR），这不是个绝对数字，只是一个管理信号，表示设备需要加强观察，因为可能造成排队，打乱生产流动。

负荷是指某个时间段，某个设备必须执行的计划总数，含所有工单的所有换线时间和加工时间。负荷分析使用平均时间，即使实际的加工时间与换线时间有统计上的波动，记录与使用的数据还是以平均值为准。

可用产能是指设备可用于执行工作的纯粹时间、管理流程与决策，以及设备本身功能的综合结果。影响可用产能的因素如下。

- 工厂的工班制。有几种常见的工班制，如工厂 1 天开工 8 小时，工作 5 天为 1 个班次，或者 5 天 24 小时开工，分两班或三班，或者加入周末时间开四班及五班。有些国家的工班制受制于政府或工会。
- 人工时间。很多工厂的设备数量超过操作人员的数目，通常需要根据流动需求做好操作人员与设备的匹配。不过，在许多情况下也要考虑操作人员的社会压力（如在按件计酬下，个人的喜好或薪资水平）。
- 设备可用时间。设备会出故障，故障频率和平均修复时间会影响设备可用时间。对于可能成为产能制约资源的设备，知道其可用时间很重要。

上述因素有助于确立执行制造流程的可用时数。许多电脑生产计划系统有"行事历"的功能，即呈现一个月中每天设备的可用时数。根据某个时间段内必须生产的工单计划，便能计算出需要的时间负荷，这称为负荷分析（生产计划系统的标准功能）。

根据负荷分析，可用产能可分为以下 3 部分。

- 换线时间，即准备设备的时间。虽然人们倾向于视此时间为非生产时间，但是不准备设备就无法加工。同时人们必须知道换线时间的长度是可调整和改善的，如 JIT（或精益）的技巧用于缩短换线时间。
- 加工（生产）时间，即设备用于加工物料的制造时间。
- 空档时间，即其余未列入换线或生产计划中的产能（换句话说，基于某设备的行事历，总可用时间中未使用的剩余时间）。

图 2-8 呈现了产能分布的概况（设备的计划负荷）。

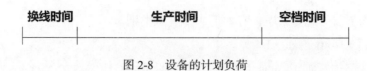

图 2-8　设备的计划负荷

可用产能中的空档时间量决定了应对不确定因素时，设备拥有的产能，TOC
称之为保护产能，而非闲置产能。这个时间是需要的，用于超出预期的换线、加工
和修复故障、不良零部件返工，以及报废零部件的重新生产。

设备的保护产能越多，造成流动中断的可能性越小。因此，从保护产能的数
量能得知管理者照顾设备的忙碌程度。

- 设备是非产能制约资源。设备的保护产能占可用产能的 30% 以上，如图 2-9
  所示。

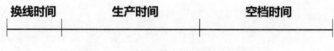

图 2-9　非产能制约资源的产能概况

- 设备是产能制约资源。设备的保护产能占可用产能的 30% 以下，如图 2-10
  所示。管理者必须关注此设备，介入工作分配和修正行动。产能制约资源
  是个潜在的"麻烦制造者"，让生产管理者非常头痛。

图 2-10　产能制约资源的产能概况

- 瓶颈。一种特殊类型的产能制约资源，属于一种特别状况。瓶颈没有任何
  空档时间，不仅按设备行事历（这是管理决策）是这样，全年每周 7 天 24
  小时（24×7）都是如此（不含故障时间），如图 2-11 所示。由于过度承诺
  产能造成设备超负荷，以至于瓶颈在运行中没有任何保护时间。

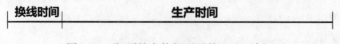

图 2-11　瓶颈的产能概况（按 24×7 计）

瓶颈通常是昂贵的设备。瓶颈造成流动中断的情况，许多时候是因缺件或延误
订单卡在它前面了。生产管理者都知道瓶颈的存在。如果产能制约资源是头痛，那

么瓶颈就是噩梦。因此，生产管理者期望采购更多的设备来增加产能。如果增加产能的价格合理，高层管理者会同意生产管理者的要求。但是，如果设备价格非常高，这样的要求可能被拒绝。在观察瓶颈和产能制约资源时，建议调查车间的历史，追踪产能的演进过程和现状（这个调研提供了一次验证机会，能够让高层管理者知道在面对产能制约时，生产管理者是否在考虑所有可能的"挖潜"措施之前，倾向于直接采取"增加"手段）。

下一节将介绍流动与产能的互动关系。生产流动中有几种普遍的产能类型。了解产能与流动的组合，能够更快地找出生产上常见的管理问题。

◀ 生产流动的类型 ▶

生产流动是第 3 个影响管理生产的主要因素，有 4 种基本的流动类型，各有其管理上的挑战。

生产流动形式受物料清单结构的支配。从产品由上至下的视角来看，生产流动有 4 种类型，称为 VATI。以下分别描述它们的形态、特质及可能产生的典型问题。

| V 形厂

典型的 V 形厂是半加工制造工厂，如图 2-12 所示。生产流动从少数的原料开始，经过几道制造流程，产出半成品，直到最终产出成品。相对来说，V 形厂的最终产品种类较多。此流动类型的名称来自产品数量与原料数量的比率。

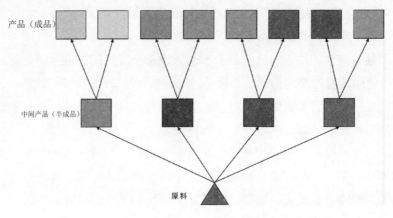

图 2-12　V 形厂的整体结构

V 形厂一般存在于基础工业，如钢铁、化工、造纸、纺织、塑胶和木材产品（复合板）等。

V 形厂现状

通常来说，V 形厂的工艺流程简单，含少数的加工步骤。物料通过的制造程序几乎相同。而对于共享的原料和中间产品，则允许不同的产品使用相同的物料。也就是说，在每个物料清单节点的物料都可用于数种不同的产品，称为分叉点（或分裂点）。此节点让生产管理者相当头痛。

就纺织业而言，整体架构简单，含 3 个主要部分：织造、加工及后整理。

织造通常只有一道工序；加工可含数道工序，如染色、收缩、拉伸等；后整理所含工序较多，含剪裁、修边和缝制等。相同的纱线可织成数种不同类别的布料，这是第一个分叉点。织成的布料能染成许多颜色，这是第二个分叉点。由此继续下去，最终产品数目可能非常多。只要翻阅一下床单或毛巾制造商的商品目录就可看到潜在的产品数量。

V 形厂的主要特征是分叉点。需要加工的物料或在制品实际上可用于数种不同的工序，并且可由同一台机器完成。只要技术上没问题，就能当下决定将物料用到计划外的加工。如此便成了"偷料"。一旦偷料发生了，就再也无法回头，因为只要开始计划外的物料加工就得做到完成。最终的结果是在查看工厂仓库或发货区时，会发现许多零库存或延误发货的产品，同时又堆满了根本没有客户订单的库存。

走访 V 形厂的最后一站往往是成品仓库。我们在此常会问：这批产品放多久了？最近一次的走访，我们来到一间库房，看到里面的物料都用透明塑胶袋包起来，在一个角落有一大堆袋子，上面厚厚的灰尘几乎发黑了。当查看物料吊牌后，发现这批是三年前的产品（由于错误造成的）。

引发偷料现象的原因，通常是为了节省设备换线时间，以达到更高的生产水平。如果使用传统的产出指标（如每小时的吨数、每日线材的千米数等），并按提高绩效来奖励这类行动，那么便是鼓励员工与管理者采取该种行动。如此一来，每小时产量越高的产品，越容易发生偷料现象。

当成品生产过量的信息出现在公司所有财务报表上时，销售部常常会接到处理过剩库存的命令，于是就在市场上抛售。即使能回收原料成本，但偷料造成有效产出的可能损失也是无法挽回的。所以，偷料会导致公司损失利润。

V 形厂的管理者知道不必要库存及产能被挪用的负面效果。为了防止偷料，管理者必须投入很多精力去控制和持续监督，紧盯住分叉点的作业情况。因而，人们普遍认为管理 V 形厂的要求更高，因为管理者不能任凭工单自然地流动。一般来说，分叉点越多，管理者需要投入的精力越多。有时管理者会用技术手段来防止偷料。例如，某个 V 形厂控制偷料的方式是，给进入第一道搅拌器工序的共享合成料加上不同的颜色。相同的产品按不同的颜色给不同的客户。整个生产过程中不同的颜色一目了然，可防止物料挪用而伤害相关客户。

即使在一个特定的 V 形厂中，偷料也不是主要问题，但还是有如下普遍的不良效应。

- 在制品数量高。
- 成品库存高。
- 赶工与急单情况严重。
- "丢失"的批量（找不到在制品）。
- 作业问题造成废品与损坏率高。

上述的不良效应导致 V 形厂的绩效无法令人满意，通常包括以下几种情况。

- 准时交货率低。
- 生产前置时间长。
- 库存周转数低，或者存货持有天数高。

低绩效带来了一个谜：既然有足够的产能和前置时间来准时完成工单，为什么准时交货率还是这么低？以前面提到的纺织业来看，总体的生产前置时间是 60 天。三部分各有 20 天来完成各部分的工单：织造部分只需要 2 天；加工部分理论上 3 天可以完成一批，不过需要所有资源到位（几乎做不到）；后整理部分完成一批需要 6 天。所以，在完成一批的 60 天中，作业时间是 11 天（请注意，在 V 形厂能看到工单的加工时间占生产前置时间的 10%~20%）。如果准时交货率低，表示许多订单延迟完工，也就是说，实际的生产前置时间超过 60 天。那么是否该拉长生产前置时间，如在交期前 70 天就开工？这样做可行吗？

A 形厂

A 形厂是典型的工程类工厂，含很少的成品种类和多层级的物料清单。有数个组装层次，如最后组装、组装和次组装等。零部件含自制件与外购件，自制件由外购的原料加工而成。

生产流动从生产零部件开始，先做成次组装品，接着做成组装品，最后组装出成品。物料清单的结构看起来像个三角形，因而称为 A 形，如图 2-13 所示。

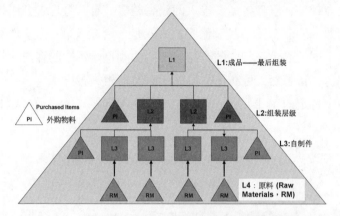

图 2-13　多层次产品的物料清单结构

生产流动形式不仅包含物料清单结构，还包括工艺流程，即物料的所有制造程序。在每两个物料清单节点加入工艺流程，加入后的图形如图 2-14 所示。

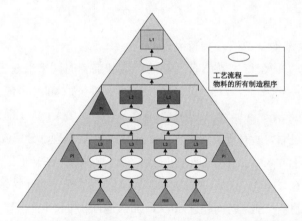

图 2-14　A 形厂的流动形态

A 形厂现状

有些 A 形厂的产品有成百上千的物料清单节点。典型的 A 形厂如引擎制造、汽车组装或航空产业、大型变压器的电子网络系统等。通常车间生产出来的零部件先存放在仓库，等待与外购零部件一起组装。组装时间一到，仓库就会收到指令并做好组装的准备工作，这与车间的投料流程相似。然而，一般因无法同步而造成零部件难以齐套，以至于常听到 A 形厂的员工提到"缺零件"或"零部件不全"，这似乎是 A 形厂管理者的宿命。

所以，如果要组装一个产品，而所需零部件没全部到位，那么该如何处理？

管理者必须很有创意地处理这些经常发生的问题。管理者可能会用到下列处理方式。

（1）停止组装。因为没有零部件，组装部门无法工作，车间产生"被迫的"空档时间。不过，人力通常被调去做其他事。然而在零部件到位后，组装工作的负荷量骤然增大，需要加班和投入额外产能来应对高度的工作负荷。高层管理者不喜欢"走走停停"的运作模式，倾向于按完成组装的时数，或者组装的产品价值来衡量产出结果。

（2）在零部件不齐备的情况下开始组装。组装部门在追求高效率的压力下，在零部件未到齐前开工。缺失的零部件在组装流程的开始阶段并非必要，管理者选择开始组装，希望缺少的零部件能及时到位。如果在完成组装前零部件还没到位，那么整张工单就先搁置到一边等待。

（3）不管怎样，做你能做的。当不同成品有共享零部件时，可使用此种处理方式。当共享零部件的数量不够对应几张不同的工单，但足够生产一张工单时，为避免组装产能闲置，管理者使用特别的电脑软件查看是否有其他订单能使用现有的零部件进行组装，如 MRP 系统有此功能（这样的处理方式更常见于 T 形厂，下面会说明）。

零部件缺失问题主宰了生产管理者的命运。生产管理者在很多协调、同步会议、赶工和"拔刀相助"的救急努力下，力求尽快拿到缺少的零部件，以降低零部件延迟造成的损失。这些问题成为最后组装部、采购部及车间的压力。

以下是一些典型的问题。

对最后组装的影响

最后组装的压力很大是显而易见的。所以，尽管高层管理者不乐意，但他们还是屈服于扩张组装产能，以及投资快速组装技术的压力。

以下是为了提升 A 形厂的流动性能的管理举措范例。

有一家变速箱工厂，当生产量大时，组装成一条流水线或传输线，将变速箱从一个工作站移到下一个工作站，生产时间可缩短到几小时。这说明组装部门拥有良好设备和高效率的传输线。

服饰业也是一种 A 形厂，通常是大批量生产（受裁剪部门高效率的驱使）。无论怎样，靠近最后环节——组装时，许多讲求效率的工厂都愿意投资以提升这个环节的效率。

我记得一家生产衬衫的工厂，在建造新厂房时，投资数百万元设置"移动"的吊挂式传输带，将物料直接移送到最后的缝制站。

以上例子说明，许多管理者的关注度和投资力度都放在了最终的组装部门。如此一来，组装部门可能拥有多余的产能。然而，组装部门的投资越大，高效率的压力越高，这就迫使管理者要让组装部门保持忙碌。这种压力导致管理者专注于确保组装部门有事做，而不是做正确的事，如加工已对客户承诺的订单。因此，大多数 A 形厂的准时交货率都不高。

对采购部的影响

由于外购零部件未到位，生产管理者会对采购人员或物料人员施加压力，而采购人员或物料人员则对供应商施压。其实这并非总是供应商的问题，很多时候是由内部问题造成的，如物料清单不正确、设计变更和交期变更。当这样的情况发生时，采购人员被夹在生产部和供应商之间，而采购人员想要维持好与供应商的关系以利于未来的供应需求。

对车间的影响

车间生产的零部件不到位也会影响生产管理。管理者可能发现有"麻烦制造者"，即某个设备或资源可能阻碍生产流动。当赶工人员寻找零部件时，通常会发现零部件卡在瓶颈或有重大故障、加工流程与质量出问题的其他设备前面。

车间里生产流动的性质通常是种"零部件加工"形式，即每个零部件都有自己的特殊设计，并且有特别开发的制造流程。车间根据工艺规格来决定设备的使用和加工顺序。其中流动过程的变化、设备使用的顺序和制造程序等需要的时间，都会使车间对产能需求很敏感。

当生产管理者识别出产能受到限制的情形（通常通过赶工报告得知）时，可能想试着解决问题。生产管理者往往以补丁方式来处理产能问题，如日常会议、加班、分摊负荷和外包等都是一些常规性行动。如果出现某个设备的需求很高，就有投资新设备的足够理由，如此一来产能便可增加。不过，迟早会出现投资新设备不划算的情况。在这种情形下，产能制约资源就可能出现。

产能制约资源打乱生产流动，导致组装所需的零部件不足，加重了生产管理者确保零部件准时到位的压力。除了忙乱的跟催及全力赶工，还有想以生产规划软件来解决问题的压力。下面是两种可用的办法。

- 增加生产前置时间，如能越早释放物料，则物料越有机会准时到达组装工站。
- 增加批量的大小，尤其当想要节省产能制约资源的换线时间时。

这两种办法的问题是，增加了前置时间及在制品。而在制品增多会带来一连串与高库存相关的负面效果，且零部件不到位的现象也不会消除。

由此可见，A 形厂的生产管理面对的典型问题如下。

- 组装时零部件不到位。
- 组装产能负荷不均衡（闲置及超负荷）。
- 大量赶工。
- 高库存（尤其是在制品和组装前的零部件）。

上述不良效应导致 A 形厂的绩效无法令人满意，通常会出现以下几种情况。

- 准时交货率低。
- 前置时间长。
- 库存绩效不达标。

T 形厂

T 形厂是一种组装工厂，有多种最终产品的组合选择，含多层次的次组装及组装的共通特性。典型的 T 形厂有汽车组装工厂、电器组装工厂、家具组装工厂等。

如果想要看到使用同样基本车体的汽车款式，则会觉察到福特的 T 形厂时代早已结束（当时的说法是"你可以选择任何颜色的车，只要是黑色就行"）。今日的汽车有数种可选择的颜色、不同的内饰、不同的引擎、不同的功率和不同的变速方式等，可以有成千上万的可行组合。T 形厂上端的流动结构如图 2-15 所示。

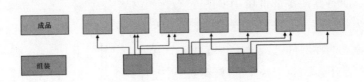

图 2-15　T 形厂上端的流动结构

T 形厂上端下面的流动结构就像柱型，由次组装或零部件组合而成，并连接到组装阶段。虽然在此以直线表示，实际上每个柱型可能是一个小 A 形结构，如图 2-16、图 2-17 所示。

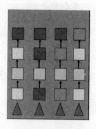

图 2-16　T 形厂流动结构的柱型部分

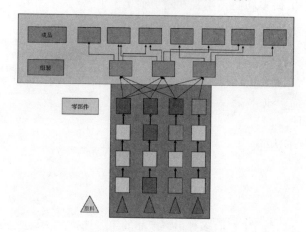

图 2-17　T 形厂的流动结构

T 形厂现状

零部件由原料加工而成，用于次组装或最后组装阶段。这种情形与典型的 A 形厂现状相似，组装时许多零部件不到位，这是缺料问题。

然而，T 形厂还有其他与零部件相关的问题。通常，在组装时，如果缺少某些零部件，而有其他零部件可用（在等待没到位的零部件），那么这些已经到位的零部件作为共享件可以挪去组装其他产品。但是等缺少的零部件终于到位了，管理者才发现原先的零部件已经没了，被另一个组装"偷走"了。如此一来，整个流动的步调被打乱了。而对于缺少的零部件，管理者只能发出紧急订单并不断催促。

为了避免偷料情况，大多数 MRP 系统能为特定订单分配特定的零部件。在计划单上明确标出工单的零部件，预先分配给特定组装工序或最后产品的数量，以剩下的数量作为自由使用的存货。不过，这个机制不总是管用，因为管理者能修改分配计划, 即只要在数据库中改动原有的分配计划, 便可重新分配给新的组装工序或产品。

另一个解决偷料问题的常见方法是, 在组装前建立共享零部件的中途储存库, 通常由总计划建立存货, 并按预测或再订购方式来补货。中途储存库隔开了组装与不可靠的零部件供应商 (这些零部件能由内部的相同工厂制造, 由同一个事业部的其他工厂制造或外部采购)。在给客户的交期前置时间比生产前置时间短时, 组装的存货也要保证更短的市场响应时间。

从组装储存库取料的指令来自生产计划与控制部给组装部的制造计划, 这是依照客户订单或整体生产计划生成的。而释放物料的机制包含配套或挑选的清单, 用于指示组装储存库聚集组装工作需要的所有零部件。如果组装储存库缺少某个零部件, 则在挑选或配套清单上清楚标示。

在缺件的情况下, 管理者必须决定采取什么做法 [这是所谓的 "齐套（Full Kits ）" 矛盾]。管理者有以下选择。

- 不齐套投料, 思路是可以先开始组装, 等缺少的零部件到达即可继续完成组装。这个做法可行的前提是, 在零部件不齐套的情况下, 组装部门能工作。
- 如果上述不可行, 可以启动 "以现有的零部件能做什么事" 的计划。
- 如果上面两种做法都不行, 管理者可以在第二种选择的基础上, 询问哪个产品的缺件最少, 以及查看是否能紧急催补。

最后的装配决定工厂的产出, 因而决定当月工厂的销售绩效。销售人员及高层管理者对组装部门大力施压, 要组装部门给出能完成的务实计划, 以裁定工厂的财务表现。尤其是在接近月底时, 通常会有许多讨论与协商来确保足够的产出, 以完成财务预算目标。可想而知, 对于生产管理来说, 缺料是个大问题。不管怎样努力, 这几乎是个始终解决不了的难题, 是一种不良效应。

对车间的影响

缺料引发管理者的抵御行动。许多时候, 生产控制人员或者生产管理者也会加大实际的投产数量, 因为急单的压力记忆犹新。这样一来就加重了车间的负荷, 加大了在制品数量, 并造成整个车间的负荷波动。

对采购部的影响

相同的抵御情形也发生在采购部。采购部遭受到 MRP 正常下单之外不断的急单需求, 以及不停向供应商催货的压力。这使得采购部加大采购量, 从而造成持有大量外购存货的结果。

当高层管理者意识到系统里的库存量对整体绩效指标（如库存周转数或存货持有天数）产生不良影响时，他们会下令降低库存，以减慢采购速度。这会使缺料现象加剧，形成恶性循环。

T 形厂的普遍性问题

- 零部件不到位。
- 急单很多。
- 在制品数量高。
- 组装储存库存量高。

上述不良效应导致 T 形厂的绩效无法令人满意，通常表现为以下几点。

- 准时交货率低。
- 库存周转数低。
- 市场响应时间太长。

I 形厂

I 形厂的一般结构如图 2-18 所示，用于描述物料直线流动的形态，从物料投放到成品。就像 V 形厂一样，但没有分叉点，只有相当少数的物料，最后也是少数的成品种类。有时连最后成品也少有变化，如只是不同的印刷（客户不同或包装不同等）。

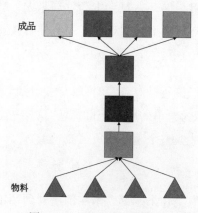

图 2-18 I 形厂的一般结构

在 TOC 资料中，I 形厂用于描述以下两种情境。

（1）直线型。专用组装线可视为 I 形，如图 2-19 所示。因为从一个生产阶段到另一个生产阶段的机械化连接，不存在偷料的可能。这样的生产线只生产有限种类的产品，而且一个时段只生产一种产品（如食品和化工、钣金加工等）。

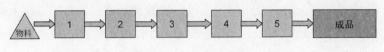

图 2-19　专线的 I 形厂

（2）生产流动有数道连贯的工序重复作业，产品通过相同的工序组装数次（如半导体、芯片生产），如图 2-20 所示。

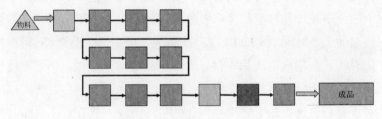

图 2-20　半导体工业的 I 形厂

I 形厂现状

I 形厂不存在偷料问题，也没有物料短缺现象，主要的管理问题出在生产计划方面。这个问题看似简单，其实不然。

下面分别针对 I 形厂的两种情境进行阐述。

（1）专线的主要问题是：批量该是多少？也就是说，在换产另一个产品前，多少数量应该通过专线？通常要考虑换线时间，当换线时所有资源都必须为新产品做准备。

以下以巧克力生产线为例来说明。

生产流程从混合巧克力开始，将混合料灌入储放槽。物料在此等待，生产线准备就绪。准备工作包含清理整条生产线，准备好巧克力的成形模具，将最后的包装材料固定在包装设备上。一旦准备好了，就有一条管子连接巧克力液体的储放槽与生产线。接着开动加工作业，巧克力液体倒入模具，并放入冷却室，之后便是切块、包装及装箱。

执行这个流程的资源中必有一个是瓶颈（最慢的）。例如，生产小块巧克力，有时是灌注机器，有时是包装工序。如果灌注是最慢的，就表示这个工序之后便可立即打包（冷却后）；如果包装制约了生产流动，那么管理者可以投入更多的人力或包装设备。有时会在生产线末端增加人力，把巧克力块收起来放在盘子后才包装，这就成了在制品。

生产管理（计划）的主要问题是：以一次的加工流程来算，应该生产多少吨巧克力才换成下个产品？基本上，必须决定每个产品的生产批量。设定批量需要考虑的参数是每个产品的销售预测、生产时间与换线时间。另外，生产顺序会受到产品族和换线相依特性的影响。

通常来说，换线时间长，尤其从一种产品换到另一种产品需要清洗工作，则倾向于累积订单和大批量生产。这种模式会造成生产线上的负荷波动。管理者在生产计划上的矛盾是产品数量与客户服务之间的取舍。为了响应客户需求，生产线必须有较短的生产时间。但如此一来，产品数量减少，而更多时间用在换线上。另外，生产时间长会造成高成品库存。如果产品货架生命短，那么不仅是高库存的不利效应，还可能导致整批存货报废。所以，管理者会左右为难。

（2）对于有数道连贯的工序重复作业的生产流动，管理者还是面对生产计划的问题，但情境不同。

换线不是问题。先进的制造设备能够根据工艺流程，识别线上的物料进行加工。此处的问题是设备要做哪批物料。

在这个流动形式中，同样的物料需重复通过一部分流程。芯片的制造工艺是一层层叠加，要经过三四次作业才能产生一层。一批芯片先进入第一个工作站，接着便从这个工作站移到下一个工作站，直到一层完工。整个流程的周期时间很准确，是根据其中最慢的工序而定的。

这一批在完成一层后去排队等待另一层加工，排队中各批需等待不同层数的加工。这表示各批在系统里的时间长度不同。而矛盾在于，接下来处理哪一批。是应该选等待最久、最接近完工的那批，还是选新进来的那批？

处理等待最久的芯片有利于有效产出（在大多数情况下是产量）。但是，如不开始处理新芯片，生产线终究有闲置的风险——无芯片可加工可不是好事。降低芯片箱的批量能缓解该处境，有助于增加处理这两部分芯片的次数。此外，许多工厂使用某些运作衡量方式，以维持上述冲突要求（选老批或选新批）的"平衡"。两个普遍的衡量指标是"移动次数"和"启动次数"。移动次数收集一天内芯片的移动次数，设定预期的标准移动次数，有助于确保每批一天至少移动一次。同时，这个指标有助于凸显没移动的芯片批。而针对启动次数，可以试着调节新批的启动，以确保从头到尾流动顺畅。

在许多实际情况中，这两个衡量指标还存在不足。因而，管理者寻求某种简单且务实的设备使用方法，以期改善生产流动。提高流动性能，让生产线能有更多的产出，对相当高的设备投资来说，不仅能取得更好的回报，还有助于延缓新设备投资。总之，必须针对每台设备制定简单而切实可行的负荷规则，这往往需要通过不断尝试来确定。

半导体 I 形厂不会为准时交货率苦恼。通常来说，工厂的承诺与工厂的常态表现保持一致。但是，有一个强烈的信念是工厂能生产得更多。实际上每种电子产品生产多少就卖多少，只要产出增加，便立即转换成有效产出，提高财务绩效。因此，假设能生产更多的芯片，便有更多的销售和利润。难怪在这样的环境中，许多生产人员付出很多努力，不断尝试从现有系统中挤出更多的产能。

I 形厂的普遍问题如下。

- 成品库存不均衡（太高或太低）。
- 响应时间太长。
- 生产前置时间太长（造成产量减少）。
- 生产流动不均匀，太多"开工—停工"的情形。

上述不良效应会导致 I 形厂的绩效无法令人满意，通常会出现以下几种情况。

- 准时交货率低。
- 产出水平低于理论值。
- 高库存。

◀ 本章小结 ▶

在管理流动上，管理者必须执行的任务包括规划生产工作和控制计划的执行。既存的生产理念与电脑系统都可用来协助管理者发挥他们的作用。

然而，现实仍然充满了挑战。面对不断出现的问题，管理者不得不偏离计划，而采取临时的应对措施。如果许多为改善付出的努力并未减少赶工和救火的压力，那么管理者不再相信在管理车间能找到更好的方式。于是，他们靠直觉和经验来管理生产。

供应模式、产能概况及生产流动，对于生产管理面对的问题影响重大。了解不同因素产生的不同挑战，有助于确定解决方案，并且确保该方案能够处理与克服主要问题并带来改善。

本章阐述了与 MTO 解决方案有关的知识及实施方法。更多生产管理的实务知识，在其他关于"鼓–缓冲–绳子"与缓冲管理（Drum-Buffer-Rope and Buffer Management）的书籍及文献中可找到。相关的著作有《竞赛》（*The Race*）、《干草堆综合征》（*The Haystack Syndrome*）、《TOC 生产方式》（*Production TOC Way*）、《制造快速线》（*Manufacturing at Warp Speed*）等。

在可汗 U 形图中，相信以上相关知识都有其特殊作用。

建议读者参考其他资料，并以应用"改变什么"的相关知识来转化可汗 U 形图的左边：

- 不良效应清单。
- 现状图（包含因果关系）。
- 核心问题。
- 核心疑云图。
- 判断解决方案的准则。

TOC 实践之路引导我们持续更新与学习。可汗 U 形图提供了一个储存知识的平台。

下一章将阐述针对 MTO 环境的 TOC 解决方案。

EVER ▶ ▶ ▶

IMPROVE

第 3 章
TOC 订单式生产解决方案

▍订单式生产（MTO）解决方案的转折点简介

转折点是指从现行的 MTO 管理模式转换到 TOC 的 MTO 管理模式。转折重点在于通过认同系统制约的存在，使用聚焦五步骤来管理该制约。

具体来说，MTO 解决方案建议从以下 3 个步骤开始实施新的管理模式。

（1）识别系统的制约。

（2）决定如何充分利用系统制约。

（3）其他事物全力配合上述决定。

这 3 个步骤被视为"按部就班"，有助于稳定绩效表现和使现有的营运架构发挥最大功效（即"充分利用"的步骤）。只有在成功采取这 3 个步骤后，才实施提升步骤。

步骤 1 识别系统的制约

选择客户订单（市场）为系统的制约。

车间的目标是依照客户订单制造零部件或产品，以及做好交货给客户的发运准备。每当完成一笔客户订单，就为公司带来有效产出，因为在订单发运后，公司便能开发票并收款。

生产的利益来自准时交付客户订购的产品,达到客户满意的服务水平。之后,如能缩短生产前置时间,以相同资源能生产更多的客户订单,便可提升整体的财务绩效。

步骤 2 决定如何充分利用系统制约

当客户订单不能准时交付时,客户会不满意。不满意的客户是一种风险,如抽回既定业务、停止未来订单,这会影响公司在市场上的声誉,与充分利用制约背道而驰。

决定如何充分利用市场制约应该是拥有落实交期(100%准时交货)的完整机制,这便是 TOC 生产管理方式的目标。

步骤 3 其他事物全力配合上述决定

此步骤表示生产管理者及随后越来越多生产系统的人员采纳新思维,并支持充分利用市场制约的决定。支持包括整体系统的流程、决策行动,以及高层管理者对此 3 个步骤的承诺(采纳 TOC 转折点)。

什么是激发方案

根据可汗 U 形图的原理,解决方案是针对一组可衡量的目标指标,在实现更高绩效渴望的驱动下形成的。解决方案由数个激发方案组成,有助于共同打造新局面,使想要改善的地方获得更好的表现。

每个激发方案对新局面都有重要的作用。本书描述的激发方案包含以下 4 部分的知识。

(1)激发方案的本质。这部分说明激发方案是什么,以及在现实中是如何显现的。有些激发方案的思维与普遍的想法不同。总之,所有的激发方案对管理、决策、程序或流程提出与现行做法不同的处理方式。

(2)现在状况。这部分陈述现状里的某个特定部分或实体,是对目前绩效不达标需要负责的主要部分,而采用激发方案能消除不良现状的起因,如图 3-1 所示。

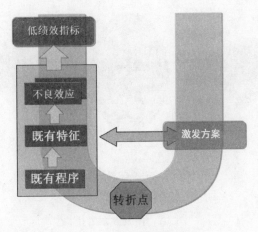

图 3-1　激发方案改善现状

（3）因果关系支配新局面。这部分知识被称为未来状况，而且其极为重要，它带出多年实施某解决方案所累积的经验与知识。TOC 实践者将此部分知识作为基本思路，以确保解决方案与现实吻合。恰当地实施方案，能实现预期的结果和提升绩效。此外，对于想要改善现状的人而言，未来状况是知识交流的基础。对他们来说，TOC 解决方案与自己习惯的知识及逻辑不同，不确定是否该采纳。他们熟知现状，并且长期多次尝试改善但成效很有限。所以，他们可能质疑 TOC 解决方案是否真的有效。

（4）潜在风险与潜在负面结果。如果忽略了这部分知识，潜在风险与潜在负面结果就会成为激发方案实施后的结果。每个解决方案是对现状的一次改变，包含一些潜在的负面结果。TOC 实践者的责任是，在实施激发方案时，不仅要保障利益的取得，还不能引发任何具有重大影响的负面效应。关于潜在负面结果的知识（负面分支，NBR）累积自 TOC 专家群超过 30 年的 TOC 实施经验。还有一个发现潜在负面结果的来源是人们在专业领域的直觉。经验丰富的人担心新解决方案，可能害怕因此产生负面结果。此时，必须倾听他们的看法及分析害怕的来源，可能由于对解决方案了解不足，也可能对于实施需要投入的承诺和改变幅度缺乏正确的评估。不过，在特殊情况下，可能担心需改善的地方与解决方案不吻合，或者有出错的风险。所以，如不厘清潜在风险及其原因和对预期风险没提出处理方案，则激发方案的规划就不算完善。

可汗 U 形图包含以上的所有知识，激发方案的 4 部分知识集合而成激发方案之花，用于阐述"什么"是激发方案的全貌，如图 3-2 所示。

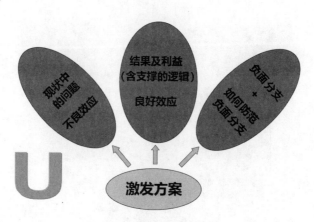

图 3-2　激发方案之花

激发方案的"如何实施"部分将在第 4 章讨论,包含实施 TOC 激发方案的方法、实施的准备工作和方案导入的程序与计划实践的例子。

◀ TOC 订单式生产(MTO)解决方案概述 ▶

支配 MTO 环境的强烈需求是对客户的承诺,即在可接受的价格和高准时交货率(DDP)的服务水平下,提供优质的产品。交货服务水平包含具有竞争力的响应时间和高度可靠的交货表现。开始在 MTO 环境实施 TOC 时,当下的目标是使 DDP 尽可能接近 100%。只有在拥有很高且可靠的 DDP 和所有保障稳定运行的机制到位时,才能采取缩短生产前置时间的步骤。而缩短面向市场的交期前置时间必须是公司整体计划的一部分,即充分利用改善的绩效和生产能力来获得更高利益。

在 DDP 不佳的生产环境中,即使管理者知道可靠的准时交货很重要,也无法显著地提升 DDP。

以战略的观点而论,高层管理者必须清晰地表明,确保准时交货是公司整体战略的重要元素。所以,需要认可准时交货、强化准时交货,并且持续证明准时交货的重要性。

在实务中,必须找出实际阻碍车间里工单流动,以及妨碍准时完工的管理流程及程序。因而,可从可汗 U 形图的右边开始讨论,如图 3-3 所示。

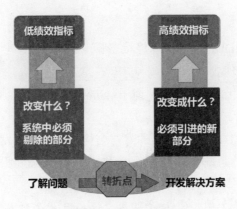

图 3-3　开发解决方案

TOC MTO 解决方案的目标

在短期内实现高 DDP 水平

在此，以模板形式来介绍 TOC MTO 解决方案。模板这个名词表示有通用性的解决方案，基本上适用于实行 MTO 的公司。同时，指出可能需要做出某种程度的调整与转变，以对应公司的特殊现状。模板提供了一个好的起点，能减少不必要的"重复开发"。

解决方案借助改变的核心——转折点，使现在状况转变成未来状况。转折点就在于聚焦，一旦表明 DDP 是重要的客户需求，就得坚守这个决策。但这并不表示其他的绩效指标（投资与运营费用）不重要。在此，明确指出有效产出是首要的重要指标，而准时交货理所当然地促成有效产出；设备投资和库存是次要指标；运营费用是第三顺位，有助于制定取得有效产出的决策。此外，浪费应该消除，虽然浪费是公司文化不可避免的部分，但绝不能影响产品质量或准时交货。

总体来说，对生产管理而言，改变的转折点聚焦于实现高 DDP，以提升生产环境的全方位管理功能。如果今天有太多的指标要求，降低了生产管理者的聚焦度，那么从明天开始，以准时交货为首要任务，这是认真且务实的决定！

接下来，我们详细介绍 TOC MTO 解决方案。

一般的 TOC MTO 解决方案

介绍 MTO 环境的解决方案，将以制定管理决策的构架来介绍，具体包含战略、战术和运营层面。

- 战略：想要实现什么？

公司拥有很高的 DDP 水平，理想状态下应超过 99%。

- 战术：如何实现战略？

生产管理实施简化的"鼓-缓冲-绳子（Simplified Drum-Buffer-Rope, SDBR）"和缓冲管理（BM）。

SDBR 和 BM 是 TOC 解决方案的专有名词，含数个激发方案的组合。一旦在生产管理领域及其支持系统实施、整合和内化这一战术，就将得到满意的战略表现。

- 运营层面：具体做什么？

生产管理实施的 SDBR 和 BM 战术，是一组 8 个激发方案的举措，涵盖整体的系统思维、立即改善流动及 DDP 的方案，以及完善 DDP 的持续改善流程（POOGI），进而缩短 PLT 和控制运营费用。

图 3-4 呈现了 TOC MTO 解决方案的通用架构。

整套的解决方案包含 8 个激发方案，分成 3 组说明。

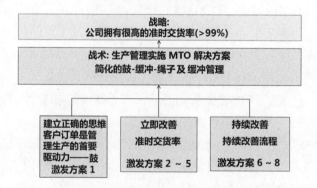

图 3-4　TOC MTO 解决方案的通用架构

1．建立正确的思维

客户订单是管理生产的首要驱动力，这是给整条生产线及公司所有部门一个强烈的信息，即高层管理者认真地看待并履行客户交货的承诺。同样的信息必须传达到生产线的所有管理层。公司提出的高 DDP 是给市场一个信息，表示公司拥有可靠的准时交货能力，而可靠性是业界领袖的标志。这组解决方案包含一个激发方案（激发方案 1），如图 3-5 所示。

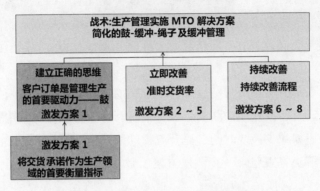

图 3-5　TOC MTO 解决方案之激发方案 1

2. 立即改善

在经验丰富的生产管理者的记忆中，准时交货一直是一个重要的问题，起码他们面对的环境如此。他们总是在催赶延迟的订单，上演抢救危急订单的"救火行动"。一家大规模 A 形厂的首席运营官说："依你的说法，我们所有的管理者都是英雄了。"就因为一直处于赶工的状态，管理者不相信真能提升绩效。他们说："要能做到才算数。"因此，这组解决方案的重点在于以很少的投资，快速建立更高的 DDP，其包含 4 个激发方案（激发方案 2 ~ 5），如图 3-6 所示。

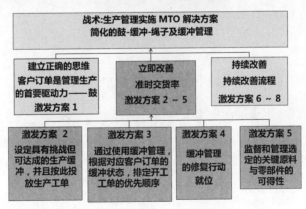

图 3-6　TOC MTO 解决方案之激发方案 2 ~ 5

3. 持续改善

实施立即改善的激发方案 2 ~ 5，将证实取得比既有准时交货表现更高水平的可行性。然而，这些激发方案仍不足以维持和进一步提升绩效。因此，为了稳固 DDP 的改善成果，必须建立实行持续改善原理的系统化方式。以下两个方面需要继续关注。

- 寻找不正确的管理流程和程序，以及在前面的方案阶段中未处理的事项。
- 识别生产上造成流动中断的地方，同时管理者必须针对制造程序，指挥改善行动（如减少换线时间、提升流程的稳定性、缓解产能制约的负荷等）。

第 3 组的解决方案包含 3 个激发方案（激发方案 6 ~ 8），用于保障及维持可靠性不随时间衰退，如图 3-7 所示。

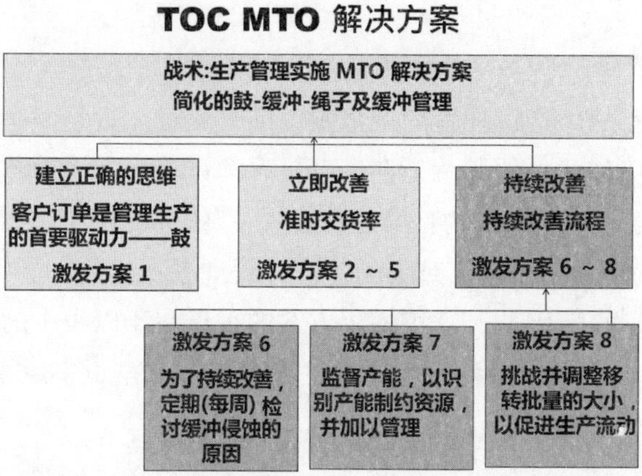

图 3-7　TOC MTO 解决方案之激发方案 6 ~ 8

❘ TOC MTO 解决方案包含的激发方案的完整清单

激发方案 1：将交货承诺作为生产领域的首要衡量指标。

激发方案 2：设定具有挑战但可达成的生产缓冲（Production Buffer，PB），并且按此投放生产工单。

激发方案 3：通过使用缓冲管理，根据对应客户订单的缓冲状态，排定开工工单的优先顺序。

激发方案 4：缓冲管理的修复行动就位。

激发方案 5：监督和管理选定的关键原料与零部件的可得性。

激发方案 6：为了持续改善，定期（每周）检讨缓冲侵蚀的原因。

激发方案 7：监督产能，以识别产能制约资源（CCR），并加以管理。

激发方案 8：挑战并调整移转批量（Transfer Batches, TrB）的大小，以促进生产流动。

◀ 建立正确的思维——TOC MTO 激发方案 1 ▶

所谓的"建立正确的思维"并不是批评目前的绩效表现，而是反思当前的 DDP 水平。就像人们所说："准时交货确实重要，但是你必须了解还有其他重要的事也需要处理……"这似乎是 DDP 不达标的合理说法，而上级也支持。如果高层管理者同意，甚至以身作则坚守高 DDP 水平，那么给予团队的信息是"我们知道这不容易，但是请你们尽最大的努力"。

TOC MTO 解决方案以将公司打造成市场上众所周知的可靠供应商为起点，需要具备企业管理与公司文化的正确思维。

思维显现于人们的所作所为，通过遣词用字和提出的问题，以表达什么是人们认为重要的事情。如果你是生产管理者，那么想想在与下属接触的一天里，你有几次机会可提到成为一家交货可靠公司的重要性？

然而，怎么知道目前的主流思维不支持准时交货？生产管理者或许要挑战这个说法："瞧，投入了那么多的精力赶工来保障重要的客户订单……"这就是问题。当 DDP 不佳时，有许多延迟的订单，而其中一些是非常重要的订单。为了商定延迟订单的优先顺序，销售人员和高层管理者动用势力和职权的影响力。此外，当生产管理者将注意力放在延迟的订单上时，可能会忽略生产线上其他工单的拖延，直到过了交期才发现。这种现象形成恶性循环，使生产管理者对 DDP 无法提升的假象信以为真。

必须打破这个恶性循环。因为只有生产管理者才能打破它，所以需要生产管理者挺身带领改善。但是很遗憾，生产管理者几乎都陷入了每天的"救火"和延误订单的赶工，似乎没有他们订单就无法完成了。而人们对这个现实已形成一种认知，以为生产管理者的角色和贡献就是赶工。要改变这个认知必须理解赶工与生产管理者应担任角色的不一致之处。今天赶工，明天赶工，那么生产管理者这个角色如何体现"持续改善"？需有方法来减少他们直接涉入需要赶工的所有订单，只在非常特殊的情况才找他们帮忙，如此才能释放出管理产能，用于提升生产的流动性。

正确的思维必须为管理行动和决策指明方向，这样才能保持聚焦于最重要的事，即如期交货。生产的思维受直觉、专业立场和衡量指标的影响，其中衡量指标具有关键性的影响力。因此，一开始就需要确保采用正确的衡量指标，这必须是激发方案 1 的内容，以建立驱动正确行为的衡量指标。随时记录下指标状况，以呈现 DDP 的改善或衰退趋势。

生产管理的目标是很高的准时交货表现。"很高"的意思是明显优于业界的交货水平，就是大幅度超越竞争对手。很高的准时交货表现表示公司以具有竞争力的交期承诺客户，几乎每次订单不是准时就是提早交付，甚少延迟。而报给客户的交期前置时间（QLT）必定在市场标准之内或更好。拉长 QLT 对业务有潜在的负面后果，因为 QLT 是公司的竞争要素之一。

设定准时交货的衡量指标，必须遵循本书第 1 章中建立的逻辑思维。而衡量指标的作用是评估进度并架起行动与绩效表现间的桥梁。

99%的准时交货率应该代表客户得到的服务水平，必须由生产线的表现来展现公司的可靠水平。在评估准时交货方面，可查看客户的订购记录，比较交付及承诺的日期。如果订单在承诺日或提早交付，就是如期交货，否则就是延迟交货。

激发方案 1 是 TOC 转折点直接的衍生举措，即针对公司的制约。TOC MTO 解决方案转折点的基础是，将客户订单作为决定公司成长的整体性制约。就是在不降价、能带来更多订单的条件下，进一步以提升服务水平来提高价格，对公司的财务表现有正面作用。

注重准时交货的思维，表示管理层需要检讨及挑战多方面的问题，特别是程序、政策、指标和决策等，验证与新思维的一致性，而不是昨日思维的反映。

生产环境的新思维是实行任何改善的必要之举，以达成 DDP 超过 99%的战略。此思维在于接受"客户订单是管理生产的首要驱动力"，包括生产计划、执行控制和持续改善。总之，准时交货的承诺是做管理决策时首要的考虑因素。

思维的一个要点是，看待管理决策问题的方式。

根据新思维，管理者应该放眼未来，检查哪些订单即将完工和近期需要出货。如订单的产品不在发货区，则有错过交期的风险。此时，管理者必须做出决定并采取行动，以保障如期交货。

什么是当今的思维？

核实思维。在许多情况下，当今的思维是对过去思维的回顾。管理者从每日的报表中得到许多关于昨天的绩效数据、当月的计划与实际数据的比较，以及当前绩效与去年同期的比较。所有的焦点都在过去，对于即将发生之事，即使有涉及也很少，如需要发运的订单、快要延迟的订单。在这种情况下，应采用转变成放眼未来的生产管理方针，如图 3-8 所示。

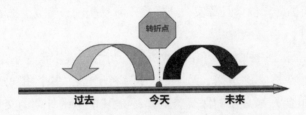

图 3-8　转变成放眼未来的生产管理方针

为了转变成放眼未来的思维，必须建立能反映新思维的正确衡量指标。如果目前不达标的绩效，表示昨日的思维是允许订单延迟的，那么对此必须立即采取行动，使所有相关的管理者知道延迟订单将造成的危害程度，敦促他们采取行动，尽快修正局面。而激发方案 1 正是针对这些问题而设的。

依照以下思路来看激发方案 1：

- 激发方案的本质。
- 现在状况：相关的不良效应及对差距的影响。
- 未来状况：激发方案的正面结果。
- 检查潜在的 NBR——有无与激发方案关联的风险。

｜MTO 激发方案 1

将交货承诺作为生产领域的首要衡量指标

MTO 激发方案 1　激发方案的本质

衡量指标对人员的运作与表现方式有重大的影响。因此，必须采用符合新思维的衡量指标，并且必须反映准时交货的重要性。

在开始实施 TOC 时，有些订单已延迟。公司必须建立面向市场的可靠性交付，以保证既有客户订单的准时交货。随着 TOC 解决方案的推进，越来越多的订单能如期交付。

下面具体阐述一下衡量指标的相关知识。

（1）衡量指标必须简洁地陈述延迟订单的数量。其目标是确保超过 99% 的客户订单能准时交货。现实中可发现许多准时交货的衡量方式。在此略过精确定义客户订单的长篇讨论，一张客户订单通常包含交付产品的识别码〔产品编号、存货单位（Stock Keeping Unit, SKU）〕、交付数量及要求的交期。

（2）衡量指标必须简单且务实，这样才不容易受制于解读、推测，甚至更糟糕的潜在操纵。

（3）衡量指标是一种检查可靠性的机制。可靠性表示信守承诺。因此，衡量的指标是公司给予客户的承诺，无论是交付一个产品、多个相同产品，或者是数个不同产品的组合，都必须确保衡量的指标是某个承诺日期的交货情况。

（4）衡量指标必须是 0 或 1 的状态：准时交货或者不准时交货。

唯有衡量的单位全都准时（或提早）交付，一张订单才是如期交货。当订单明细中有任何未发运的品项，或者某个品项数量不足时，整张订单应该被视为延误。道理很简单，一张完美的记录就应该是完美的。请留意时间的界定。曾看过有些公司只要在答应交期的相同月份交货，就算如期交货。实际上，即使同一周内交付，都不该被视为如期交货。准时必须是在承诺的日期或提早。

准时交货应该以时间为衡量基础，每周及每月一次的衡量分析是合理的周期。

衡量数据应以图（表）呈现（见图 3-9），这些图（表）能生动地显示进步及退步的发展趋势。

图 3-9　激发方案 1：准时交货率是生产线的首要衡量指标

（5）呈现衡量指标的图（表）可为以下的一种或多种形式。

● 准时交货的订单数。在统计期间内（建议以周为统计时段），以图（表）呈现准时交货的订单数占承诺的全部订单数的百分比。该图（表）应该同时呈现衡量期间的订单数量。

- 准时交货订单的价值。在统计期间内（建议以周为统计时段），以图（表）呈现准时交货的订单金额占全部承诺订单总金额的百分比。该图表应该同时呈现统计期间的全部订单的金额。

- 延迟订单的财务损失。以图（表）呈现在时间轴上因订单延迟未能入账的金额。金融机构（如银行）的金钱交易方式随着"你需要多少钱，要使用多久"而定。银行因透支而收取的利息或因储蓄而支付的利息，都是根据金额和借贷或储蓄的时间长度来计算的。在衡量指标上，TOC 使用了相同的概念，称为"有效产出–元–天"（Throughput-Dollar-Days, T$D）。每张延迟订单的 T$D 是该订单价格乘以延迟的天数。所有延迟订单的 T$D 总和表明了可能造成的财务损失。

就以上 3 项来看，建议可从简单且务实的报告开始，如第 1 种——准时交货的订单数。准时交货的订单越多越好。一旦达到很高的 DDP，其他两个指标就没有意义了。然而，还是有 DDP 很难达到 99%的情况。在那样的情况下，衡量 T$D 可能有好处——能呈现因减少订单延迟而降低的财务损失。

MTO 激发方案 1　现在状况：相关的不良效应及对差距的影响

许多公司不衡量准时交货。通常是客户向供应商要求这类的衡量指标，而大多数客户的采购系统都有供应商的可靠性资料。客户的公司规模越大、越强，其采购部门越可能对供应商准时交货指标提出要求。

在客户的压力下，许多公司往往能做到行业普遍的表现水平。如果没有更好的供应商，客户只能采用威胁手段，但不太可能真正从一个供应商换到另一个供应商。这样一来，整个市场便可达到一定程度的交货表现，而衡量指标通常是按市场的标准前置时间加上可靠程度的考量来设定的。

即使 MTO 公司目前的交货表现令人不满意，但事实上，与低准时交货水平相联系的痛苦，也并未感染到整个组织。

最先感受痛苦的是管理供应商与客户关系的人员。在制造端，通常是客户服务部（简称客服部）的人员与客户的采购部打交道。当订单延迟时，客服人员立马接收到反应与压力。当客户端代表（采购员）打电话来询问订单的状态时，客服人员必须富有创意地找出新理由（其实是借口，甚至更糟的是谎言），来解释订单为何稍有延迟。客服人员还必须试着安抚生气的采购员，以挽回信誉。

客户的抱怨使客服人员需要催促延误的订单及了解这些订单的状态。他们向生产人员要答案，尤其想知道哪里出了错（以给客户一些合理的解释），并要求一个确定的新交货时间。

至此，生产人员感受到压力，但大多数时候无能为力，只能答应全力加紧制造延迟的订单。大部分拖延的理由确实已超出生产部的控制范围。生产部面对的问题有设备的可靠性、缺少人力、质量问题、许多墨菲事件等。

当客户越来越恼火时，客户会寻求更高的管理层来解决交期延迟的问题，如打电话找销售经理及公司高层。这些人都答应处理延迟订单，其实就是对生产部施压。

所以，对公司来说，延迟交货是非常头痛的问题，但他们却极少说这是公司的主要问题。

这是什么意思？如果准时交货是公司绝对必须做好的事，以一流汽车产业为例，那么你会发现这些是 DDP 达到 99% 的可靠公司，否则就会被淘汰出局。假如 DDP 低于 99%，而公司还继续做生意，这表示市场接受当前的交付水平。显然，在这样的情况下，DDP 不是公司的主要衡量指标，也一定不是生产领域的衡量指标。如果生产管理者不按 DDP 来衡量，那么他们将优先确保达成自己的主要指标，无论什么指标。

对生产部门来说，当前的典型衡量指标是落实标准工时。

生产部门根据直接人工数来编定预算和要求生产管理者按预算完成任务，并以标准工时数来衡量该部门的绩效。在控制预算上，计算每个工时数，却不考虑特定的客户订单。一经投单生产，工单在车间里从一个工作站移动到另一个工作站，会以达到标准工时的程度来分配工作。

要每日衡量标准工时的达成程度，生产管理者需查看标准工时的报表，而每天的交付问题通常在客户抱怨订单延迟时才会被注意。

图 3-10 为一份典型的生产部门（机械车间）的计分卡。

这张计分卡表明了生产部门受标准工时驱动的事实。机械车间的预算设定为一天 800 小时标准工时，每周 5 天。而实际情况是每周的平均完成工时数是一天 676 小时，月平均值则更低，为一天 664 小时。车间的在制品目标是 9 000 小时，而实际数字更高。还有未投产的物料，持有的时间比计划更长。理想上想要持有 1 天的投产物料，但实际上已超过 4 天。

这张计分卡没有体现为了达到这些结果采取的决策与行动的方式。如果询问车间的班组长，那么他会告诉你，他们将某些工单的工作提前了，如车床加工。这样一来便能以轻松的方式，完成许多标准工时。

11 月计分卡

机器——机械车间	11 月 24 日	11 月 25 日	11 月 26 日	11 月 27 日	11 月 28 日		
	目标					平均	
机器（小时） 在制品	9 000	10 272	10 021	10 246	10 313	9 873	10 145	
机器（小时） 等待投放	725	3 466	3 215	2 995	2 321	2 254	2 850.2	
合计	9 725	13 738	13 236	13 241	12 634	12 127	12 995.2	
							合计 周	合计 月
机器（小时） 已投放	725	614	539	589	580	526	2 848	11 845
机器（小时） 完成	800	337	872	534	543	1 094	3 380	13 280

图 3-10　机械车间计分卡的范例

这张计分卡几乎没提到准时交货。看来人们接受某些产品无法准时交货的情况，而不能完成标准工时才是真的表现不佳。

对于生产控制人员、催单人员和生产管理者来说，订单延迟确实是头痛之事。一旦引起高层管理者的高度关注，高层管理者就会很不高兴，因为生气的客户不断施压，以及月末或财务结算时，订单延迟会对公司的财务表现产生影响。

然而，人们普遍都没有意识到，没有衡量准时交货才是主要原因，它导致与订单延迟相关的管理问题。

我们正逐渐靠近生产领域的核心问题。假如接受准时交货是公司健全发展的关键因素，为什么管理者不将准时交货率设定为生产管理的首要衡量指标？通过衡量其他指标，强调让生产人员保持忙碌来获取报酬，准时交货就落到了第二位。如果客户订单在延迟时才受到关注，就太晚了。因为这时公司的服务水平和信誉已受损害。

以上的讨论显示，混淆的管理信息是造成表现不佳的原因，即"聚焦于标准工时"，却突然间"停下手上的工作，处理延迟订单"（需要赶工）。难怪操作人员不喜欢催单的人，因为催单的人会打断工作，妨碍操作人员争取标准工时的更好成绩。

相关的不良效应（UDE）

每个激发方案处理一个（或更多个）现在状况中的重大问题，并以 UDE 来记录这些主要问题。激发方案 1 关系到生产领域中大多数的 UDE，但还不能完全解决这些问题，所以需要其他激发方案的支持及补充。

UDE 清单：

- 太多的在制品。
- 太多的赶工。
- 优先顺序不断改变。
- 生产计划很快就不适用了。
- 设备和资源在需要时不可得。
- 生产的营运费用太高（导致产品的成本过高）。

理解与相关 UDE 的差距

每家投资生产系统的公司，都渴望获得一套从头到尾能顺利规划与控制工单的机制。通常来说，一旦更改了生产计划，则需要管理者重新调整车间的工单。这意味着赶工、微观管理，许多时候还需要采取费用昂贵的修正行动，以求将延迟订单的损失降到最低。本该有更佳表现的系统，因流动中断而与绩效目标有了差距，系统再也无法保证工单能如期完成，并波及需要该工单制造的货品的客户订单。

可以假设既有生产计划系统的大部分功能足够好，而大多数 UDE 来自生产管理的执行部分，清晰的因果关系能解释为什么有足够好的生产计划，却不能完成预期的任务，即在经费范围内准时交货。当工单投到车间后，可能出现基于局部效益的决策，如优先执行能取得较高标准工时的工单。在大多数情况下，生产人员不知道工单是为了哪张客户订单及何时需要交付。因此，有些落后的工单被卡在排队上，等待正在做其他工单的机器。当察觉到工单延迟无法避免时，催单员便采取行动来加速作业。而催赶又进一步打乱生产流动，需要更多的管理注意力去管控流动。许多的催赶作业会带来额外费用，增加生产成本。

MTO 激发方案 1 未来状况：激发方案的正面结果

描述未来状况是设想一个激发方案完全就位的运行环境。

激发方案 1 的主要作用是给从管理层到执行团队传递一个强烈的信号：DDP 至关重要，应该以此驱动生产线上的所有活动。这个信息简单、务实且容易理解。当开始实施改善计划时，人们都明白当前的绩效水平确实表现不佳。随着时间的推移，实施了其他激发方案，情况得到改善，人们能看到生产线在进步。然而，关注的焦点始终在于：还需做什么以利于提升准时交货表现。激发方案 1 打造出了一种强烈的方向感。

在激发方案 1 确定后，定期（至少每周一次）制作 DDP 报告及图表，并发给全部的生产管理人员。在车间的显著位置张贴该图表，让所有员工看到他们一起努力的成绩。

高层管理者的行为和管理方式应与首要指标保持一致，必须抓住每个可查核延迟订单的机会，并在需要时进行彻底调查研究及采取修复行动。

激发方案 1 为后续的激发方案奠定了基础。其中最具威力的激发方案 3——工单根据颜色状态自行派工及自行赶工，这样一来能大幅度减少在遇到急单时机器与资源调派的常态性赶工。生产管理者只聚焦于需要较多修复行动的工单，而不是通过分配资源，以一个个的激发方案来增强解决方案的效果。所以，激发方案 1 确保相关人员立足于密切合作的共识，以及明白实施整套激发方案的原因。

T$D 的指标可带来另一个维度，指出需要支持的地方。

对于每张延迟订单，按一套专门程序来计算其 T$D 值，并经常使用该程序（每周 1~2 次）将计算结果以报告的形式发给所有高层管理、生产管理、生产控制、制造工程及物料管理等人员。该报告同时提供延误来源的统计，以及制作该报告时造成订单延误的资源或部门。

通常,员工不喜欢看到自己给公司造成困难,不想延误订单和拥有最高的 T$D。所以,员工倾向于采取行动来消除这样的不安。摆脱高 T$D 压力的唯一方式是按照规格,以合适的做法完成延误订单。通常,个人或部门在接到高 T$D 的延迟订单时,会尽可能优先完成,就像拿到烫手山芋般,迅速地从一道工序移动到下一道工序。如此一来,形成一套自行赶工的机制,使延迟订单"急速通过",不需要外来的催促就能比之前更快完工。

激发方案 1 的主要效果是,提升生产管理者及全部员工的聚焦力,建立衡量订单延迟程度的清晰指标。

MTO 激发方案 1   检查潜在的 NBR——有无与激发方案关联的风险

答案包括有和没有。

当充分且成功地实施激发方案时,答案是没有。成为诚实的企业有什么风险?当公司承诺客户在某日交付订单,而实际上也如期交货,甚至提早了一点,这样能出什么错?

换一个角度来看,有如下两个与激发方案 1 相关的潜在的 NBR。

(1)为了确保准时交货,生产人员可能采取昂贵的赶工行动,导致丧失预期的利润。于是,整个改善工作回到原先的矛盾,即根本的核心问题。运营系统的必要条件是实现准时交货及维持成本。如果致力于高 DDP,而成本上升,那么管理层可能被迫放弃如期交付,以防止订单的成本过高。

(2)假设根据公司的计划系统来看,客户提出的交期不切实际。就是说,当首要绩效指标是准时交货率时,如果生产人员给销售人员的那个能做到的交期不符合客户的期待,那么公司可能失去客户订单。目前的做法几乎是任何订单都接,以保证不流失客户。即使一开始就知道会延误某些订单,但还是允许销售人员给出短交期。否则,销售人员会因某些订单被拒而不开心。

这两个潜在的 NBR 是一个事例,表明在一个激发方案成功实施后,在 MTO 环境中可能发生的 NBR。在对待 NBR 时,必须考虑以下情况:一个完整的解决方案包括多个激发方案,含处理 NBR 的考量与风险;而每个激发方案像是处方,必须结合某种现实情况来使用。

NBR(1)是基本问题。它不仅可能威胁到整个解决方案,还可能引起管理者的不负责行为——认为为了保证准时交货,总是可以投入更多的金钱来赶工。准时交货指标本身是一个维度,没有包含生产的成本部分。TOC 倡导将有效产出作为整体的首要指标，将库存及运营费用作为第二指标及第三指标，更重要的是注意观察与控制。

NBR（2）是关于客户急单的回应。一般政策应该是公司按内部程序（这部分稍后讨论）来承诺交期，该程序也应该允许需要紧急交货的情形（理想情况下极少发生或者因特殊的商务安排才发生）。

以上的两个 NBR 仅供读者参考。理论上，直接针对公司目标的激发方案应该不会产生潜在的 NBR。

◀ 立即改善——TOC MTO 激发方案 2~5 ▶

▌ 立即改善 DDP

在 MTO 环境中，实施 TOC 解决方案的切入点是目前的准时交货未达到令人满意的水平。虽然所有的相关人员都需要更好的交货服务，但是即使尽力改善，可见的进步也依然很小。由于看不到进步，员工不再相信有提升的可能。如果生产部门已有外部顾问协助改善，则会发现生产人员对改善建议的有效性与潜力表示质疑。因此，生产部门启动的改善项目需要取得立即改善效果的行动与活动，以表示前途无量。终究，人们需要的是简单、务实且有效的激发方案。

立即改善部分包含 4 个激发方案（2~5），是关于管理工单流动的。

工单是生产管理的对象。在 MTO 环境中，为了完成客户订单，工单（一张或几张工单）包含所有需要的工作内容。工单可比喻成火车，从物料投放出发，抵达发货区，准备好出货给客户。而火车经过车站，代表物料一站一站地移动，直至成为一个完整的产品。站与站间的旅程代表执行一个工序需要的时间，将这个时间记录为标准的生产加工时间。除了生产加工时间，还有准备时间、换线时间。换线时间用于准备旅程所需的行驶轨道，此时火车并没有动。虽然不准备轨道火车无法继续行进，但在传统的管理会计下，换线时间被视为非生产性时间。

生产的旅程包括以下 5 种时间元素。

- 加工时间：物料的实际加工时间（火车行驶）。
- 换线时间：用在准备工作的时间（准备轨道）。

- 排队时间：为了得到可用的资源而等待的时间（等待完成前面所有火车的服务后释放的可用轨道）。
- 等待时间：流动过程中的组装工作，等待其他组装必需的零部件到位的时间（像是等待挂上另一节火车一起上路）。
- 保护时间：用在包容前面 4 种时间元素的变化和未预期的墨菲时间。

生产前置时间是 5 种时间元素的总和。每种时间元素都受统计波动的影响。从直观上来看，加工时间受正态统计分布的影响，而其他时间元素受含长尾的偏态统计分布的影响，如图 3-11 所示。

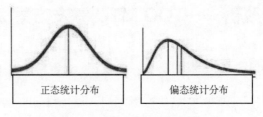

图 3-11　正态统计分布及偏态统计分布

对管理流动来说，生产前置时间是关键要素，必须知道它才能决定火车何时离开第一个车站（物料投放），以准时到达目的地（发货区）。因此，生产计划必须预估所需的前置时间，而此前置时间也为与客户沟通的交期前置时间的基础。交期前置时间受市场上竞争对手的影响。所以，通常供应相同产品的不同公司提出的交期前置时间会在相同的范围。

| TOC MTO 激发方案 2～5 概述

因为生产前置时间是最基本的要素，所以 MTO 解决方案将它定义为生产缓冲（PB），这是 TOC MTO 解决方案的主要构件之一，如图 3-12 所示。

激发方案 2 定义 PB 的概念，还包含设定 PB 及用于物料投放的方式，即对应 WO 的开工信号。

图 3-12　激发方案 2：生产缓冲——从物料投放到承诺的交期

PB 时间分为三等份，每部分指定一种颜色，称为一个区，如图 3-13 所示。

- 第一个 1/3 的缓冲是绿区。
- 第二个 1/3 的缓冲是黄区。
- 第三个 1/3 的缓冲是红区。

图 3-13　激发方案 2：生产缓冲的颜色区（彩图见插页）

现实中还有一种缓冲状态——黑色区，表示耗尽了整个 PB，时间已经超过承诺的交期。黑色区代表客户订单已经延迟了。

PB 发给火车开始旅程的信号，而火车开动需要有一个机制，根据行驶和行程的剩余时间给出正确的优先顺序，这是由激发方案 3 来完成的。管理每张工单的时间缓冲，以及依照红色高于黄色、黄色高于绿色的原则来设定优先顺序。

生产管理工作在于维护与支持生产流动，确保每列火车在承诺的时间到达目的地。火车数量总是比可用的轨道多，因为给一列或同类火车保留专用轨道的做法并不经济。就像在交叉点，火车可能停下来等待可用的轨道。在分配轨道给火车时，优先顺序系统必须帮助管理者做出更好的决定，这意味着将资源分配给工单。

即使这样，也还不够。

激发方案 2 和 3 建立管理流动的基本机制，即依据对应的客户订单的状态，设定工单的旅程时间和优先顺序。激发方案 2 和 3 用于改善目前的准时交货水平，但是不能保证高 DDP。如果工单的进度落后，就无法切实保障客户订单准时交货。此刻，管理者除了必须采用优先机制，还需采取更多的行动来调配资源，以达到如期交货。这是激发方案 4 的作用，促使管理者按照缓冲管理状态的报告采取行动，如图 3-14 所示。

有了激发方案 2、3 和 4，管理者完全控制工单从投料到完工的流动。

虽然如此，但是……

管理者并非实际掌控生产必需的物料的可得性。即使有了工单文件和领料许可，只要有缺料的情况，生产也无法进行。

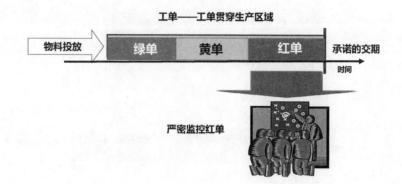

图 3-14　激发方案 4：管理者严密监控红单，并在必要时采取修正行动（彩图见插页）

在大多数的制造企业中，为生产准备物料的职责落在物料管理上，这是公司内部的一个职能部门。设立与外部供应商打交道的独立职能部门确实有道理。不过，如果衡量生产的指标是准时完成客户订单，那么缺料的情况该如何处理？

刚刚描述的矛盾是衡量指标的基本观点。如果想要分派责任，就必须给予适当的执行权力。然而，同时想要保持现有的组织架构，并遵照职务规则，这表示不能给生产管理环节任何物料管理的权限。这里需要一个解决方案，也就是需要一个激发方案来解决这个矛盾。

激发方案 5 提供了解决方案，要求监督或管理关键物料，以确保在释放工单时，或者在释放后一段合理时间内的物料可得性。为了确保高 DDP，需要保证大多数的物料在需要时到位。每家公司都有向外部供应商采购物料的系统（电脑或人工）。一方面必须依赖既有系统，另一方面需要避免或大幅度降低在合理时间内缺料或缺件的情况。

其实激发方案 5 的实施形式取决于物料管理的实际介入状况，可有以下两种情形。

（1）物料管理是实施 TOC MTO 解决方案的一部分（如两个部门的协议，或者物料管理隶属于生产部）。在这种情形下，激发方案会要求物料管理者积极地管理关键物料，以确保其可得性。

（2）生产部门局部性地实施 TOC MTO 解决方案，而物料部门尚未介入。在这种情形下，生产管理者可追踪及监督关键物料的可得性。当觉察到风险时，生产管理者必须发出警告信号，以促使物料管理者采取催料行动。

在以上两种情形下，应该有某种程度的缓冲管理，如图 3-15 所示。激发方案在此使用存货缓冲。而管理存货缓冲的依据是供应商在一个补货时间内的预期消耗量。

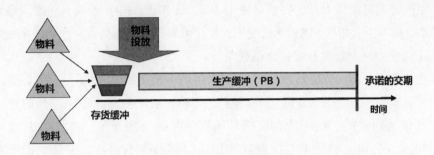

图 3-15　激发方案 5：管理或监督物料的可得性（彩图见插页）

在实施立即改善部分的激发方案后，越来越多的订单能如期出货。即使有订单延迟的情况，延误的天数也比以往少。

下一部分针对 TOC MTO 解决方案的立即改善阶段，一一阐述激发方案 2 ~ 5 的基础知识。

◀ TOC MTO 激发方案 2 ~ 5 的基础知识 ▶

▌MTO 激发方案 2

设定具有挑战性但可以达成的生产缓冲（PB），并且按此释放生产工单

MTO 激发方案 2　激发方案的本质

激发方案 2 将生产缓冲（PB）定义为管理流动的基础。

激发方案 2 包含以下 4 个要素。

（1）生产缓冲的定义。

（2）生产缓冲的长度（大小）。

（3）生产缓冲的状态。

（4）物料投放——客户订单开工的信号。

1. 生产缓冲的定义

生产缓冲是为了完成客户订单在生产线制定生产过程的时间，是指从物料投放到订单完成的时间，应该含做好发货的准备时间。

生产缓冲对生产人员，特别是使用 MRP 或 ERP 的生产控制人员来说是相当熟悉的。基本上，如同 MRP 系统使用的生产前置时间。那么，为什么使用新名词呢？让它成为一个激发方案有何新意呢？

生产前置时间的传统定义，正如 MRP 系统的定义和使用方式一样，如图 3-16 所示。事实上，这是在 20 世纪 60 年代由 MRP 系统创立的概念。其前置时间的定义即采购时间、购买个别零部件需要的时间。20 世纪 60 年代是电子产业的初期，公司面临的主要问题在于组装时零部件不到位。于是人们开发出 MRP 系统，以确保外购零部件及时到位。后来，相同的概念复制到内部生产的零部件，直到今天仍用于 MRP 或 ERP 系统。每个零部件都有自己的前置时间，由主管控制人员设定、记录和维护。前置时间的使用是为了决定何时订购零部件（内部生产及向外部供应商订购）。该时间的使用依循"告诉我们你什么时候需要，我们会决定什么时候订购"的说法。整个采购计划根据交期，倒推时间表来规划给外部采购或内部开始生产的通知。计算订购零部件的时间点，是通过减掉相关的前置时间，即从需要生产或组装的时间点，减去生产前置时间或采购前置时间。

图 3-16 生产前置时间的传统定义

向内部供货者即生产部门订购零部件的时间也视为物料投放时间，这时发信号给生产人员，让他们开始加工零部件。在物料投放的时间点，生产控制系统生成伴随工单的所有技术文件，并发出指令，从储放区取物料、工具和夹具，开始生产。

之后，前置时间用到物料清单的每一层中。多层物料产品的完整规划是，自上而下一层一层展开，并确定每层产品结构需要的物料数量和时间，如图 3-17 所示。例如，一个两层的物料清单，第 1 层是较高层，第 2 层是较低层。

图 3-17 使用前置时间以规划多层物料的产品

为了生产流动的后续步骤，第 1 层物料需要到位的时间点，决定该层物料投放的时间点，使用的公式是"需要的时间减去该层的前置时间，等于该层的开始时间点"。

第 1 层的开始时间点与第 2 层准备就绪的时间点相同。第 2 层的物料投放时间点由第 2 层需要的时间减去第 2 层的前置时间而定。

从 MRP 的范畴来看，前置时间的概念是非常有力的解决方案。然而，经过多年的演变，该概念已退化成了改善生产绩效的主要绊脚石。

以下是与前置时间概念相关的一些问题。

（1）前置时间被认为只是整个生产数据库中的一栏。人们没有意识到这个数据不仅对技术，还对管理有重要影响。根据历史数据，习惯性地增加生产前置时间，像是治疗延迟交付的处方。这样的调整在 MRP 系统里很容易办到，由生产控制人员或物料管理人员来完成。但是，这些细节的改变却有重要的含义，在制品增加（因为物料提早投放，并在车间停留得更久）和机器超负荷，而 QLT 拉长。

（2）在 MRP 数据库中，决定前置时间的流程与降低在制品和 PLT 的压力及方案脱节。每个零部件有各自的前置时期，会使系统复杂化，而生产控制人员难以监督和维护相关数据。因此，通常选择标准时间作为系统的"大量更新"功能。以上所述会使零部件的前置时间增加，导致整个产品的 PLT 拉长。

（3）客户订单和工单脱节。一般来说，客户订单（CO）提供输入信息给生产计划，之后由生产计划接手。虽然客户订单和工单（WO）之间有关联，但生产人员关注 WO，不知道 CO。当 CO 延迟时，跟催人员会催促延迟订单需要的某些

WO。通常，只有生产控制人员或生产计划人员知道 CO 和 WO 间的关联。

我们的目标是提升 CO 的准时交货水平。因此，了解 CO 和 WO 间的关联十分重要。

TOC MTO 解决方案的激发方案 2 提出：设定具有挑战但可达成的生产缓冲，并且按此投放生产工单。

生产缓冲设定在 CO 层面，而不是个别的零部件或物料清单的层面。所有对应的 WO 都有相同的生产缓冲，这表示 WO 在相同时间收到开工的通知，与 WO 各自的前置时间无关。这样一来，就不需要在数据库里储存和维护每个零部件的生产前置时间。

2. 生产缓冲的长度（大小）

如上所述，生产缓冲（PB）在规划和执行生产计划中担任关键的角色，因此为 PB 设定合适的长度是重要的事。如果 PB 太长，那么物料将被过早投放到生产线，从而造成许多混乱，增加在制品，且对物料有潜在的损害；如果 PB 太短，那么管理者在最后 1/3 的时间内(PB 缓冲是红色)将没有足够的时间采取修复行动。应该怎么办呢？

不论选定什么数值，我们必须接受它，这只是订单所需的预估时间，因此没必要算出精准的 PB 大小，而是需要设定一个足够好的缓冲数值。从红色和黑色 WO 的概况能知道选定的缓冲大小是刚好、太长或太短。在理想情况下，不要有超过 10% 的 WO 在红区。就是说，如果有大量订单在红区，说明需要许多的管理注意力，就要考虑增加 PB；反之，如果很少有订单在红区，说明几乎没有延误交期的状况，就应该考虑缩短 PB。

什么是 PB 的初始值？

在设定 PB 的初始值上，可清楚地看到真正的矛盾。如果想要立即得到成效，必须缩短 PB，比目前系统使用的生产前置时间更短。按当前的前置时间，生产流动中塞满了在制品，并且 DDP 不佳。然而，生产人员习惯性地将生产时间提前来应付 DDP 问题，而我们"将 PB 设定得比前置时间短"的提议会让生产人员非常不安。

对这个不安的解答在于激发方案 2 能立即减轻系统的负担，并且与激发方案 3

及激发方案 4 结合使用，这是一个重要的议题。在此简述该解答包含的 3 个元素：

- 缩短 PB，使开工的 WO 数量减少，在制品减少，生产流动加快。
- 激发方案 3 确保 WO 的必然进展，反映与交期的密切关系。
- 激发方案 4 聚焦于管理注意力，观察及采取必要的行动来保障 CO 准时交货。

为了准时交货，最好采用 TOC MTO 解决方案，而不执着于拉长生产前置时间的普遍做法。

激发方案 2 建议设定有挑战但可达成的 PB。

这意味着需要做些调研工作。我们将在第 4 章阐述相关内容。通过调研可证实公司的 QLT 或市场的标准 QLT 能缩短多少，以及 PB 数值应该是多少。在 TOC 社群中，有人建议将报给市场的 QLT 缩短 50%，在有些情况下，可能缩短得太多了。实施团队必须和生产管理人员共同商议出有挑战但可达成的 PB。在任何情况下，不建议 PB 数值低于 QLT 的 50%，直到通过已缩短的前置时间达成系统的稳定状态，并经证实能始终如一地维持 CO 准时交货。

此外，必须增加一项检查——PB 长度应该不短于 3 倍红区长度。这是为了保障在极端情况下，CO 能在红区内完成。

3. 生产缓冲的状态

每张特定的 CO 都有承诺的交期。依据该交期，为该 CO 设定开工日期，计算的公式是交期减去 PB 长度。在开工后，便开始为该 CO 计时。

CO 的生产时间分为三等份，每部分用一种颜色标示，让生产管理者知道订单的状态，含已过去的时间，以及离完工与出货给客户还剩下多少时间。

绿色表示处于前 1/3 的时间段，黄色表示订单处于 1/3 到 2/3 的时间段。红色表示剩下不到 1/3 的 PB，当订单转成红色时，强烈建议生产管理者密切注意该订单的进度，并在必要时采取修复行动，以免耽误出货。

可把 PB 看成沙漏。给予 CO 一个设定的时间，随着时间流逝，剩下的时间越来越少，这表示消耗了 PB，而剩下的时间决定需要的管理注意力。

这一部分的激发方案 2 直接处理核心问题。通过追踪 PB 的进展，在还来得及和费用不高的情况下，生产管理者可及时采取修正行动。因而，越来越多的 CO

能准时交货。激发方案 3 使用 CO 的状态信息，来设定 WO 的正确优先顺序，进而减少生产管理者介入生产流动的需求。

4. 物料投放——客户订单开工的信号

物料投放是给予生产人员指令的机制，是 WO 在指定时间且不提早的开工许可。

这是绳子的原理，就是按 CO 的步调，来支配物料投放的同步时间。这是简化的鼓–缓冲–绳子（SDBR）的一部分。

- 鼓：整个系统的速度制定机制。鼓是交付计划，根据对客户承诺的交期制定。
- 缓冲：PB 决定了允许 WO 流过生产系统的时间。
- 绳子：物料投放的机制。绳子用来表示不允许物料比设定的 PB 更早投放。因此，绳子也是抑制投料的方式，预防车间堆满过多的物料和 WO。
- 简化：用来将承诺的交期设为鼓。这不同于传统 DBR 将鼓设为内部资源——瓶颈或产能制约资源的方式。

为了适当地将 SDBR 转化成生产系统的工作方式，先来看看为了完成一张 CO，MRP 系统如何生成全部相关的 WO。这是通过"毛需求到净需求"的流程，MRP 系统计算每张 CO 和每层物料清单的需求量，之后，检查每层的存货记录，查看还有多少可用（未分配）的存货。如果还有一些，就分配给特定的订单。如果存货不足以涵盖需求量，MRP 系统计算出物料清单较低层的需求量，并继续往下层计算。这样一层一层地重复计算，直到有足够的存货能涵盖需求的层级，或者直到原料和外购零部件的层级。

这个流程重复用于所有未完工的 CO。MRP 系统计算的顺序及存货分配的优先顺序是依照 CO 的交期而定的。有时合并某些 CO，或者有时一张 CO 拆成几张 WO，每张个别处理。最后结果是每张 CO 有一张或多张 WO，包含对应的特定 CO 的数量、次组装或组装等信息。

根据激发方案 2，同一张 CO 的所有 WO 会有相同的开工日期，并由 PB 的起始点来决定开工日期。在一张 WO 涵盖几张 CO 的情况下，该 WO 的开工日期是所有涵盖的 CO 中最早的开工日期。图 3-18、图 3-19 是不同生产流动的生产缓冲和物料投放图形。

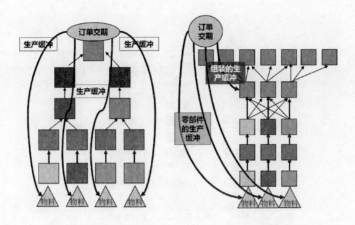

图 3-18   A 形及 T 形生产流动的生产缓冲和物料投放

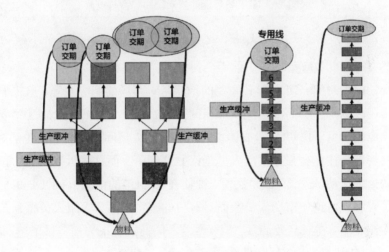

图 3-19   V 形及 I 形生产流动的生产缓冲和物料投放

在零工型环境里，可能遇到的一种情况是，接到的每个工作都必须设定一个特殊的 PB。还有一种情况是，零工型的人员需要生产新的零部件，他们需要报价并给出前置时间。订单的交期和报价很重要，管理者必须花时间提出预估值（这分散了他们管理生产流动的注意力）。有些公司甚至有专职部门负责预估工作。通常，要在短时间内交付订单，压力非常大，管理者可能陷入两难，即接受一张交期要求不现实的订单，或者流失订单甚至流失客户。这个矛盾的原因是没有能力预知订单交期。一旦生产系统就绪，生产线就能评估接受短交期订单的潜在影响。在零工型环境中，对于系统设置方面，建议以零部件的产品族来设定 PB，如图 3-20 所示。

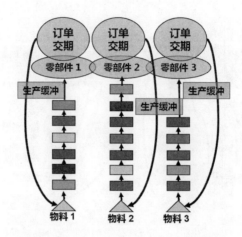

图 3-20　零工型环境的生产缓冲和物料投放

MTO 激发方案 2　现在状况：相关的不良效应及对差距的影响

大部分的不良效应（UDE）前面已讨论过，简述如下。

- 交期前置时间（QLT）。其主要的抱怨是对市场的响应太慢，这更多是个公司层面的问题，而不是生产部门的抱怨。不过，生产人员感受到要求更快响应的压力。长 QLT 造成销售人员和生产人员间的冲突和争论。对此，高层管理者往往会强迫生产人员承诺紧急订单，而这些承诺扰乱了正常 WO 的生产流动，造成延迟。然而，即使在长 QLT 的情况下，DDP 也仍然无法令人满意，这使市场人员及面对客户的销售人员和客服人员感到苦恼。

- 在制品多。在制品数量多，只要沿着车间通道走下去便一目了然。自 20 世纪 80 年代早期以来，降低在制品的压力一直存在，并且公司普遍都知道这个问题。如果在制品水平比竞争对手或市场领先者高，就会有前面提到的 UDE。许多公司使用库存周转率的衡量指标，有助于验证 UDE 的存在。计算在制品的库存周转率比计算全部库存（物料、在制品和成品的总和）准确。在制品的库存周转率表示从 WO 开工到准备出货期间，物料在车间的平均停留时间。例如，在制品周转率为 1 年 12 次，表示物料平均停留时间是 1 个月。

　　——即使生产人员没有直接抱怨在制品是主要问题，但它是 UDE。如果加工时间少于生产前置时间的 10%，就有绩效上的差距，因而有潜在的改善空间。

- 比生产计划更早释放 WO 的压力。这是生产控制或物料管理的潜在 UDE。当生产人员意识到正面临无法实现标准工时目标的威胁时，他们要求 WO 提早开工。这样一来，车间会堆积更多的在制品，从而造成更多的排队与更多的延误。

MTO 激发方案 2　未来状况：激发方案的正面结果

激发方案 2 是真正的突破，简单且务实，为生产管理的系统建设打下了基础，从而带来即时的效益。

- 虽然目前的生产系统被认为尚可运作，但员工必须承受许多的系统缺点，因而依靠激发方案 2 建立生产规划与控制的基础。CO 的交期成为系统正式的鼓，根据 PB 投放物料，以及使用缓冲状态来监督 WO 在车间的进度。
- 设定 PB 比 MRP 系统中记载的生产前置时间短，以留住 WO 而不释放。如此一来，便可减少车间的在制品和排队等待，让 WO 流动得更快。这样促进 WO 准时完工数量的增加，有利于交付 CO。抑制投料使一些工作站没事做，生产管理者可将人员调去清理优先顺序靠前的 WO，从而进一步提升 DDP。
- 将抑制投料清楚地通告生产管理者，其目标不是标准工时或设备效率，而是准时交货。提早投料的群体压力，现在是由激发方案来接手，而不是由认为提早投料是不正确的人来承担。

请注意：QLT 不是立即改善的部分；第一步是实现稳定且可靠的准时交货。如果开始是低 DDP 的状态，那么先证实准时交货的立即改善效果，后续再缩短 QLT。

MTO 激发方案 2　检查潜在的 NBR——有无与激发方案关联的风险

可能会有几个障碍阻挡我们建立激发方案 2，但是只要成功完成实施工作，就不太可能有负面结果。激发方案 2 是建立在牢靠的 TOC 原理之上的，已有超过 30 年的实践成果。

唯一能想到的潜在 NBR 是，PB 缩减得太多会导致保障准时交货的前置时间不足。这会需要大量的管理注意力，并让车间回到原来的混乱状态。

这个 NBR 的风险非常小，无论如何，在实施中都可采取防止风险发生的行动。以下是一些可使用的方法。

- 检查常规 WO 的纯加工时间与标准生产前置时间的比例。如果小于 10%，则该前置时间可安全地缩减到 40%，就此设定 PB 的初始值大小。

- 由激发方案 3 来检查红单与黑单的数量，看看数量是否减少。如果红单及黑单没变化，可能表示 PB 值太小。

- 如果黑单没有减少，需要查明情况，并决定如何处理已经延误的 CO（取消或更改承诺的交期等）。

作为这一部分内容的总结，在此对于潜在的 NBR 提出一个通用性的建议：人们有敏锐的直觉，请倾听他们对任何激发方案的意见和担忧。人们提出的主要担心在于障碍和潜在的 NBR。因此，倾听、记录和分析有关人员给予的意见，有益于方案实施人员发现实施的潜在问题。一旦方案实施人员察觉到潜在的 NBR，就要去考虑防止发生的行动。

MTO 激发方案 3

通过使用缓冲管理，根据对应客户订单的缓冲状态，排定开工工单的优先顺序

MTO 激发方案 3　激发方案的本质

工单（WO）从一台设备（或工作站）流动到另一台设备，依照生产的工艺流程进行作业。通常由某台设备或某个工作站执行的特殊作业，称为加工工作。在实际的生产流动中，会出现加工工作量超过可用的资源，造成某台设备或某个工作站前出现排队等待的现象（"资源"这个术语，在这里是指有可用的设备或工作站，但是没有执行工作的操作人员）。

为了使 WO 流动，生产管理者必须确保加工工作已分配给设备或工作站。这是由生产规划的机制来完成的。生产规划的主要产出是一台设备或一个工作站的加工任务清单。各公司的规划机制各有不同，生产规划方式和系统各不相同，不仅包括简单的方法和系统，还包括精密的电脑系统，如 APS 电脑系统。APS 电脑系统为每台设备生成加工清单。MRP 系统通常假设有足够的产能（无限产能规划），很少有系统会确实检查设备的可用产能（有限产能负荷模块），并调整计划。还有一个极端是简单、人工或半人工的系统，只规划物料投放，之后的派工由生产管理者安排每天或每班的工作。有的情况是操作人员在完成了一批加工工作后，问管理者接着做什么。（译者注：Advanced Planning and Scheduling System 或 Advanced Planning System 或 Advanced Planning and Scheduling，都是指 APS 电脑系统。一般翻译为先进计划与排程系统，或者先进计划排程系统。）

分配加工工作对准时交货有重大的影响。排队等待作业的工作越多，WO 停留在车间的时间越久，整张 WO 可能延迟的风险越大。

激发方案 3 为 WO 设定了一个决定基本优先顺序的系统，即根据关联的客户订单（CO）的生产缓冲状态，给 WO 设定一个自动的优先顺序。在多张 CO 需要同一张 WO 的情况下，生产缓冲侵蚀程度最大的 CO 获得优先权，如图 3-21 所示。

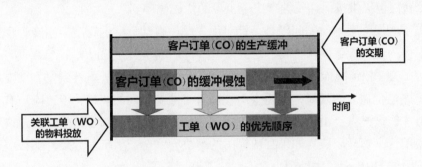

图 3-21　CO 的生产缓冲对 WO 状态的设置（彩图见插页）

以颜色标示 WO 的优先顺序的方式，使车间人员容易识别。颜色标示形成一套简单的排序规则，成为设备操作人员遵循的自行派工的机制。

通常，CO 的每个 1/3 的生产缓冲长度设置一种颜色，绿色是第一个 1/3 长度，黄色是第二个 1/3 长度，红色是第三个 1/3 长度，与延迟订单关联的 WO 标成黑色。

WO 颜色的实物标示方式由内部的创意而定。有些地方将 WO 文件放入彩色塑料夹，当 CO 颜色改变时，就换成其他颜色的夹子。还有一种方法是在批量箱贴上颜色标签，在大型铸件工厂也可在铸件上刷颜色。此外，还可以应用科技，尤其在生产缓冲时间短的情况下，有人使用电视屏幕或数据投影仪，将 WO 的优先顺序以图像形式呈现在车间的墙面上。

优先顺序是清晰的，红色是高优先顺序，黄色在红色之后，绿色的优先顺序最低。在 TOC MTO 解决方案稳定运行，黑单和红单数目可控的情况下，应给予黑单最高的优先顺序。在开始实施改善方案时，需要决定如何处理黑单，这将在第 4 章讲述。

车间里有的 WO 距离交期的剩余时间比 PB 更长。这样的情况可能是由于 WO 太早投放，或 CO 取消，或交期延后。在此情况下，如果管理者决定继续生产该 WO，工作人员可以用特别的颜色来表示最低的优先顺序，如白色、浅绿色等。

相同颜色订单的优先顺序如何确定？

有两种可能的答案，一种是从长远来看，认为优先顺序的影响不太大，应该让操作人员或产线主管视现场作业情况做弹性安排，由他们决定同一颜色订单的顺序。如此一来，大多数的红单预计在红区的时间内（1/3 的 PB）完成。另一种是从短期来看，认为侵蚀得越多，对准时交货的威胁越高。因此，一张缓冲侵蚀达 90% 的 WO，应该比刚转红及缓冲侵蚀达 68% 的 WO 有更高的优先级。有些 SDBR 软件包提供按缓冲侵蚀来决定工单的优先顺序。

关于激发方案本质的问题是，针对优先顺序自动设定的程度，生产管理者对加工工作的优先顺序能调整吗？

答案是"依情况而定"，由生产管理者自行负责。因此，虽然激发方案提出的优先顺序是个强力的建议，但是生产管理者必须有调动的职权，不过应该有很好的理由才能这样做。由于推翻激发方案是对解决方案缺乏信心的信号，建议尽可能少使用这一管理职权。如果害怕提出的解决方案会产生负面后果，那么应该在实施阶段的 NBR 会议中处理。

MTO 激发方案 3　现在状况：相关的不良效应及对差距的影响

有人问生产管理者"为什么提升准时交货这么困难？"许多回答是由于物料、设备、质量、人员和变更等问题。很少听到的回答是，设备或工作站的派工方式。或许，生产管理者觉得做法正确，他们已经尽力了。

这不是在批评生产管理者。在现有的运行系统与机制下，他们已经竭尽全力。但是，目前的派工方式能真正支持准时交货吗？

来看分配加工工作的两个方面。

（1）设定正确的优先顺序。

（2）时间问题，即有足够的时间处理真正需要管理注意力的问题。

1. 设定正确的优先顺序

在大多数的生产环境中，WO 和 CO 是分开的。所以，生产管理者和生产人员不知道 CO 的交期。只在 WO 已经延迟时，他们才被告知与 CO 的关联，面对其他部门要求赶工的压力。

原本期望 MRP 系统有一套整体 CO 和 WO 间的同步机制。事实上，这套同步方式把不切实际的交期强加给车间与供应商。看到过一个 ERP 案例，给出的生产交期竟然是不可完成的时间，而高层管理者还是不愿意设定务实的交期。

还有一种情况是墨菲造成 WO 的拖延。大部分的进度报告和计分卡指标并没有凸显延迟前需要的跟催及支持。

除此之外，经验显示，许多环境将生产管理者推向其他的问题，而非 CO 的准时交付。很多时候，生产管理者需要达成产出时数、产出数量等生产目标。生产环境中总是有容易执行的工作，能取得较高的标准工时，而执行这些工作可能牺牲其他更紧急的工作。

总之，生产管理者通常不会觉察某张 WO 已经延迟，直到已经无法如期交货或必须采取昂贵的修复行动才能使 CO 如期出货。

2．时间问题

管理的职能是解决问题，持续改善是管理者的职责。然而，他们倾向于将宝贵的时间花在编排所有操作人员的工作计划及指挥他们做事上。管理者在建立工作指令清单时，检查哪些工作在排队及排出它们的顺序。有时产线主管不在场指挥，操作人员就停工等待新生产指令。

管理层，尤其是生产管理者，虽然承诺了持续改善的任务，但没有足够的时间做真正必要的改善。他们落入究竟将时间花在改善（思考、开发和提出想法）还是处理车间紧急事情上的两难境地。在通常情况下，管理者会优先处理紧急问题，而且觉得任何妨碍救火的事情都是一种负担，是真的干扰。

这是普遍存在的现象，虽然不确定是否来自管理上的矛盾。但是，根据经验，这是两个生产管理上主要需求的冲突：一方面是提供良好的客户服务，而另一方面是建立更好且更有效的生产环境。管理者为今天的绩效努力，也为明天的绩效努力。如果今天不做改善，明天依然面临与今天相同的问题。高层管理者施压要求这两个需求都得达成——解决当前的订单问题，同时加强改善的举措（有时会邀请外部顾问来协助内部团队）。

管理者的观念倾向就如这句话："不处理好短期问题，就不必担心长期问题需要你来处理，因为你在公司待不久。"聚焦在短期问题的根源来自一个更深层的想法，即采取行动解决短期问题，同时处理长期问题是不可能的，因为没有足够的时间。因此，提出的解决方案必须基于这个问题，并且协助找出更多可投入改善的时间，以化解这个观念上的冲突。

总之，这里的问题是管理者忙于计划及解决 WO 赶工的问题，但这样的做法通常于事无补，是在浪费管理者的宝贵时间，同时让员工觉得管理者受制于外部压力，而非真有主导权。

激发方案 3 处理在执行管理生产计划上的典型不良效应。

- 生产计划很快失效。付出多年的重大努力建立及维护一套生产计划与控制系统（套装 MRP 或自行开发），却出现"连打印机的油墨都还没干"计划就失效的结果，使得生产管理者无法信任电脑系统，并最终导致两个不良后果——重新规划和更多的赶工。

- 过于频繁的重新规划。为了容纳现实中发生的意外事件，出现经常性重新规划的倾向。重新规划是为了使计划更加务实，却拉长了生产时间。重新规划就像"容许失误"的机制一样，并未使生产管理者从困难中学到经验。

- 太多的赶工。生产管理者必须投入更多的努力在管理开工 WO 的流动上，将物料从一个设备移到另一个设备是在浪费宝贵的时间。

- 员工的困惑与压力。赶工行动本质上是指"停下正在做的事，开始某个紧急工作"。这样突然的改变不仅可能造成产能流失，而且被打断的工作在恢复作业时，需要额外的换线时间。被打断工作的员工可能觉得付出的设备换线努力是白费力气，不受重视。

MTO 激发方案 3　未来状况：激发方案的正面结果

良好效应是未来状况的特色，表示现在状况中出现的不良效应都消失了（或没有大的绩效差距）。

激发方案 3 解决在执行控制时的两个现在状况中的主要问题——聚焦和时间。颜色系统允许操作人员或产线主管自行分配工作。由他们承担一部分生产管理工作，如此一来，管理者便有更多的时间处理真正需要全神贯注的工作。

激发方案 3 基于"例外管理"的理念。车间里有很多 WO，有时是数以百计的，不可能要求管理者对所有的 WO 都关注。把 CO 状态应用到关联的 WO，便可清楚地看到车间里哪些 WO 进度缓慢，会导致哪些 CO 延迟的风险。使用缓冲状态，有利于在还有时间修复及修正行动还不昂贵时，及早警示。

激发方案 3 建立赶工的"自动"反应部分。通常，当一张订单延迟时，产线主管会优先指派资源执行该订单的工作。这里的自动操作指不需要管理职权或特别知识，可授权给操作人员或产线主管。如此一来，可赋予车间人员更多的责任，并解除了管理者的日常杂务。红单自动获得比其他工单更高的优先顺序，确保订单快速流动。因而，越来越多的 WO 准时完工，并且减少延迟订单的追赶压力。

请注意，激发方案 3 仅处理自动赶工的部分，有些情况仅靠派工是不足以保障 WO 如期完成的，对此情况需要激发方案 4。在实行激发方案 4 时，需要管理注意力的 WO 数量已减少。自动赶工对生产管理有双重的正面效果，先是需处理较少的红单，有更多时间在延迟前完成；之后，进一步减少红单和黑单的数量，便于形成一种良性的改善循环。

图 3-22 能让管理者看到 WO 的进度和不同颜色订单的占比。建议记录开工 WO 的每日状态信息，并把图表发给相关人员。一般看法是，开工 WO 中的红单和黑单比例应该低于 10%，且黑单越少越好。

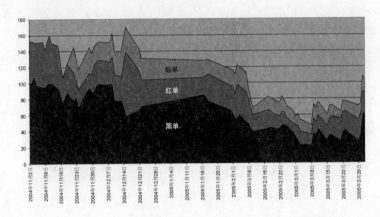

图 3-22　开工 WO 之缓冲状态的日统计表（彩图见插页）

激发方案 3 还有一个正面结果是，在颜色系统就位及更多订单如期出货后，管理者开始审视提升准时交货率的可能性。这时不再那么困难或感到吃力。管理者应该有更多的精力与能量继续实施其他激发方案。

MTO 激发方案 3　检查潜在的 NBR——有无与激发方案关联的风险

与激发方案 3 关联的典型 NBR 是，由授权而引起的感知风险。因为允许自动赶工，管理者担忧会失控，即操作人员采取的片面决定不是最好的决策。有些管理者会说“他们不会采取最好的决策”，暗示操作人员对判断什么是最好的没有相关的知识或正确的看法。这些担心来自产线主管的做事方式，他们是超级跟催员，习惯于“救火”。他们往往有很好的直觉。

针对这个风险，需要从两个层面来处理——观念与实务。

在观念上，一方面必须接受自动派工只是挽救延迟订单工作的一部分。事实上，管理者还需要介入自动派工无法实现的部分。另一方面必须接受通过授权，管理者能争取时间和自由来全力投入工作。不过，为此要付出一些代价。因此，应该注意自动派工可能发生的特殊潜在问题。如果觉察到该风险确实存在，则需要找出防止这些问题发生的务实做法。

管理者的心态应该是"凡是能授权给操作人员或产线主管的工作，应该有助于更有效的管理流动，而管理者更应该投入真正需要他们处理的特殊事务中"。

那么，自动派工可能造成什么问题 ？

（1）错误的加工顺序。如果操作人员没有选择优先顺序较高的 CO 的红单，会怎样？如果这张红单比其他等待设备的红单更重要，就需要设置一个简单的机制，给予这张 WO 快速的服务通道。

（2）产能的流失。这主要是指由于机器的密集换线而流失产能。在有相依性换线的环境中，必须确保自动派工不会增加用于机器换线的工时数而成为瓶颈。处理的方法是允许产线主管找出务实的方式和程序来克服这个困难，如集批处理同一颜色的 WO。可允许将优先顺序较低的 WO 纳入集批，不过必须按照适当的管理程序。

（3）挪用物料。有些情况，尤其 V 形厂，几张 WO 都能使用相同的物料，而操作人员可能生产出比需求更多的数量。这是善意引起的纪律问题，需要的处理方式是向操作人员和产线主管说清楚（而且不妥协）。

一般来说，管理者应该倡导自动派工的思维，减少介入及推翻下属决定的次数。请记住,管理者有激发方案 4 提供的短期安全保障和激发方案 6 作为持续改善流程。

| MTO 激发方案 4

缓冲管理的修复行动就位

MTO 激发方案 4　激发方案的本质

激发方案 3 的自动派工有助于保持 WO 的流动，而订单的颜色状态给予正确优先顺序是根据到完成 CO 还需要的时间而定的。

生产管理者具有丰富的经验与敏锐的直觉，不难估算一张红单的完成时间。如果生产管理者仅仅经由资源分配来评估优先顺序，那么还不足以保障 CO 的准时交货。这里需要生产管理者更深入的干预，这种赶工活动称为修复行动。

选用"修复行动"一词，表示当正常运行的系统出现 CO 的延迟风险时，生产管理者采取的补救行动。管理流动的正常状况是，释放 WO、设备及工作站派工，以及为了落实 CO 准时交货而使 WO 朝完工日流动或提早完成。日本的 JIT 方法描述生产系统就像水系统，即订单自然地流动像水往下游流动一样。

这就是生产流动的意图，但现实中有时流动受阻，需要外力介入疏通。因此，修复表示为了补救脱序（潜在的延迟）的目的而采取的介入行动，以协助 WO 在流动途中遇到阻碍时还能顺利进行。

一般生产管理者在修复行动方面非常有经验，他们知道如何将一个批量分配给几台设备，如何只拿出 WO 中 CO 需要的那部分来赶工。他们可以要求工作日加班及周末工作，可以发包给外部供应商。有些情况是开发及授权另一套工艺流程。许多现有的赶工行动可作为修复行动。

那么，赶工与修复行动有何不同？

二者主要的差异在于管理的方式，修复是通过激发方案 4 来实现的，更少的即兴作为，更多的系统化方法。采用系统化方法，是指建立管理程序来处理此类事件，并形成修复行动的知识库，能够让所有的生产管理者使用，成为整体运行环境的资产。

什么是激发方案 4 的具体形式？

激发方案 4 利用既有的生产管理会议平台（每个工厂有日常的工作协调会，实际上是赶工会议），逐步将协调会议改变成缓冲管理会议。

会议之前的准备工作是所有相关人员拿到黑单和红单的清单。他们看过并指出哪些需要修复行动，如在自己的授权范围则启动行动，如需取得授权或批准则向高层管理者汇报。例如，某张停在车间某处的黑单或红单，由于等待某些东西而无法前进，那么，在会议中由工单停留区域的管理者说明目前的情况、预估完成时间，以及 WO 在等待什么东西。注意使用所有与会者能取得的媒介记录缓冲状态、行动和需要的支持。

会议机制必须简单且务实。有些地方使用大报表，其有些地方使用公司内网将数据记录在 Excel 中，并且设有修改权限。与会人员的会前准备越充分，则开会效能越高，花的时间越短。

以日常生产例会来说，会议主席的责任是对于看到的所有黑单和红单，都给予关注及需要的支持。会议中，如果与会者提出超出管理权限的要求，则提交到上级管理层。建议由某位执行工作的主管主持会议，工厂领导人不定期参加会议，以表示对激发方案 4 的重视。管理思维依循"你需要管理层给予什么帮助，以使 WO 顺利前进"，并且跟进日常生产会议的纪要，建立修复行动的数据库。

激发方案 4　现在状况：相关的不良效应及对差距的影响

激发方案 4 的 UDE 和激发方案 3 的 UDE 非常类似，具体如下：

- 太多的赶工，尤其反应太慢而无法补救。
- 优先顺序不断变换。
- 太多的细节管理。
- 生产计划很快失效。
- 增加生产运营费用（导致生产成本增加）。

生产管理者有维护生产流动的责任，以确保完成开工的 WO。理论上，生产计划的存在是为了协助生产管理者设立投放工单的指令、设立设备和工作站的派工清单，以便通过生产计划来授权某些生产流动的管理工作。

然而，当墨菲来袭时，生产计划脱离同步的机制。延迟订单形成的压力迫使管理者脱离计划系统，以人工方式给予延迟的订单紧急且重要的订单赶工指令。而某些订单的赶工行动引起其他订单延迟，增加承诺交货的压力。总之，优先顺序的变换现象，就像讲不完的故事，昨天有延误订单，今天有延误订单，明天还有延误订单。而需要投入管理注意力的延迟订单量，会消耗一大部分生产管理者的产能，含时间、精力和聚焦力。

显然，延迟订单越多，生产管理者的负担越重。此外，为了确保资源的使用效率（控制生产成本），生产管理者试着或不得不控制每个资源和每个加工工作，导致过分地注重细节管理。就生产管理者来说，没有足够的时间与能量去关注每件事，某些订单因没被注意到而延误。

生产管理者处于超负荷的状态（事实上已成为生产流动的制约因子），没有足够的产能来履行每件期待他们执行的工作。提醒一下，这里讨论的只是生产管理者在管理流动上扮演的角色，他们还有其他的角色与责任必须扮演和履行。

生产管理者主要的负荷来自派工及订单延迟，因此激发方案需要给予生产管理者这方面的协助。

MTO 激发方案 4 未来状况：激发方案的正面结果

激发方案 4 与激发方案 2、激发方案 3 如何一起运行，以减轻生产管理者的负荷、促进准时交货？

- 派工。生产管理者是否需要指派所有的工作呢？激发方案 3 提供的答案是，大多数工作经由自动派工。
- 需要管理注意力的订单数。经激发方案 2、激发方案 3 和激发方案 4 的帮助，减少开工 WO 的总数，以及需要特别注意的黑单和红单数目。

  ——激发方案 2 限制开工 WO 的数量，即在 WO 投放日前不允许提早给车间 WO。这与既有的认为越早投单则准时完成的概率肯定越高的看法相反。

  ——激发方案 3 催促黄色 WO 缓缓加速，督促操作人员和产线主管更加注意红单。这些行动减少了需要激发方案 4 处理的 WO 数量。

  ——由激发方案 4 处理的 WO 应该加快向前流动，减少需特别处理的数量。

- 惊慌的赶工（处理延迟订单）。激发方案 4 有向前看的作用，以促使生产管理者在来不及前介入处理。
- 启动修复行动。传统上，许多 WO 赶工都是临时和紧急的行动。以系统化方式处理修复行动，有助于建立一整套程序组合来执行这些行动。修复行动是适时的、在计划的预算内的，并且可授权给公司内其他职能部门的。

这 3 个激发方案（2、3、4）降低了生产管理者的负荷，减少了特别需要管理注意力的 WO 数量，加快了 WO 的流动，最终成功地促进准时交货、减少延误现象与延迟订单的数量。

一旦确定实施激发方案 3，便可追踪 WO 的开工状态，观察统计趋势。预期能看到红单和黑单的数量下降。随着激发方案 4 的导入，红单和黑单数量将进一步减少。如果红单数量没降低，则需要调查阻碍改善的原因。通过缓冲分析来实施 POOGI，这将在激发方案 6 中讨论。

MTO 激发方案 4 检查潜在的 NBR——有无与激发方案关联的风险

前面提到，激发方案 4 利用管理者目前使用的日常会议平台。每个生产环境都有类似的会议，各关键职能的负责人和代表定期碰面，讨论修复行动并取得共识，通常是为了延迟订单所需的 WO。因此，这个激发方案不可能引起不良结果。这是一个促使管理者在订单延误前采取行动的机制。

总体来说，在实施过程中，必须以探讨性的态度倾听他人的意见，留意与激发方案 4 相关的行为表现，并且以适当的方式处理他人的反应。因为这是在日常生产协调会中产生的决定，所以他人可将自己的经验及曾有的负面结果作为警惕事项。

| MTO 激发方案 5

监督或管理选定的关键原料与零部件的可得性

背景

制造环境的本质是创造出成品，具体如下：

- 通过设备或资源执行一套加工作业。
- 经由一组组装活动将零部件组合起来。

在上述任何情况中，都需要获得原料或采购零部件，这通常是物料管理的功能。自 20 世纪 60 年代以来，采购的重要性大幅度提升。许多公司设立了一个特殊的职能，由资深管理者甚至是总监负责，等同于生产或运营总监的职位。

实际上，生产管理者没有职权从外部采购及取得原料和零部件，所有的采购必须经由采购部门。尽管如此，如果由于缺料或延迟供应而延误交付，则还是生产管理者的责任。

关于原料与零部件的可得性，在生产领域的 TOC 解决方案中，有两个潜在的情况：一种比较好的情况是，物料管理者是实施激发方案的一员，实施团队有采购部门的代表；另一种情况是，物料管理者不直接参与激发方案的实施，生产管理者采取一些措施来避免需要时的缺料、缺件，使之不会成为主要的延迟原因。

激发方案 5 的用词反映出两种情境：

- 原料和零部件的可得性受到监控，由生产管理者负责（当物料管理者不参与方案的实施时）。
- 原料和零部件的可得性受到管理（当物料管理者是实施 TOC MTO 解决方案的一员时）。

激发方案 5 的用词包含了原料及零部件，涵盖所有可能从外部取得的东西，以利于物料加工，按最终产品的物料清单组装零部件。而确保物料的可得性是物料管理的责任。激发方案 5 的目的不是接管物料管理的工作，而是建立一套预警系统，能指出对准时交货的主要威胁，如缺料、供应商不可靠及冗长的供应时间。

激发方案 5 要求特别注意选定的关键外购物料，是为了消除妨碍流动的潜在绊脚石。

生产需要原料和零部件（称为"物料"），物料管理的角色是确保在对的时间取得正确数量的指定物品。采购部门的职能是负责核定合适的供应商，维持与供应商的商务和物流关系。

在大多数公司，只有物料清单上正式记载的物料才能被采购为生产需要的物料。每种物料都有采购记录，含有重要的数据栏，如建议的供应商、价格、采购周期。有些系统还记录关于供应商准时交货的评比。采购部门和供应商的正式关系基于采购订单，包含采购物料的种类、数量和要求的交期。

采购方式

通常，物料的采购类型分为如下 3 种计划程序：

（1）为实际的客户订单采购物料。

（2）根据销售预测采购物料。

（3）为建立库存采购物料。

套装 MRP 或 ERP 物料管理系统支持这些采购类型，可视为自动（或系统化）的采购。然而，在现实中物料是动态的需求，需要人工采购的介入，而不使用 MRP 订购物料。采购部门需要投入大量的产能和注意力，应付紧急和非计划性的采购，以及跟催延迟的外购物料。在需要物料时，物料短缺是系统的失败，不是个人也不是部门的失败。总之，要改进准时交货，必须改进物料的可得性。接下来，深入了解采购方式的细节。

1. 为实际的客户订单采购物料

这种类型的采购方式与激发方案 2 所述的采购方式是相同的机制，如图 3-23 所示。在规划模块，软件计算出需要的物料和每张 WO 需要的数量。WO 有投放生产（或组装）的日期，这个日期决定了物料必须到位的时间。

软件能检查是否有足够的采购时间，即将供应商的标准交期与从现在到 WO 投放日期的时间进行比较，随后依照既有的采购程序下单，并与供应商沟通。

相同的逻辑也用于多层级的物料清单，沿着这个思路"告诉我，你计划什么时候投放 WO，我会确保所需物料到位"。

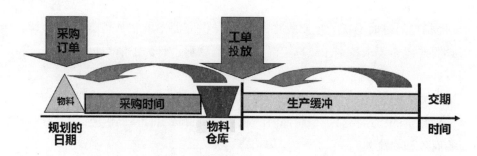

图 3-23　为客户订单采购的物料

根据客户订单采购物料是很有效的库存管理方式，不仅能降低余料的浪费风险，有助于现金管理，还能尽可能缩短支付给供应商与从客户收款之间的时间。

2. 根据销售预测采购物料

采购时间长的物料，会使给客户的交期前置时间不足以涵盖生产和采购的时间。一个典型的例子是锻造件或铸造件。在这种情况下，管理者被迫根据销售预测来采购物料。而预测通常是不准确的，这些物料库存必然在不可得（缺料）与太多或太早入库（过量）间波动。

根据销售预测来规划采购的机制和为实际的客户订单的采购机制相同，但是没有确定的客户订单，而是使用预测来处理较长时间跨度的需求。使用标准的生产前置时间，允许有更多的时间来购买长前置时间的物料。之后，当预测的物料转成实际的客户订单时，这些预测物料已在运送途中，甚至已经到位。

3. 为建立库存采购物料

并不是所有的物料都是根据实际的客户订单而定的。有些物料既小又便宜，通常短时间内就可买到。采购系统通常会进行外购物料的"ABC"分析，综合考虑采购价格和消耗程度。为了简化物料管理，"C类"物料始终有存货并定期补货，这里使用的存货管理技巧，像是再订购点或"最小—最大"订购量方式。而库存水平的要求是根据历史消耗率，以及预计在补货期间的消耗量而定的。

在定期运行 MRP 软件时，系统检查实际在库的存货、已开出的采购订单（在途的物料），计算出补货采购订单需要采购的数量。

在提出物料缺货问题的补救方案时，必须考虑上述采购方式，这正是激发方案 5 所包含的内容。

MOT 激发方案 5　激发方案的本质

激发方案 5 包含以下 3 个要素：

（1）识别关键物料。因为在 WO 需要时这类物料容易缺料。

（2）了解普遍的缺料原因（通常与采购方式有关）。

（3）提升可得性的建议方案，即提出的方案是为了确保更好的物料可得性（在实施团队的职权程度内）。

1. 识别关键物料

生产管理在于管理车间的 WO 流动，因此要尽可能降低流动中断的次数。而物料的短缺成为妨碍流动的主因。只要 WO 需要物料，就希望所有的物料全部到位。

但是，这并不表示每次物料都不可得。在这里必须声明，我们谈论的是"关键"物料，并将其纳入特别监督机制。特别监督需要额外的管理注意力，这可能使管理者难以聚焦于处理对未来有效产出真正重要的问题。

识别系统的规划含有一些内建的安全保护。生产缓冲包含至少 90% 的安全保护（在开始实施 TOC MTO 激发方案时），随后仍维持在不低于 66% 的水平，这样能吸收一些引起物料延迟的波动。

一旦物料可能发生的延迟超过生产缓冲时长的 1/3，就必须宣告有问题，并将其纳入特别关注清单。如果缓冲状态转成黄区，那么该 WO 必须纳入管理监督，以确保不延误 CO 的交期。

就生产缓冲侵蚀而论，了解延迟的原因可在实施激发方案 2 和激发方案 4 之后。在开始实施时，可能需要知道哪些物料有潜在问题，并对其加以监督以防影响流动。

因此，需要考虑如下两类信息，以构建需要特别关注的物料清单：

- 造成生产缓冲侵蚀超过 33% 的物料。
- 被生产管理、生产控制或采购部门视为"麻烦制造者"的物料。

这两类信息反映了对 TOC 解决方案的普遍期望，并结合人们对于系统运行的有力直觉和一套系统化的方式，有助于识别与量化系统绩效上的混乱和负面影响。

实际上，必须成立一个小组（由生产计划及控制与采购部门组成）来收集外购物料的清单，这是激发方案 5 需要特别关注的物料。一旦有了这样的清单，就进行下一个步骤。

2. 了解普通的缺料原因

外购物料不可得是众所周知的 UDE，是一种实际的现象，被视为一种不良状态。它的存在可以被验证。从实证可见，外购物料不可得往往造成流动中断及导致赶工、成本增加，甚至交期延误。然而，某些环境中造成既有 UDE 的原因可能会因外购物料不同而有所差异。TOC 系统方法的要求是，想要改善有效，在应用解决方案前需要深入理解问题。

传统上，往往把外购物料不到位的主要责任归咎于卖主及供应商。其实，这必定也与采购方有关。

公司的作业方式是由其程序（正式和非正式）设定的，程序支配如何执行某些工作或功能，以确保流动顺畅且始终一致。如果采购牵涉物料及金钱的往来，那么大致都遵照正式的采购程序。像这样的采购程序通常背后有政策和衡量指标，即外购物料缺货的主因（也可以说正式的采购系统对过剩的库存有责任）。

无论如何，采购方式都不是缺料的唯一原因。采购是为了未来的需求而在今天采取的行动。今天购买未来生产需要的物料是一种面对未知采取的行动。采购只能靠未来计划来执行，而未来充满了变数，即使最完美的计划也会受未来变化的影响，如可预见的供应商引起的变化，以及生产计划执行中的变动。

总体来说，为了理解缺料，必须注意以下 3 方面事项：

- 采购方式（依照外购物料的计划模式），如图 3-24 所示。
- 供应商的可靠性。
- 生产计划变更引起的变化。

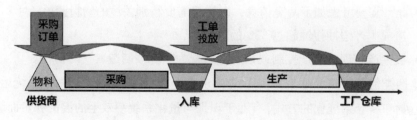

图 3-24　外购物料的计划模式（彩图见插页）

当供应商延迟交货（与原计划相比），或者生产消耗量超过计划用量（比计划更快或数量更多）时，会使一个计划完善的物料仓库缺货。

解决缺货的方案取决于采购方式。所以，缺料的问题清单必须按照不同的采购方式分成 3 张。

3. 提升可得性的建议方案

订单式采购

订单式采购方式对供应商的可靠性非常敏感。客户接受的 QLT 包含了生产缓冲和采购时间。假如用激发方案 2、3、4，那么在生产缓冲时间内我们基本上能完成大多数订单，可是如有任何引起延迟交付的波动，系统将面临迟交的风险。

- **订单式采购：供应商可靠性的问题。**

    对不可靠供应商的反应是拉长采购时间，但如此一来会拉长 QLT，带来竞争力降低的风险。

    更换供应商也不是立即可行的解决方案。虽然能更换供应商，但有时采购部选择继续使用不可靠的供应商，其中必有一定的理由。因此，解决方案应该朝不同的方向努力，即更严密地监督交货状态。

    解决方案运用了生产缓冲的原理，将采购时间转换成采购缓冲。在时间上可能是相同的，但概念截然不同。每回使用 TOC 的"缓冲"，即含有"管理"的意思，表示一旦发出采购订单（Purchase Order, PO），在供应商确认后，便受制于时间缓冲的管理。

    负责物料的人员或供应商定期监督 PO 的进度，随着时间的推进而消耗缓冲。一旦完成交货，便按照公司的验收程序关闭 PO。只要 PO 未完成，就按缓冲消耗给予 PO 相应的缓冲颜色。时间缓冲通常分成三等份，即绿色区、黄色区和红色区。

    一旦 PO 进入黄区，负责人员就应该联系供应商，追查 PO 的进度，核实是否仍按计划进行，同时必须拓展供需双方的关系，确保供应商理解新的监督方式和时间缓冲的基本原理。

    一旦 PO 进入红区，负责人员就必须进一步核实 PO 是否还能按承诺日期交付。如果供应商通报称 PO 可能延迟，就必须给生产控制人员和生产人员预警信息。只要延迟小于生产缓冲时长的 1/3，则不需采取进一步行动，但建议记录在案，以便于密切追踪特定供应商的表现。如果供应商继续不可靠的表现，就应该进一步调查原因并与供应商共同找出解决方案，或者寻找替代供应商。

一旦 PO 进入黑区（物料未按承诺日到达），供应商也没事先通知 PO 会延迟，就必须调查该事件。如果相同问题反复发生，则可能表示这家供应商不仅不可靠而且不诚实。

- 订单式采购：生产计划的变动。

如前所述，并非所有外购物料缺货都是供应商的原因。生产计划的变更及生产流程的变化会引起内部仓库的大量消耗，这些情况也需要处理。

质量问题会导致部件甚至成品报废，通常需要额外生产进行补充。当紧急 WO 需要外购物料时，如果外购物料的 PO 包含了一些容许生产报废的数量，并且足以涵盖需补充的 WO，就没有问题。但这会使后续的 WO 在需要外购物料时缺货。

还有一种变化的类型可能是客户订单数量的改变（增加），客户要求比原计划的交期更早交货。这两种情况都会导致外购物料缺货。另外，公司偶尔会接到紧急订单(也算是个机会)，如果承诺客户的交期比生产缓冲时长加上采购缓冲时长短，那么不可避免的结果是在 WO 需要外购物料时会缺货。

处理这种情况的传统方式是，对采购人员施压，尽全力说服供应商加速，比标准交期更快供应。总之，高度使用个人关系与威胁来挽救局面。

应该做的是，召集所有参与者有效地沟通解决方案，包含客户服务、生产计划及采购人员。更有效的沟通是指在接受客户订单的任何变更之前，必须检查变更所涉及的事项。与关键的外购物料供应商必须进行对话，在知道他们的响应能力的情况下，必要时可允许生产缓冲有某个可接受的侵蚀程度。如果不能保证生产的物料可得性，那么建议通知客户，不要承诺了却没做到。

此外，假如变动引起 WO 比计划晚开工，则没道理当 PO 进到采购缓冲的红区时，还要求供应商在原定日期交付关键物料。毕竟供应商难以在原定日期供应，却可按更改的日期交货。

预测式采购

在预测式采购方式下，必须考虑供应商的可靠性和生产计划的变化，这两个因素的组合提高了物料可得性的难度。

采用这种采购方式的主要原因是，从最后产品的 QLT 来看，采购时间太长。因此，希望有些物料已在库或在途，以缩短有效的采购时间。

预测是在一个计划的时间单位（一个月或一周）内，提出物料的某个数量。无论如何，预测与现实的结果可能不同（事实上，总是不一样的）。在客户订单超过预测量时会缺料，如果供应商不可靠，那么缺料可能更严重。

解决方案必须处理采购的方式及供应商关系。

通常，在订单式采购中，MRP（ERP）系统要求输入预测数目，以虚拟订单的形式代表潜在的客户订单。随着时间的流动，虚拟订单由真实的客户订单取代。这时，如果幸运，则这些外购物料已在库，或者能准时到货，以便投放 WO 进入生产。否则，需要催赶紧急采购单，以确保外购物料的可得性。这些工作会消耗管理注意力，也是采购部的困难工作。

我们能改善系统吗？

在此，需注意的采购时间包含以下 3 部分：

（1）供应商的生产前置时间。

（2）运输前置时间。

（3）订购前置时间。

订购前置时间，是指从知道需要购买某个物料，直到内部系统生成 PO，发给供应商的时间。MRP 系统是通过运行物料规划软件的频率来决定订单前置时间的。例如，如果 MRP 的采购软件每月运行 1 次，则订购前置时间平均是两周，而在 1 个月内客户订单陆续到达。也就是说，MRP 每两周运行 1 次，则能使订购前置时间缩短到平均 1 周；每周运行 1 次，则能使订购前置时间缩短到平均 3 天。

有时，运输时间取决于成本，使用比较快的运输方式（如空运）可大幅度缩短采购时间。如果少数的关键物料会对生产流动造成严重的延误，甚至危及公司作为可靠供应商的名誉，那么最好仔细查看这些物料取得方式的细节，可能会发现成本考虑是导致目前状况的主因。

解决方案还要求与供应商形成更好的、更紧密的关系，以利于理解他们内部生产时间或运输时间的困难。人们可能发现供应商有自己的系统，而定期运行时订单没排入立即生产，或者发现他们的生产周期长，有质量问题和瓶颈。激发方案 5 的实施团队必须和现有供应商或替代供应商共同找出解决方案，要相信必定有更好的方式（如 TOC 的基本假设 2——局部和整体之间没有冲突）。

再有一个解决方案是将某些物料转为库存物料，使用第 3 种方式——库存式采购来管理。

库存式采购

库存式采购的物料通常是 C 类。这类物料不太贵，可用于多种产品。并且，对于这类物料的采购，人们通常认为采用库存采购比订单式采购更容易操作。

尽管如此，这个类型中的某些物料需要被认定为关键物料，因为它们会导致 WO 严重延误。这个问题的出现意味着建立补货系统的目的没有实现。

所以，首先来看一下传统用于补充库存物料的库存保持模式。

库存保持模式想要确保可得性，要考虑影响存货的两种变动类型：生产环境中消耗量的波动、不稳定供应商造成的供货波动。

库存模式被称为锯齿，通过查看库存水位来决定何时通知生成补货订单及订购数量。它有两种主要模式：最小—最大量库存模式和按固定订购量的再订购库存模式。

最小—最大量库存模式建立了两个库存水位——最小水位和最大水位，在消耗期间衡量这两个水位。系统定期检查库存水位，当发现水位低于最小水位时，即生成采购订单以增加库存至最大水位，如图 3-25 所示。

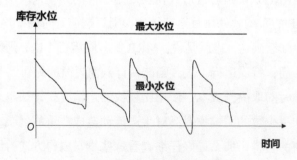

图 3-25　最小—最大量库存模式

【示例】

如图 3-26 所示,最小—最大量系统是基于最小 4 周和最大 8 周的消耗量,且系统检查每周的库存水位。假设每周的平均消耗是 10 个、最小是 40 个及最多是 80 个,补货时间最多 1 周。一旦库存水位低于 40 个(4 周),系统就生成订购单。假设到了第 5 周,库存下降到 35 个,就生成一张数量为 45 个的订购单。存货被继续消耗,直到 PO 的物料到位及提高存货量。在存货完全耗尽之前,补货最好能到位。但是,如果消耗量的波动很大,则有可能缺货。

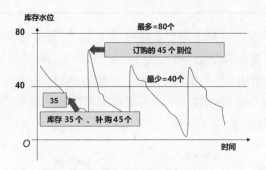

图 3-26　最小—最大量订购示例

针对相同的问题,再订购库存模式以不同方式提供不同解答,即何时订购及订购多少。

再订购点是某个库存水位,一旦低于此点,便通知再订购。订购数量根据安全存货量加上在补货期间内的预估消耗量来确定。具体如图 3-27 所示。

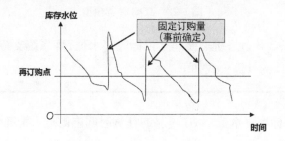

图 3-27　再订购库存模式

补货的数量根据一个公式来计算,并在事前确定。人们通常用威尔逊公式计算经济订购量。大多数的系统倾向定期运行补货模式,如按月度、双周或每周。系统运行频率越高,生成的 PO 越多,对采购部来说工作与成本越多。在成本导向的系统里,PO中的每行都与成本相关,所以人们渴望降低存货模式的运行频率。

　　针对受制于消耗与供应两方面波动的库存环境,TOC有个解决方案,即TOC补货解决方案,可用于建立外购物料的库存。

　　补货时间越长,需要持有的库存越多。因此,改善方针是缩短补货时间。补货时间的计算公式如下。

> 补货时间 = 订购前置时间 + 生产前置时间 + 运输前置时间

　　如能减少订购前置时间(理想上降到每天),便可大幅缩短补货时间。因此,解决方案要求经常报告消耗量(每天),以及经常补充消耗的数量。确实,每日报告库存物料的消耗会增加系统的报告交流量,但能够达到确保库存物料可得性的目标。

　　如此一来,库存系统以较少的库存量保障可得性,既省钱又能提高库存周转率。TOC补货模型如图3-28所示。

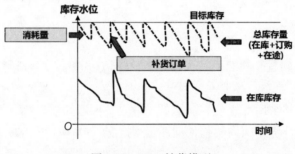

图 3-28　TOC 补货模型

　　开始采用TOC补货系统需要建立目标库存水位,即系统支持可得性的库存数量。目标库存水位的计算公式如下。

> 目标库存水位 = 在可靠的补货时间内的最大消耗量

　　目标库存水位包含整个系统里的库存,即在库库存、运输途中补货订购量,以及供应商手上的订购量。

　　设定目标库存水位的目的是确保系统有足够的库存去应付消耗和供应上的波动。库存系统的绩效表现在于在库库存的可得性。库存太低可能有风险,而库存太高则表示系统被过度保护。因此，库存缓冲管理是针对在库库存而设立的。

当在库库存低于 1/3 的目标库存时，库存缓冲是红色；当在库库存介于 1/3 ~ 2/3 的目标库存时，库存缓冲是黄色；当在库库存大于 2/3 的目标库存时，库存缓冲是绿色。具体如图 3-29 所示。

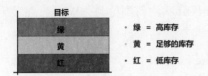

图 3-29　库存目标和缓冲的三个区域

这套颜色系统有助于管理者聚焦于修复行动。

当库存落在红区时，采购部要检查 PO 状态，加速在途或仍在供应商手中的物料。当库存落在黄区时，采购部则需检查 PO 在途状态的时间。

在库库存的概况能告诉管理者，何时再检查目标水位，考虑提高或降低该水位，即动态缓冲管理。如果经过连续的几个补货期间，在库库存落在红区，则可能该提高目标库存水位了，如图 3-30 所示。如果几个期间都在绿区，则降低目标库存水位。

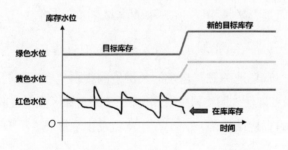

图 3-30　动态缓冲管理：提高目标库存水位，因为落在红区时间太多

TOC 补货解决方案的运用可确保关键外购物料的可得性。

简述激发方案 5 的知识，在此扼要重述现状、未来状况和潜在的 NBR。

MTO 激发方案 5　现在状况：相关的不良反应及对差距的影响

激发方案 5 的目的是处理这个主要的 UDE——原料和零部件（外购物料）在需要时缺货。

WO 投放到生产线，但由于外购物料缺货，生产无法进行。假设设备和操作人员都已到位且能执行工作，缺料却导致 WO 延迟开工、侵蚀生产缓冲，而一旦缺少的外购物料到位即可开始工作。接着，WO 按照激发方案 3 建立的优先顺序流过车间。

如果缺少的外购物料到位时，WO 仍在绿区，那么很可能 WO 的流动不会被迟来的外购物料打断。如果外购物料到位时，WO 已在黄区，管理者就必须采取修复行动，以确保 CO 准时交货。但是，如果 WO 在红区，那么即使管理者努力抢救，CO 还是有可能延迟，这是由于变动和墨菲的影响。

上述情况是最直观的描述，现实情况更复杂。缺料有多种原因，供应商迟交只是其中之一，其他可能的原因如下：

- 外购物料下单慢。
- 物料清单的错误，造成采购物料的种类或数量不正确。
- 外购物料的质量不合格，造成退货。
- 在库库存不符规格。
- 找不到存货（放错或电脑记录错误）。
- 库存量不正确（记录显示某个库存量，但实际数量不足或不存在）。

......

原因很多，但是影响是相同的——威胁 CO 的准时交货。

MTO 激发方案 5　未来状况：激发方案的正面结果

一旦管理者"密集地关照"选定的关键外购物料，在需要时下落不明的物料就会越来越少，或者即使外购物料延迟到位，由于还在绿区而不会造成太大的困扰。

改善可得性的直接结果是，WO 在生产流动上更顺畅，管理焦虑和修复行动的需求更少。

MTO 激发方案 5　检查潜在的 NBR——有无与激发方案关联的风险

激发方案 5 面临的典型问题的本质大多数是障碍。物料管理人员不喜欢他们的责任范围被干扰，生产人员被认为工作表现不佳，而无力承接更多的任务。

过剩库存会引起潜在的 NBR。在渴望确保可得性时，有个风险是过多的保护。对于库存物料的对策，解答来自动态缓冲管理，即以动态缓冲管理监督外购物料的消耗趋势。当识别出需求缓慢时，系统就建议降低目标库存水位。订单式采购是理想的采购模式，能够防范库存超量，但仍会受客户及工程变动和更改的影响。

当 WO 在进行时，生产缓冲越短，可发生的改变越少。

必须密切注意另一类型的潜在 NBR——来自各部门的考核方式。如果员工难以遵守全力配合的准则，则是由衡量指标的冲突，或者管理者的非正式考核造成的。例如，管理者常以是否偏离标准（金钱的）来衡量采购部，当采购价格高于标准时，被视为负面结果，而当价格较低时，则被视为正面结果。因此，在实施激发方案 5 之前，应该进行采购方面的现状调研，以识别工作方式、思维、政策与衡量指标。现状调查的原理将贯穿第 4 章的内容。

◀ TOC MTO 激发方案 1~5 概述 ▶

TOC MTO 解决方案的前 5 个激发方案，让我们踏上显著改善的准时交货旅程，树立正确的管理思维，获得合适衡量指标的支持，并确保前 5 个激发方案提供即时结果，以建立新的管理方式。

图 3-31 是前 5 个激发方案的图示。

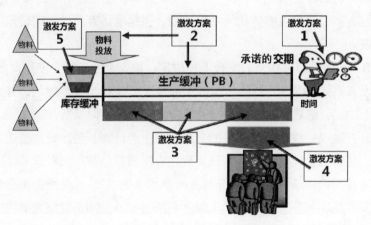

图 3-31　激发方案 1~5：报告准时交货及对 DDP 的立即改善（彩图见插页）

◀ 持续改善——TOC MTO 激发方案 6~8 ▶

▌持续改善介绍

建立正确的思维（激发方案 1）与立即改善（激发方案 2~5），将为生产运作带来前所未有的高 DDP。然而，尚未大功告成。

为了立即改善而实施的激发方案完成了"内部整顿"的工作，这是运用聚焦五步骤的前 3 个步骤。接下来，加入步骤 4 的原理，以提升系统的制约。

在此，简述前 3 个步骤。就公司的目标是赚钱（现在和未来）来看，赚钱的方式为按照客户订单（CO）的要求，通过产品的生产和发货来完成。因此，决定公司绩效最显著的制约因素是客户订单。接下来是聚焦五步骤的应用。

步骤 1　识别系统的制约：系统的制约是 CO。

CO 符合制约的定义。缺少 CO 或 CO 收入减少都会阻碍系统的成长，使业绩下滑。而更多的 CO 带来更多的有效产出，有助于提升系统的业绩。接受 CO 为公司的制约，是建立正确的思维阶段的激发方案（激发方案 1）。

步骤 2　决定如何充分利用系统的制约：最简单的决定是保证已承诺客户的既有 CO 准时交货。不佳的 DDP 与充分利用的目标相反。

- 激发方案 1 的本质：确保公司领导人清晰理解思维的意义，并通过他们传递给公司的每位员工。
- 激发方案 2：将思维转化为具体计划，根据承诺客户的交期设定生产流动的鼓。

步骤 3　其他一切事物全力配合上述决定：前 5 个激发方案使用此步骤。

- 激发方案 1：确保公司的每位员工都接受 CO 担当关键角色，并全力配合以上决定，通过采取必要的行动及决定来确保准时交货。
- 激发方案 2：根据承诺客户的交期制订生产计划，包括设定合适的生产缓冲，使物料投放得以支持准时交货。WO 的颜色是依照对应 CO 的缓冲状态来设定的，以确保生产系统与系统制约全然一致（这是全力配合的体现）。
- 激发方案 3：连接 WO 的优先顺序系统与充分利用系统制约的决定，就是 CO 的发货计划。
- 激发方案 4：当系统无法支持 WO 从物料投放到发货区的流动时，激发方案 4 保障修复行动的实施。如果 WO 进入红区，则表示系统运行有误；如果 WO 进入黑区，则系统运行问题更严重。根据充分利用系统制约的决定（步骤 2），任何 WO 流动的停止、延误或阻塞都有潜在的风险，可视为未能做到全力配合。
- 激发方案 5：针对可能引起缺乏全力配合的特殊区域，如原料及零部件的可得性，就像外购物料应该在 WO 需要时到位一样，如果缺料则表示物料系统失效，无法全力配合步骤 2 的决定。激发方案 5 的实施可以减少缺料情况，进而使 CO 的交货几乎没有风险。

所以，结论是前 5 个激发方案支持聚焦五步骤中前 3 个步骤的应用：识别制约、充分利用、全力配合。

实施 TOC MTO 解决方案以达下列目标：

- DDP 超过 99%。
- 根据 PB 制定具有市场竞争力的 QLT。

就是说，一旦准交率达到 99%，便可努力缩短 PB，以增强 QLT 的竞争力。

即使前 5 个激发方案都成功实施，生产绩效也可能仍未达到预期（DDP 超过 99% 或缩短 PB）。如果发生这种情况，则意味着流动受阻，而应用激发方案 2 ~ 5 来排除问题的方法及努力都用尽了。

在这种情况下，需要更进一步的投入，以取得更高绩效，这是持续改善的部分，即激发方案 6 ~ 8 的作用。联系聚焦五步骤的步骤 4，其目标是持续改善，提升系统制约，以利于打造公司的竞争优势，获得更多 CO。结合步骤 4 与后续激发方案的另一个理由是，持续改善可能需要投资，尤其增大产能。基于提升的绩效本身或特殊的营销方案，当市场给予积极的响应，而有些支持功能无法承受增大的需求时，则需要进一步改善及投资。

第 3 组的解决方案包含激发方案 6 ~ 8 这 3 个激发方案（参见本书图 3-7）。

| MTO 激发方案 6 ~ 8 概述

持续改善流程始终是 TOC 的驱动力。TOC 社群坚信每个系统都能取得更高的绩效，以朝其目标迈进，因此在过去 30 年，一直受渴求发现、制定及沟通持续改善流程的引导。

传统上，使用 3 个改善的问题作为持续改善的基础：*改变什么？改变成什么？如何促成改变？* 一旦做出改变，并达到预期的改善，则进入下一个挑战。这时，问题在于什么能为下一个挑战指出正确的方向？为此，增加了第 4 个明确的问题：*以什么打造持续改善流程？*

TOC 对于第 4 个问题的重要突破性答案是缓冲管理。

缓冲是对系统制约状态的一种描述。缓冲用来计划、控制、执行，并创造持续改善。缓冲越短（时间）或缓冲越小（库存），系统的绩效越高，系统也就越有竞争力。

因此，每个有助于合理缩短缓冲的行动都有利于改善整个系统的绩效。帮助人们识别那些可带来有效改善的环节的管理工具，叫缓冲管理。

激发方案 4 促使生产管理者采取修复行动，修复因变动及墨菲造成 PB 比计划长的情况。如果有这样的情况，那么 CO 将面临无法准时发货的风险。所以，采取修复行动有利于维护现有缓冲的稳定性。

激发方案 6 指出改善的方向。改善系统能缩小生产缓冲、采购缓冲和外购物料的存货缓冲。激发方案 6 提供系统改善的核心动力。而大多数的改善行动都在激发方案 6 的框架内，但是不包含两个特定的区域：产能及批量大小。产能由激发方案 7 处理，批量大小是激发方案 8 的问题。

1. MTO 激发方案 6

MTO 激发方案 6：为了持续改善，定期（每周）检讨缓冲侵蚀的原因。

"缓冲"这个词含有"为了安全而保有更多"的概念。生产缓冲是允许工单流过生产过程的时间，包含变动、干扰及墨菲时间。借助任何与缓冲流失时间有关的数据来指出可改进的方向，以降低时间损失。

如果不想把时间和精力浪费在搜索与分析流失缓冲时间的原因，想要有一种简单且务实的方式找到主要的起因，则可以通过自关键 WO 缓冲状态取样的方式（尤其在红区及黑区的状态），使用简单的统计分析柱状图以识别导致延误之处。

实施 POOGI 需要有一个委员会持续地对干扰缓冲的因素进行分析。这个委员会应该拥有启动改善项目的权限。这个概念与机制包含在激发方案 6 中。

激发方案 6 还建立了 TOC 与既有改善方法之间的主要桥梁，如精益管理、六西格玛、改善等。激发方案 6 有助于识别什么需要改善，但不提供提升的任何方法或技巧。改善团队的角色是找到适当的改善方式。

2. MTO 激发方案 7

MTO 激发方案 7：监督产能，以识别产能制约资源（CCR）并加以管理。

干扰流动的潜在原因之一是产能不足，意味着有些机器或工作中心无法完成分配的负荷，导致这些机器或工作中心前出现排队的现象，而排队造成延迟。延迟引起缓冲侵蚀，增加管理者启动修复行动的负担，阻碍缓冲长度的缩短。

激发方案 7 给予某些资源特别的照顾（按照与激发方案 5 相同的逻辑）。

TOC 的起源关系到瓶颈及 CCR，这是开发 DBR 的基础。TOC MTO 的解决方案基于 SDBR，并假设系统中没有瓶颈。不过，还是可能经历暂时的产能不足期，因而需要知道如何找出瓶颈及过渡期的做法，直到获得足够的产能。激发方案 7 包含这部分内容。

3. MTO 激发方案 8

MTO 激发方案 8：挑战并调整移转批量（TrB）的大小，以促进生产流动。

缓冲侵蚀原因的统计可以凸显与 WO 批量大小的关联。

在 TOC 发展的早期就已知道生产批量越大生产前置时间越长。因此，在实施 MTO 解决方案初期，便挑战 WO 的批量大小应该是符合逻辑的做法，这可能是正确的，但是我个人倾向于把这个激发方案作为 POOGI 的一部分。理由在于缩减批量大小是再造系统的举措，最好在负面暗示的预警机制建立——缓冲管理就位后，才采取批量缩减行动。

激发方案 8 包含了移转批量的概念，以及提升绩效的方式。

在 8 个激发方案全部实施后，MTO 环境已就绪，短期及长期都能实现高绩效表现。立即改善加上 POOGI 的激发方案，使生产线成为公司成长的重要推动力。

◀ TOC MTO 激发方案 6~8 的基础知识 ▶

| MTO 激发方案 6

为了持续改善，定期（每周）检讨缓冲侵蚀的原因

MTO 激发方案 6　激发方案的本质

召开经常性（每周）会议，检讨 WO 在变换缓冲区时停止流动的地方，以及阻碍向前流动的原因，如机器或资源不可得及物料、质量、图纸、工具或夹具等问题。

会议的作用是决定必要的行动，以消除上面的原因。

激发方案 6 包含两部分：

- 缓冲侵蚀原因的数据收集及取样的统计分析。
- POOGI BM 委员会及例行工作。

数据收集与分析

一旦 WO 变成红单或黑单，就应该优先处理并在系统中加速通过。所以，应该根据生产工艺流程，思考与红单和黑单有关的资源、机器或服务。

如果 WO 没有得到必要的优先顺序，就表示系统在操作上有困难。很多原因会造成这种现象。需要知道哪个生产流动环节无法按要求执行，因为这是潜在的改善之处。

只要是生产线的每张红单及黑单都应该追踪。在此期间，要经常进行缓冲侵蚀的取样统计，且样本越多越好。取样的频度应取决于简易性和务实性，应该考虑缓冲的长度及计划加工时间。频度应该不少于一个工班一次。

那么，如何取样呢？

统计没在加工的红单或黑单样本。

假如有红单在机器或工作站上，做记录便无意义，因为这不是造成延迟的原因。如果工单在等待机器的（换线）准备，则有做记录的必要。

WO 不能如期加工，因为在等待某事物或某人。建议预先编制缓冲侵蚀的潜在原因清单，以提供记录原因的便利机制。

绿区内缓冲侵蚀的原因不应该被记录，就让 WO 在绿区流动。如果有优先顺序较高的 WO 跑到某绿单的前面了，则该绿单会有等待机器、工作站或操作人员的情况。

关于记录黄区的缓冲侵蚀原因，应该由实施团队决定如何处理。一方面，不想因有太多的记录工作而使系统负担太重。往往黄单排在黑单与红单后面等待，因此这些取样带来的价值不大。另一方面，借此发现阻碍黄单流动，导致后来成为红单或黑单的原因，所以提前预警有帮助意义。因此，黄单的取样应该考虑红单和黑单的数量及取样的频率。

一旦完成数据收集，则应该提供统计分析，找出缓冲侵蚀的主要原因。

在此，分享一个将生产解决方案应用在医疗服务的医院急诊室（Emergency Room, ER）的有趣案例，如图 3-32 所示。

急诊室的目标是每位进入 ER 的人，在 3 小时内完成诊断，接着住院或治疗后回家。实施方式自每个病人登入系统起，设定 3 小时的"生产缓冲"。1 小时后，病人记录转为黄褐色，2 小时后成为红色。根据颜色的优先顺序，将病人的记录呈现在电脑屏幕上。在转换颜色时，系统要求医疗团队报告病人等待的原因，以下拉式菜单方式选择原因，并收集数据及呈现统计分析。

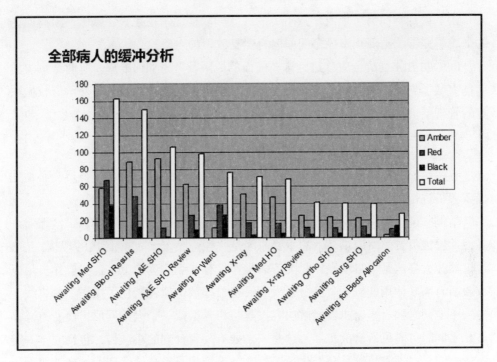

图 3-32　ER 缓冲管理的范例（Alex Knight 提供，彩图见插页）

POOGI BM 委员会

实施激发方案 6 需要设立一个常设的委员会——POOGI BM 委员会，委员会主席应该由一位高层管理者担任，委员会应该定期且频繁地召开会议，理论上是每周一次，或者一个月不少于两次。

POOGI BM 委员会应该由参与具体工作的职能代表组成，如生产工程、品质、维修、仓储管理等负责人员。BM 的统计报表应该在会议前分发，让会议参与者有时间审阅分析报告，并为会议做好准备。

POOGI BM 委员会的定期工作包括 4 个方面：

（1）识别可改善生产流动的区域。

（2）分析原因并提出改善建议。

（3）决定启动新的改善措施。

（4）跟进启动的改善措施。

1. 识别可改善生产流动的区域

BM 统计指向易于形成多数阻碍的区域。取样记录越频繁、越多，阻碍原因的全貌越完善。出现频率最多的原因自然是改善的对象。

POOGI BM 委员会应该讨论排在前面的原因及考虑如何处理。有时，解决方案是直截了当的。POOGI BM 委员会在其权限内可做决定，或者提交给有权做决定的管理层。

2. 分析原因并提出改善建议

有些情况的延迟原因或减少方式并不清晰。这时，POOGI BM 委员会必须先指派人员进行现状调查，再提出明确的处理建议。

举例来说，在一个实施改善的车间里，明显可见零部件的研磨加工区需对许多缓冲侵蚀负责。而记录显示的主要原因是"等待操作员"。该区域的现状：有 9 台机器，大多数是半自动操作，配备的操作员有 5 名。理论上，这些操作员足以覆盖所有需要使用的机器。经分析发现，机器摆放的位置挡住了操作员的视线，使之不能同时照看多台机器。解决方案是将机器摆成一个大的环形，使所有操作员几乎同时可看见所有的机器。这是一个要有妥善计划的小项目，包括安排一定停机时间，以便将机器移到新位置。后来，这个项目经高层管理者批准并拨下了经费。这个改善方案确实带来了显著的益处。在项目结束几周后，研磨加工区就很少出现在红区或黑区了。

3. 决定启动新的改善措施

改善方案往往以项目形式提出，包含所需的时间、资源及经费。POOGI BM 委员会是讨论及决定项目最合适的组织。

被指派进行现状调查的人员带回他们的发现和建议，POOGI BM 委员评估这些建议及核准改善项目，或者提交给更高决策层。

请注意，许多公司已有一些改善项目委员会或内部授权组织，如全面品质中心、生产力中心等。在此极力建议将 POOGI BM 委员会与既有委员会进行整合，这将有利于以 BM 数据交叉比对改善措施。如果有些改善措施对提高 DDP 来说并非绝对必要，则可停止。

4. 跟进启动的改善措施

一旦改善措施被授权启动，POOGI BM 委员负责跟进，并适当地关注改善措施，以确保按照报给委员会的计划进行。

改善措施可以是一个小项目或一个完整的项目。大多数的改善措施都是员工在日常工作之外增加的任务。这种情况使员工面临执行日常工作或完成项目所需任务的冲突。一般来说，冲突的结果是改善项目无法实现预期效果。POOGI BM 委员会的角色是确保改善项目拥有需要的资源，并向在执行任务中遇到困难的员工提供帮助。

当改善措施是大型的项目时，建议运用关键链项目管理规划项目及管控项目的执行。

MTO 激发方案 6　现在状况：相关的不良效应及对差距的影响

生产部门总是饱受批评的部门，其表现使公司的竞争力受限。最典型的批评是"你们的生产成本太高""你们的生产前置时间太长"，或"你们的准时交货太糟，客户总是抱怨你们的交货能力"。

上面的批评推动生产部门采取改善措施，而改善需要时间和金钱等资源，尤其需要员工具有投入额外精力进行改善的意愿。不过，许多努力似乎无济于事，并没有达到预期的效果。虽然这不是大家愿意开放谈论的 UDE，但还是可陈述如下：

- 许多改善措施无法达到承诺的效益。

因为，

- 许多关键人员已不抱幻想，不愿意实施改善措施或参与改善。

MTO 激发方案 6　未来状况：激发方案的正面结果

POOGI BM 委员会的工作整合所有的改善措施，以确保所有的努力可以提升生产部门的绩效。而生产部门的主要指标是 DDP，这也是改善措施的目标。

有了 POOGI BM 委员会的支持，改善措施可以按计划完成，并且效果良好。改善措施的效益体现为更高的 DDP，修复行动需要较少的精力与费用，具有缩短 PB 及 QLT 的能力。

当员工聚焦到需要做的事和有好的改善构想时，改善措施就能发挥作用。而 BM 提供的聚焦方式，有助于实现这两个条件。因此，可预见越来越多有能力的人愿意参与并执行改善措施。

MTO 激发方案 6　检查潜在的 NBR——有无与激发方案关联的风险

一般的缓冲管理，尤其 POOGI 的缓冲管理可能引起一个重大的 NBR。BM 的取样机制直接指向中断流动的地方，并在系统里留下记录。这样一来，可能被视为对员工、管理者或者部门的批评及指责，这可能导致人们感觉受到威胁而采取负面行动。

处理这个 NBR 的方式是，妥善沟通关于 BM 的原理，聚焦于核心改善的做法。重点在于确保员工理解任何流动中断都是因系统失效，而非他们的个人过失。

关于 BM 的情绪管理方式，应该秉持"公平且坚定"的原则。应该公平待人，但坚持要求找到排除障碍及加快流动的方式。接受 BM 成为持续改善的主要机制，加上积极的管理态度，使 BM 成为主要驱动因素，激励员工采取行动并提出改善建议。

| MTO 激发方案 7

监督产能，以识别产能制约资源（CCR）并加以管理

背景

激发方案 7 处理由明显缺乏某项资源，导致 DDP 不达标及/或 QLT 太长的情况。

强烈建议不要在开始实施 TOC MTO 解决方案时就关注产能问题。由于一开始有些混乱，最好先将系统梳理有序，再处理产能问题。也就是说，应该在完成实施激发方案 1~5 及启动激发方案 6 之后，再开始探讨产能问题。

因为有持续的资源需求压力，所以资源似乎总是满足不了所有的需求。

实施激发方案 2，绳子的原理（不允许比 PB 开始时间更早投放物料），减少开工的工单数量，资源的负荷该随之减少。

但是，激发方案 3 将更多的需求放到某些机器或资源上。优先运行红单或黑单增加换线的次数，某些机器或技能成为潜在的产能制约。这些情况反映在排队等待时间长，以及无力减少红单和黑单的数量上。

CCR 的存在危及已改善的 DDP，也能伤害对可靠性的认知——这是在 TOC MTO 第一阶段建立的成果。

激发方案 7 的目标是察觉某机器或资源即将成为 CCR，便采取有 CCR 的预防行动。

POOGI BM 可能指出的产能问题如下：

（1）DDP 达不到 99% 。

（2）DDP 达到 99%，但无法缩短 PB。

（3）市场需求增加到 DDP 绩效会有风险的程度（因为红单和黑单数量在增加）。

产能的类别

产能概况在第 2 章中已讨论过。激发方案 7 将一般知识延伸到产能管理的具体内容。

从产能的角度来看，资源分成以下 3 类。

1．瓶颈

瓶颈（BN）是指对某个机器资源的需求高过其可用产能，绝对无法再从该资源得到更多产能了，因其已是全年每周 7 天、每天 24 小时的连续运行，瓶颈除了生产及换线，没有多余（空闲）时间。

虽然在生产环境中极少看到瓶颈，但还是可见于流程型制造业（化学、金属加工等）。

2．产能制约资源

产能制约资源（CCR）是指资源含有一些空闲产能，但是变动及墨菲可能使它成为暂时的瓶颈，令生产管理者相当头痛。当资源的整体计划负荷高于 70%时，即有成为 CCR 的可能。CCR 受制于政策的决定，如许多地方选择单班制，每周工作 5 天，而 CCR 定义为可用于作业的时间。如果决定增加第 2 个工班以提供更多产能，该资源就不再是 CCR。BN 难以得到更多的产能，CCR 却可能获得更多的产能。

请注意，每个 BN 都是 CCR，但并非每个 CCR 是 BN。虽然人们倾向以宽松的表达方式来使用"瓶颈"一词，但瓶颈与 CCR 各有明确的定义。因此，重点是对每个资源使用正确的术语来描述。

3．非产能制约资源

非产能制约资源（non-CCR）是指其余的资源。产能制约资源是少数几个资源，瓶颈极少见，而大多数的资源都有充足的多余产能，它们是非产能制约资源。

这些资源的时间包含生产时间、换线时间及空闲时间。这些资源不需要任何特别的管理关注。

请注意，BN 一定是某种机器或生产设施，而 CCR 可以是某个操作员或某种技能。尽管机器是 non-CCR，但管理上可使操作员成为 CCR。这种情况一般是由削减成本的方案导致的，包括减少操作员培训与减少操作员人数。

图 3-33 是产能类别的简单图示。

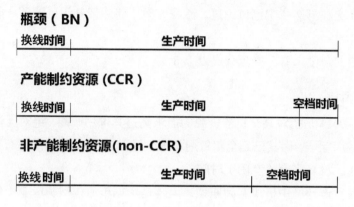

图 3-33　产能的类别：瓶颈、产能制约资源和非产能制约资源

TOC MTO 环境采用的 SDBR 解决方案假设生产线没有 BN 或 CCR。如果识别出 CCR 的存在，就需要启动激发方案 7。然而，生产线如持续有 CCR（或 BN）的情况，使用处理暂时性 CCR 的办法可拉长使用时间。这个解决方案称为含内部 CCR 的 SDBR 方案。

MTO 激发方案 7　激发方案的本质

根据 BM 统计，汇总出一份潜在的 CCR 清单。生产管理员严密监控这些机器，并采取行动以争取最大产出。

根据激发方案 7，处理 CCR 有如下两个层面：

（1）采取局部性行动以提高可得性。

（2）销售与生产间的整体性同步方式。

1. 采取局部性行动以提高可得性

理论上，CCR 有足够的产能支持开工的工单。不过，CCR 有很少的空闲产能，而此空闲产能无法提供足够的保护来应对变动及墨菲的影响。空闲产能一定不足以涵盖资源被迫停工导致的时间浪费，这可能是由于缺少物料或任何加工必需的支持物品。CCR 无法负担等待内部工作的时间，如品质检验、生产工程等。因此，管理者，尤其产线主管，应该特别关注 CCR 的运行时间。

其他可能的时间损失是由 CCR 的加工顺序造成的。许多机器的换线时间取决于该机器的前一个工作，这就是所谓的相依性换线矩阵。从一个加工到另一个加工的换线时间差异很大。同类型的零部件（或属于相同产品系列）的换线时间可能是几分钟，而从一个产品系列到其他产品系列则是几小时。以研磨设备的换线为例，对于相同直径的材料换线约 15 分钟，若换成不同的直径则超过 2 小时，甚至 3 小时。喷漆行业从浅色到深色的换线时间短，但是从黑色到白色则需花上好几小时的清洗时间。

如果出现相依性换线矩阵的情况，那么以人工规划加工顺序会节省换线时间。激发方案 3 给车间的指令是遵循颜色的优先顺序。在相同颜色范围内，给予操作员某种工单调动的自由度，但是完全禁止从一种颜色跳到另一种颜色。当 CCR 有相依性换线矩阵的情况时，则允许车间调动顺序。

不遵循颜色的优先顺序而改变顺序，可能引起一些订单延迟。需要对产能管理与准时交货服务水平进行权衡。允许偏离的做法是临时措施，如果情况没有改善，就应该采取更为激进的行动。

为了增加 CCR 时间可采取如下行动：

- 指派一个小组对特定的机器进行负荷分析。
- 检查机器使用过程的时间损失（如不妥当的人力编制，物料、工具及支持等不到位等）。
- 检查由于机器换线顺序造成的时间损失。如果有因相依性换线矩阵而导致的时间损失，则考虑允许合理地偏离颜色系统，通过安排机器的加工顺序以节省换线时间。
- 检查是否有些工作可以移到其他机器，即使是看起来没效率的做法也可以，因为能够给 CCR 留出更长的加工时间。
- 考虑发包给外部供应商。
- 当所有的改善构想都已充分发挥，且销售已有增长时，考虑投资以获得更多产能。

2. 销售与生产间的整体性同步方式

假如 CCR 持续存在，而局部性措施无助于抑制红单和黑单的增加，则需要采取整体性措施。在这样的情形下，基于标准 QLT 的交期报价系统已失效。在实施激发方案 1~5 后，对于提出一个不能实现的交期已无法接受，而失信于客户的行为将使辛苦建立的信誉毁于一旦。因此，需要一套不同的交期计算机制。希望这只是短期的做法，这段时间报出的交期会比标准 QLT 长。

建议的做法是使销售与负荷最大的 CCR 同步。这个想法很简单，即用生产计划与控制建立一套 CCR 的预定系统。根据 CCR 的预定情况，提出每张新 CO 的交期。而开工 WO 占了 CCR 一部分的负荷，这会使 CCR 忙上好几天。简单的计算是，负荷总数除以 CCR 平均日产能。

在 CCR 差不多有可用产能时，才安排新订单。承诺客户的计划交期应该从 CCR 预定开始加工的时间点，加上 PB 长度的 1/2，如图 3-34 所示。

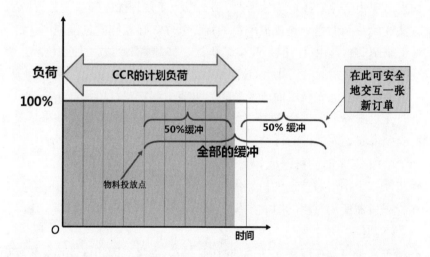

图 3-34　在考虑 CCR 的计划负荷下，计算计划交期（来自 Eli Schragenheim）

物料投放的时间点应该从 CCR 预定开始加工的时间点，减去 PB 长度的 1/2。这给特定的 CO 一个完整的 PB，并且不会使车间堆满 CCR 无法加工的物料。

这将保障 CCR 不使 DDP 退步。延长的 QLT 能维护可靠供应商的声誉，但客户不欢迎。

MTO 激发方案 7　现在状况：相关的不良效应及对差距的影响

激发方案 7 处理的主要 UDE 关系到资源的产能不足，通常表述如下：

资源在需要时却不可得。

在此，以"资源"一词表示机器、工作站和某些关键技能。而资源不可得是因为资源在执行其他工作，或者准备下一个工作，或者因故障、维护或缺勤而停工。

最终结果是一样的，工单流动受阻，必须根据生产流程等待可用资源来执行计划的工作。当所需资源前的排队使 WO 变成红单或黑单时，显然是产能不足造成了实际 DDP 与目标值之间的差距。

MTO 激发方案 7　未来状况：激发方案的正面结果

宣布某个资源为潜在的 CCR，清楚地向生产管理团队表示必须对其密切监督。考虑到该资源的需求，可轻易地消耗掉仅存的保留产能，而该资源面临的变动可使该资源成为暂时的 BN。排除不顾后果的行动能够防止浪费该资源仅有的少许备用产能，以提高资源利用率，促进生产流动。

一旦宣布某资源为 CCR，就需要采取确保资源有效利用的行动。例如，通过节省局部性的换线时间，便能促进产能的有效使用。如此一来，有利于 WO 流动，减少红单和黑单数量，最终提升 DDP。

当生产绩效改善得到市场认可时，就能获取更多的 CO，但需求的增加会让一些资源成为 CCR。公司虽然已经采取行动以提高产能，但仍有必要用系统的方式管理 CCR。如果车间的改善措施不足以减少红单与黑单的数量，就需要导入生产与销售的同步化机制。通过操作简单的机制，即预先确定关键 CCR 资源，可以给客户一个切合实际、能够做到的交期。

同步化机制有助于维护可靠供应商的声誉，同时，采取行动将 QLT 恢复到有竞争力的水准。

MTO 激发方案 7　检查潜在的 NBR——有无与激发方案关联的风险

潜在的 NBR 来自宣布某资源为 CCR 的行为暗示，这些 NBR 可能背道而驰。

其中一个负面结果是，当某资源被宣布为 CCR，或者被定义为 BN、"贺比"（《目标》一书中童子军远足走得最慢的那个男孩）、最弱环节时，会引起该资源相关人士极大的心理不安——他们会感觉自己的个人能力薄弱，是自己带来了麻烦。

还有一个负面结果在传统的 V 形工厂中非常普遍，在那个环境中，制约显而易见且人人皆知。历史案例显示，工人及工会组织会利用 CCR（及 BN）逼迫管理者给他们更优惠的用工条款和薪资福利（以负面方式挖掘产能）。

处理这类负面效应的建议是通过良好的沟通，让员工理解 CCR 的概念及 CCR

对整体绩效的影响。如果发现一些不可接受的行为，那么管理者要采取必要的行动，使员工行为与公司价值观保持一致。

| MTO 激发方案 8

挑战并调整移转批量（TrB）的大小，以促进生产流动

背景

设置批量大小是生产计划的重要方面，当一张 WO 投放到生产线时，生产指令必须包含生产哪些零部件、组装件、产品，以及生产多少。暂且不论因品质问题要以投放更多的数量来涵盖报废，我们需要先决定 WO 的加工数量。

关于 WO 的加工数量有个矛盾状况。

在 MTO 环境里，WO 的数量简单来说是客户的订单数量。不过，该数量可能太小或太大，所以必须有一个方法用于决定 WO 的数量。

多年前，有人创造了计算经济批量（Economical Batch Quantity, EBQ）的公式，试图通过计算批量的单位成本找到最优的数量，其中列入计算的两项主要成本元素包含换线成本及持有成本。批量越大，换线成本越低，而持有成本越高。在批量增大时，换线成本下降，持有成本提高。数学的解答基于这两个成本总额的最小价值。已有数以千计的文章和学术研究涉及这个问题，一些公式已纳入威尔逊公式，由威尔逊学院继续研究。

然而，早期的 TOC 实践工作挑战了 EBQ 的概念。实际上，第一张发表的疑云图描述的问题是小批量与大批量的矛盾，并挑战了一个批量的假设。现实中，有以下两类批量存在：

（1）加工批量，在两次连续机器换线间运行的数量。

（2）移转批量，移转到下一个工作站前累积的数量。

这两类批量应该不相同，这个想法源自最优生产技术的时代（20 世纪 80 年代初期），并应用于排程软件。TrB 对生产前置时间具有重大的影响。TrB 越小，生产前置时间越短、流动越快，在制品越少。TrB 应该兼具小和务实的数量。加工批量按机器的换线时间而定，一旦某个工作的机器换线完成，就可加工一个或数个 TrB，视机器前面的排队与批量的优先顺序而定。批量大小减半对生产前置时间的影响如图 3-35 所示。

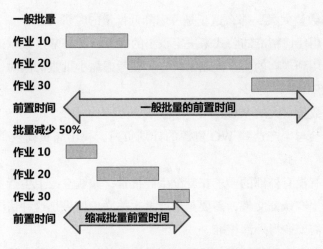

图 3-35　批量大小减半对生产前置时间的影响

使用较小的 TrB，花在换线的时间会上升。对 non-CCR 来说，这不是问题，因为有充裕的空闲时间，但对 CCR 来说可能是问题。因此，激发方案 7 有助于建立 CCR 的加工批量，这是利用节省换线时间的概念，安排 CCR 前工作的顺序。

普遍的做法是把生产文件附加在 WO 里，保持整批的数量从一个工作站移到另一个工作站，即视该 WO 为一个移转批量。

从 TOC MTO 解决方案的实施开始，沿袭既有的 WO 数量设定方式。一旦激发方案 6 实施，便可指出激发方案 8 的方向。

请注意，批量拆分及赶工是激发方案 4 的修复方案之一。这些修复行动属于偏离常规的做法，无法维持 WO 的完整性。对此，可能出现一些问题，因为缺少所有批量拆分的完善操作指令。激发方案 8 支持合乎规范的较小批量。

MTO 激发方案 8　激发方案的本质

现实中，可预期有以下两种 WO 数量的问题：

（1）数量太小。

（2）数量太大。

通过 BM 反映生产流动中阻碍 WO 的主要原因，即 WO 落入红区或黑区（激发方案 6：POOGI BM 的记录）。

批量太小可能增加机器换线的次数，因此会将 non-CCR 转变成 CCR。如果发现这类问题，则启动激发方案 7 的程序。所以，无须采取任何提高 WO 数量的行动。

如果 WO 数量太大，那么这正是考虑降低批量的时机。

不需要使用任何精准的公式来决定较小的批量。设定 WO 数量的方法应该简单实用，易于用到现有的生产控制系统中。在考虑缩小批量的同时，建议遵循以下的步骤：

（1）识别数量太大的 WO。

（2）检查参与生产这些 WO 资源的计划负荷，找出高负荷及低空闲时间的资源。

（3）检查有没有外部的要求在支配生产批量，如航空或卫生行业的注册及监管当局授予的生产认证文件，需要与生产批次关联。如果是这种情况，则在变更生产批量前，需要取得外部核准。

（4）与拥有生产流程知识与经验的人员沟通，如生产工程人员、产线主管、机器操作员等，一起探讨切实且可行的批量。

（5）和生产计划控制员交流，以确保他们能支持缩小批量的任务（因批量缩小表示有更多的 WO，需要发出更多文件，以及有更多的系统记录需执行）。

（6）进行测试，检查缩小 WO 批量的影响，并通过红单和黑单（不超过 10%）及 POOGI BM 的方式来监控。

（7）从测试结果中识别影响因素，对流程进行必要的变更与升级。

（8）开发一套展开计划，以便对更多的 WO 重复相同的步骤。

MTO 激发方案 8　现在状况：相关的不良效应及对差距的影响

指向激发方案 8 的症状与生产缓冲（PB）长却无力缩短有关。

- DDP 仍未达到 99%。
- 因拆分 WO 使赶工太多。
- PB 太长。
- 在制品太多。

通过全面实施激发方案 1~7，可以期待 DDP 达到 99% 的水平。但在罕见的情况中，绩效改善仍无起色。原因似乎是计划的生产时间不足以完成 CO 的生产工作。有个行动是延长 PB，从而延长 QLT，这样一来可能不容易被人接受，因为这样的做法可能降低产品的竞争力。

通过激发方案 7 检查 PB 太长是不是 CCR 造成的。如果情况仍未改善，那么激发方案 8 可以引导我们朝批量大小的方向思考。

还有一个 UDE 让我们有正确的思考方向，即由于修复行动，导致批量拆分了太多次。

普遍的修复行动是拆分 WO，以（每个人）小数量赶工来挽救 CO。WO 的大小是阻碍流动的绊脚石，遵循完整批量的观念会使订单延迟。由此证实批量大小应对 DDP 的差距负责。

生产人员通常不会抱怨"批量太大"，这与他们的观念有关。多年来，人们相信生产量越大越好。还有其他支持大批量的考虑，如认为换线时间是不生产的时间，或者简单来说，操作员不喜欢换线工作，更偏好连续的生产运行，通过分析可知批量可能太大。

MTO 激发方案 8　未来状况：激发方案的正面结果

当激发方案 8 实施到位后，将对 WO 的批量大小有一个挑战，批量可能被缩小。缩小批量将减少 WO 流过生产线的时间，因而有更多的 WO 如期完工，以完成交付 CO。为了完成相同的 CO，所有相关 WO 重复相同的流程。如此一来，提供了更多的 CO 准时完成与准备发运的机会，以实现更高的 DDP。

主要的效益是达成更高的 DDP，而不需增加 QLT。

还有一个潜在的效益是进一步缩短 PB 及 QLT。对于需要多个零部件或多个次组装整合的产品来说，PB 按 PLT 最长的次组装部分而定。这些零部件或次组装都可能受到挑战，缩小批量大小会减少 PLT，因而可缩短 CO 的 PB。在缩短 PB 的情况下，只有实现准时交货的稳定性和一致性，才可向市场推出缩短的 QLT。

请注意，如果 PB 明显低于市场标准，那么推出缩短的 QLT 对客户来说有显著的价值。因此，建议销售和市场部按照交期区分服务与价格。例如，假如公司能在 1 周内完成产品生产，而市场标准是 4 周，则公司可制定标准价格（4 周出货）、较高价格（3 周出货），以及更高价格（2 周出货）。这样一来，公司因为生产绩效的提升，拥有了重大的竞争利器。

MTO 激发方案 8　检查潜在的 NBR——有无与激发方案关联的风险

缩小批量将增加系统中的 WO 数量，而附在 WO 的生产文件也将增加系统的文档工作量。在要求生产流程全程追溯的行业里，如国防、航空及医药等，系统的文档工作实在是太多了。在这些环境中，激发方案 8 的使用应该限制在缩小批量的利益有重大影响的情况下，除非有方法能处理文档工作的问题，并且不引起重大的 NBR（局部性或全面性的浪费资源）。

生产管理者认为批量缩小会增加开工的 WO 数量。其实不然，缩小批量也会使 PB 减少，即生产线在较短的时段内完成更多 WO。所以，以一个时段的平均值来看，不会有大幅增加的开工 WO。

潜在的 NBR 是使 non-CCR 变成 CCR，这由激发方案 8 的改善提议程序处理。

◀ 本章小结 ▶

本章的 TOC MTO 解决方案，包含了大量的知识，以及在生产管理及市场上打造可靠供应商声誉所需的全部原理。

企业实施 TOC MTO 解决方案，并在很短的时间内达到高 DDP 的公开案例数以百计。1990 年夏天，我的一位好友在他的 T 形厂实施了 DBR。结果，PLT 从 3~4 周缩短到 3~5 天，QLT 为 5~7 天，甚至还可承诺 3 天内交货。从那时起，DDP 一直稳定在 99%。在过去 5 年中，DDP 的表现以收到客户签署的产品交付回单为衡量标准。

可靠与诚信是商业环境中的重要品质，尽管并非所有客户都能真正领会。因此，需要市场和销售人员提出，如何宣传生产线的出色表现，以及如何组成面向市场的新业务方案，这样才能带来更高销售量和更高的有效产出。

本章的解决方案有 3 个阶段：建立正确的思维、立即改善及持续改善。不要急着从一个阶段到另一个阶段，要按部就班地实施每个阶段的激发方案并享受获得的利益，无须急进。最好是系统化地逐步实施一个一个的激发方案。每个激发方案都基于前一个激发方案取得的成果，请确认这些成果已经就位。建议制几张图表来监督 MTO 激发方案的实行，以利于持续维持高绩效而不退步。

- DDP。从一开始实施就做记录，这有助于建立激发方案 1，呈现 DDP 朝 99% 持续进步的趋势。
- 在建立激发方案 2 后，对所有开工的 CO 都以颜色标示其 PB，应该能看到黑单和红单的持续减少。
- 应该消灭黑单，或者使之极少出现，红单应该有降低的趋势。

- CO 的"停留时间"。数据统计在于 CO 从 WO 投放到车间，直到该 CO 出货的实际时间，这些统计提供了关于 PB 的稳定度及生产流动的有效数据。
- 黑单应该减至零，而红单数量应该不超过 10%。
- 经由激发方案 6 的 POOGI BM 提出一份所有进行中改善措施的简要报告。该报告说明了团队参与的积极程度，以及对生产线进一步改善的贡献。

前面的内容已经涵盖了 TOC MTO 解决方案基础知识的关键主题。下一个部分将进入实施 TOC MTO 解决方案的具体内容。

EVER ▶ ▶ ▶
IMPROVE

第4章

TOC 订单式生产解决方案的实施

◀ 简 介 ▶

关于 TOC 解决方案，从多年的发展与实践经验领会到，如果希望他人善用此法，则必须包含 4 个关键要素：

（1）TOC 解决方案本身是个有效的产品。

（2）实施 TOC 解决方案的流程。

（3）TOC 解决方案引起市场注意的方式（营销与销售）。

（4）提供售后服务，以确保持续开发 TOC 解决方案及实施流程。

本书的前 3 章已经介绍了 TOC MTO 解决方案的具体内容及设计的基本原理。

TOC MTO 解决方案的实施流程也是相当重要的。这些年来，TOC 实践者已积累了大量的实战经验，但却鲜有发表。本章的目的在于分享一些我的实施经验，尤其是 MTO 的解决方案。

受到市场的注意并不容易，因为 TOC 解决方案与传统的管理方式大相径庭。对 TOC 实践者来说，推销 TOC 显然是个挑战。多年来这些挑战推动了 TOC 的发展。事实上，为了找到方法将 TOC 解决方案传授给想要实施的人，所以开发了 TOC 思维流程。不过，TOC 营销与销售的解决方案不包含在本书中。

最后一个关键要素，持续服务是我们数十年来的"商标"。有些项目多年来持续进行，从这些项目得到反馈，知道哪些有效及哪些效果不佳。这些公司推进 TOC，从开发生产解决方案，到销售解决方案、新品开发的项目管理方案、销售管理方案和人员管理方案。

这些年来我关注的主要问题并非如何实施 TOC，而是如何保障企业长期的健康发展及获利。虽然我参与过的有些案例在几年后就停止使用 TOC 了，但是令人欣慰的是，也有公司数年来持续实行 TOC。有些与我保持联系的公司可追溯到 1995 年，甚至 1990 年。

TOC 实施和持续运用的经验越多，越能分享"最新及最好"的 TOC 实施方式，这就表示"服务"部分是由实施流程与 POOGI 的最佳实践组合而成的。

近几年来，与密切合作的伙伴们一起指导全球许多 TOC 实践及推动者。许多人认为可汗 U 形图对于掌握知识与整合理解很有帮助。本章包含了一些经验分享，作为实用范例供参考。

到此为止，已经涵盖整体 MTO 解决方案的基础知识，完整的可汗 U 形图如图 4-1 所示。

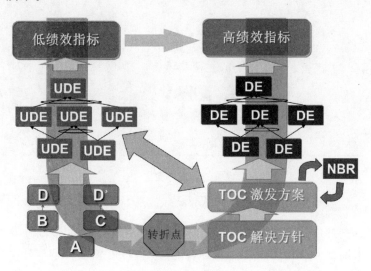

图 4-1　完整的可汗 U 形图，包含激发方案及不良效应的连接

TOC MTO 解决方案包含 8 个激发方案。要进行 MTO 环境的完整分析，以确保针对核心问题（使用现状图），实施足以达成与维持显著 DDP 改善的 8 个激发

方案。

第 3 章包含每个激发方案的相关知识。

- 本质：描述什么是激发方案。
- 不良效应（UDE）：现状中的主要问题，激发方案处理的对象。
- 良好效应（DE）：在现实中实施激发方案后，预期的效益及正面结果。效益的表现在于排除 UDE，或者大幅度消除负面分支，并有利于提升绩效。
- 潜在的负面分支（NBR）：找出在方案实施后，潜在的负面分支的危险源，并提出防范措施。

完整的激发方案之"花"如图 4-2 所示。

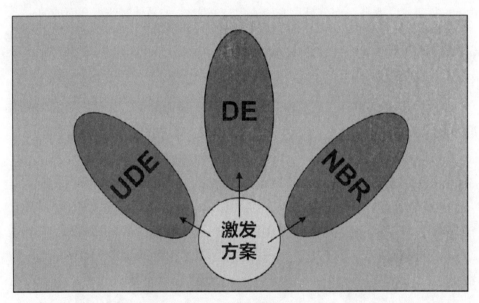

图 4-2　完整的激发方案之"花"

仅有知识仍然不够。

越来越多想要实施 TOC 解决方案的公司希望得到更多、更清晰的导入准则及实施流程。借助 TOC 知识的传授，管理者能检查 TO0C 解决方案与公司改善需求的匹配度，并评估带来的效益。在这些检查完成后，下一个步骤自然是如何实施的问题。尽管 TOC 解决方案似乎是普通常识，但其实已脱离传统的组织与职能管理方式。因此，必须掌握与解决方案本身相关的实务知识与技能。

以下是本书第 4 章的主题。

首先，涵盖整体实施计划及任何单一激发方案的执行知识；其次，逐一探讨 TOC MTO 的 8 个激发方案，在结论部分提出一些用于实施计划的过渡性做法，为每个激发方案建构实施计划的责任，由项目经理领导的实施团队来承担。

由于实施 TOC 本身就是一个项目，项目经理全权负责项目的实施计划，控管计划的执行过程，直到成功地完成（如期在预算内达成所有承诺的事项与效益)。在完成所有激发方案的小型实施计划（至少完成激发方案 1 ~ 5）后，将这些小型计划并入整体计划。还可将此计划放入项目管理软件（如微软项目管理软件)，用于规划和控管 TOC MTO 解决方案的执行情况。

在此，做一个执行上的假设：项目经理是能胜任解决方案所属领域的 TOC 专家，也是实施改善项目的 TOC 领导者。

◀ 整体计划 ▶

TOC MTO 解决方案包含 3 个主要的实施阶段：建立正确的思维、立即改善，以及持续改善。解决方案的原理是通用的，因而可利用大量的方案实施经验，提出一套通用的实施计划。

一张项目图是组成整体解决方案的逻辑图形，呈现各个激发方案间的时间关系。如图 4-3 所示的 3 个阶段由激发方案分组而成，应该进一步展开，以呈现所有的激发方案及它们之间的连接关系。

MTO 项目图

图 4-3　整体项目的实施图

就一般经验来说，一个计划应该视为一个模板，而方案实施者的责任是转化模板，将 TOC MTO 激发方案融入特定的环境。所以，在开始实施改善方案前，需要一些准备工作。而接下来的实施方法包含开发实施计划的完整流程。

◀ TOC MTO 解决方案的实施方法 ▶

为了实践 TOC MTO 解决方案，建议实施以下的步骤（后续将详细说明每个步骤）。

1. 现状调研

现状调研（CRS），是指可以在公司内部召开一系列会议，与主要管理者面谈并取得有关的输入信息，以满足以下 3 个主要目标的需要。

- 建构现状部署图，以记录当今某区域的运作方式。假如公司已有部署图，便可使用 CRS 来确认该部署图的记录是实际的运行方式，而不是认为应该如何运行。部署图应该记录当前用于管理流动的程序，包括操作、管理信息系统及管理程序。一旦建立了部署图，便可清晰地知道管理流程中哪里适合于激发方案，哪些事项将被删除，以及新激发方案将如何与系统其余部分互动。
- 验证环境与 TOC MTO 解决方案的匹配程度，以识别存在的关键问题，这是在受访者的责任范围内看到的不良效应。仔细聆听任何潜在的担忧及可能发生的 NBR，并结合与之相应的激发方案记录这些信息。
- 清楚了解将实施 8 个激发方案的区域，指出潜在的实施障碍。

2. 实施激发方案的准备

在实施流程中，建议一次执行一个激发方案（通常是按顺序执行的）。为了支持激发方案实施，需要做以下工作。

- 将每个激发方案的知识传授给相关实施人员。激发方案的知识包含以下几方面。
  ——激发方案的本质。
  ——问题：该激发方案将面对的 UDE。
  ——效益：实施该激发方案带来的 DE。
  ——潜在的 NBR。
- 为每个激发方案建立机制或程序。
  ——机制：为了使激发方案能够运行需要准备的事项，如数据库、IT 软件、附在 WO 上的颜色标示等。

——作业程序：在不需要给予特别指令的情况下，需要执行的整套作业的行动。例如，每星期一早上生成一份 DDP 报告，或者 WO 进入新缓冲区就改变颜色。定期执行这些行动（每天、每周等），成为公司例行工作的一部分。

——管理程序：给予管理者的准则与指令，以利于处理某些情况或问题。不同于作业程序，管理程序是适合由管理者的职权来反应或做决定的事项。例如，接受一张 QLT 较短的急单。

——更新部署图：激发方案定位且并入建立的程序。

- 为每个激发方案建构小型实施计划。因此需要有以下内容。

——交付项：通过部署图，整合激发方案与系统运作方式的主要步骤。交付项是具体的结果，如文件、程序、报告、软件等，由一个或一组行动或活动来产生或达成。

——行动项：为了完成交付项，实施团队需要采取的活动，由资源执行的行动（任务）。需估计从接到任务到完成的执行时间。

——小型实施计划：一张呈现任务间相依关系的图形，以利于在现实环境中植入激发方案。实施计划是在生产管理中完整植入激发方案的基础。请注意，本书没介绍任何的小型实施计划，因为需要视公司的特性而定。

3. 为 TOC MTO 解决方案建构完整的实施计划

按照 TOC MTO 解决方案的模板完成每个激发方案的小型项目计划，整合在一起并确定实施顺序，形成一套完整的实施计划，作为建议性的实施方针。而制作详细计划的全部责任由实施团队与项目经理承担。

保障完善的实施过程需要缜密的规划。使用整体计划的模板，能够培养兼顾规划与执行的能力。在完成 CRS 及部署图的初始步骤后，便可规划项目的第一个阶段，并开始实施第一个阶段的激发方案。同时，开始规划第二个阶段。

接下来的章节涵盖上述步骤的详细内容。

现状调研

在进行 CRS 时，应该记住为了提升系统绩效而提议实施 TOC MTO 解决方案。以下是有关 CRS 目标的提示。

- 记录被调查区域当前的运作方式，以形成现状部署图。
- 借助识别该方案对应的既有关键问题，来验证被调查环境与 TOC MTO 解决方案的匹配程度。
- 清楚了解将实施 8 个 MTO 激发方案的区域，并指出潜在的实施障碍。

虽然，TOC MTO 解决方案简单、实用并能带来好处，但是不可能所有相关人员都做好了支持改变的准备。因此，在方案实施的准备上，需要注意任何跟人相关的问题及潜在问题，这些问题可能导致实行上的困难。在进行 CRS 过程中，特别注意的问题如下。

- NBR：实行激发方案（在成功实施后）的潜在或被认定的负面分支（副作用）。必须留意人员的观点，这可能是公司内部应该处理的特有情况。有些调查结果可用第 3 章提到的 NBR 思路进行分析。所有的意见都应该被记录、分析和回应。
- 障碍：使激发方案无法顺利实施的阻碍因素。持续改善是管理者的愿望，而员工对于系统怎样行得通、怎样行不通有很多的经验。因此，管理者最好要倾听员工的观点，收集、记录并分析克服障碍的想法，并将相关想法纳入实施计划。
- 关键人员必须参与：实施团队的成员包括在有效产出流动中担任关键职能的人员。不过，这个团队应该是比较小的组织，以确保迅速及有效地展开工作。如果未包括能正面影响整个实施工作的人，则会有风险。通过 CRS 面谈能够发现能正面影响整个实施工作的人员，将他们加入实施团队。
- 非正式组织及局部利益：人员可能感到威胁或面临解决方案的挑战。这并非想与人不善，只是应该考虑有些人可能喜欢安于现状，没有任何改变的动力。假如遇到这种状况，最好记录下来，并尝试了解原因（即使认为他们的想法无逻辑可言）。这些问题应该列入障碍清单。

如果未能妥善处理上述问题，就可能减缓甚至阻碍 TOC MTO 解决方案的实施，并且降低整体效果。TOC 提供了管理工具，以利于应对因解决方案而产生的疑惑、反对及建议。如果以合适和专业的方式处理这些问题，就可顺畅、快速地获得有益的效果。

CRS：建构现状部署图

建立部署图的目的是掌握当前系统的运行方式，以了解产生有效产出的流动过程。

赚钱是因为客户购买产品且付了钱。部署图涵盖了客户订单（CO）的整个生命周期，即从一张外部或内部的 CO 进入运行系统的那一刻起，直到把产品交付给客户，便圆满地完成了订单。

部署图结合了以下 3 种流动类型：

（1）加工流。CO 的实体加工流，这是产生有效产出（T）的流动过程。

（2）信息流。贯穿公司的信息流将订单进度的具体信息传递给员工和管理者，通知相关人员关于 CO 的进展、速度及流动上的困难及阻碍。

（3）决策流。根据信息流提供的信息，员工和管理者做出干预的决定。这些干预决策必须通过管理架构与有关人员进行沟通，以便对实际流动采取具有影响力的特定行动。

生产环境中的流动类型如图 4-4 所示。

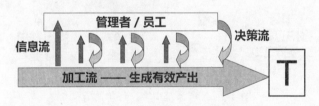

图 4-4　生产环境中的流动类型

部署图的输入信息

制作部署图需要来自下列职能的输入信息：

- 生产经理，提供整个流动的全貌。
- 生产计划与控制部。
- 内部物流（物料管理），仓库、物料搬运。
- 主要生产车间（部门）的管理者。
- 采购。
- 客户服务，接收 CO 及与客户沟通订单交付的人员。
- IT，提供生产线电脑服务的人员。

● 财务。

部署图帮助理解当前的运行系统，包括流程的顺序及职能的互动，识别改善的区域，标出应用新程序的地方。

部署图描述从外部或内部客户接到 CO 起，包含整个加工流动和职能的互动，直到成品发送。

公司通过以下步骤回应 CO：

（1）接受一份来自客户的新订单（内部或外部客户）。

（2）编制一份内部制造单——生产工单。

（3）确保原料及零部件的可得性。

（4）制造 CO 的产品。

（5）配送与运输——按照合同交付成品。

（6）完成 CO 及归档。

生产系统中客户订单的流动如图 4-5 所示。

图 4-5　生产系统中客户订单的流动

建构部署图前的重点是确认供应环境为 MTO 模式。因此，需要确认有客户订购公司制造的产品。每张 CO 必须包含 SKU、数量、价格及承诺的交期。客户可以是外部客户也可以是内部客户，如姊妹公司、母公司或子公司。

在有些情况中，MTO 环境也为库存生产一些 SKU，这些产品应按 MTA 模式管理（本书第 5 章的内容）。然而，短期内可考虑按 MTO 模式生产，将存货仓库当作客户，按内部订购机制处理。

评估实施的范围，了解系统的一般统计有好处，例如：

● 生产的产品的 SKU 数量（包括成品、备件，以及卖给外部的中间物料）。

● 产品族/系列的数量。

● 每天/周/月的 CO 数量。

●（每个产品族）平均的交期前置时间。

- 开工 CO 的平均数量。
- （每个产品族）平均的生产前置时间。
- 开工 WO 的平均数量。

此外，了解物料管理也很重要：

- 物料库存（原料、零部件，或外来的中间物料）。
- 不同仓库持有的存货。
  ——使用的采购方式。
  ——外购物品的库存管理。
  ——紧急采购。
  ——供货商评审。

IT 系统的形式，用于公司生产管理的相关系统，提供某些重要的业务流程，并可见于部署图。公司可能有 ERP、MRP 或者其他自行开发的 IT 系统。

因此，重点在于知道电脑系统包含了哪部分的流程。为了实施 TOC MTO 激发方案，需要知道有哪些可得的数据、如何汇总这些数据，以及哪些业务流程使用这些数据。

- 为了建立激发方案 1 和设立 MTO 的鼓，需要 CO 档案。
- 影响现有部署图的基本生产数据，是激发方案需要的信息，包括：
  ——物料清单。
  ——工艺流程。
  ——库存、原料（Raw Materials, RM）、在制品、零件（外购）、部件（自制）、组装件、成品。
  ——车间报表。
  ——机器和资源的清单及可得性。
  ——绩效统计。
- 由 IT 系统执行的程序，有助于管理生产流动。例如：
  ——粗略产能计划。
  ——生产计划（每月、每周）。
  ——详细的计划。
  ——物料投放。
  ——采购计划。

用于生产的 IT 系统通常由生产计划与控制部负责与操作。所以，明确记录生产计划与控制部的作业方式相当重要。

图 4-6 是与生产计划与控制部一起检查 IT 系统的建议流程，即生产计划与控制部的 CRS 流动过程。

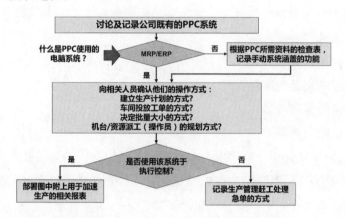

图 4-6　生产计划与控制部的 CRS 流动过程

图 4-6 用于检查 IT 系统的流动过程，有助于建构部署图。一般来说，生产环境使用生产套装软件来规划及控制生产计划的执行。知道使用的软件类型，方便了解数据结构、使用的"语言"及可能使用的程序。

前面提到，建构部署图按照公司响应 CO 的 6 个步骤。下面具体了解一下。

（1）接受一份来自客户的新订单（内部或外部客户）。

为了建构部署图，需要知道：

- 公司如何接收 CO 及将 CO 输入软件系统？
- 检查生产线能否在要求的交期内交付，以及什么是决定与记录交期的机制？
- 所有相关单位对于订单的内部沟通方式是什么？
- 什么是 CO 追踪及进度更新的机制？
- 特殊的考虑，如物料采购时间长、生产超负荷、比标准前置时间短的供应需求等。

（2）编制一份内部制造单——生产工单。

为了建构部署图，需要知道：

- 制造的流动类型：V，A，T，I。

- CO 转成生产 WO 的机制。
- 目前的生产规划及控制的流动过程。
- 采用什么 IT 系统?
- 采用什么方法通知生产线具体的生产要求? 通知这些需求的频率是多少?

（3）确保原料及外购零部件的可得性。

为了建构部署图, 需要知道:

- 检查原料及外购零部件的可得性机制。
- 产生供应要求的机制。
- 生产部与采购部的沟通机制。

（4）制造 CO 的产品。

为了建构部署图, 需要知道:

- WO 投放到车间的方式。
- 把资源分配给 WO 的流程。
- WO 进度报告的机制。
- 什么引起赶工和赶工的机制是什么?
- 回复客户关于订单进度的查询。
- 处理生产计划变更的方式。
- 处理生产流动的问题的方法, 如停滞、堵塞和质量问题。
- 协调会议的相关决策, 包含定期性的及临时性的。
- 完工 WO 的终结流程。

（5）配送与运输——按照合同交付成品。

为了建构部署图, 需要知道:

- 通知运行系统关于 CO 已发货及客户已收到货的流程。
- 紧急情况的处理方式（延迟交付的程序）。

（6）完成 CO 及归档。

为了建构部署图, 需要知道:

- 完工 CO 的终结程序。
- 处理退货、质量等问题的流程。

在部署图上记录 CO 流动过程时, 始终要记得 TOC MTO 解决方案所含的激发方案。通过部署图可厘清激发方案的适用之处、取代什么事项及如何运用，大部分的系统维持不变。

局部的部署图范例（精简）

一家 T 形工厂，拥有数百种产品，大多数的零部件都由自己的车间生产，由组装线完成最后的产品，QLT 是 4 周。

要记录实施 TOC MTO 激发方案前流动过程的情况。

参与生产流动过程的职能包含：

- 客户，包含经销商与最终用户。
- 销售部门。
- 客户服务，处理 CO（事务办公室/部门）。
- 生产计划与控制部。
- 采购部门。
- 生产——机械车间。
- 生产——组装部门。
- 仓库。

此处的描述只是流动过程的开始部分，这是接受 CO 的精简流程，如图 4-7 所示。后续会提及此部署图范例的其他部分。

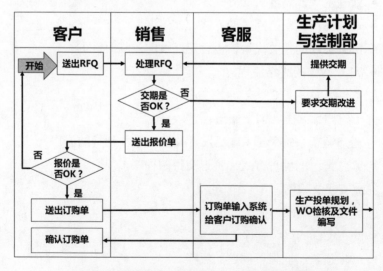

图 4-7　部署图上记录接受 CO 的流程精简范例

客户向销售部门发出询（报）价单（Request for Quotation, RFQ），涉及某种产品、数量及需要的交期。销售人员查找与该 RFQ 相关的数据，之后回复客户价格及交期。如果需要更早的交期，销售人员与生产计划与控制部人员通过协商来确定一个客户可接受的交期。这部分流程的最后是客户下订单给公司，公司收到后传到客服部门。

到此为止，完成了 CRS 的第一个目标，建构了一个足够好的部署图，而实施 TOC MTO 解决方案的所有相关人员，都同意此部署图是目前操作与管理生产流动方式的合理说法。

现在，进入 CRS 的第二个目标。

CRS：验证环境与 TOC MTO 解决方案的匹配程度

需要了解和记录公司整体及生产部当前的绩效水平，以利于判定该环境面临的问题是否是 TOC MTO 解决方案所针对的问题。将当前的绩效水平作为实施改善的底线。

需要检讨 DDP 及 QLT。

TOC MTO 解决方案处理低 DDP（即使竞争对手也没有太好），以及 QLT 太长没有竞争力的问题。

生产时间太长导致高在制品库存。此处，试图按预测建立库存来改善 DDP，可能造成高水位的原料及成品库存，并且可能造成过期报废。

因此，应该记录当前的绩效表现，包含下列部分：

- 准时交货率/准交率（DDP）。任何关于过去 6 ~ 12 个月准时交付的资料，包括认为什么是"准时"的定义（例如，是指确切的承诺到期日，或者是指交期的一周内等）。DDP 是生产功能的首要衡量指标。因此，每个人都必须清楚这个指标。
- 销售额。去年的总销售额、一年各月的销售额、过去 5 年的销售趋势。生产的角色是生产 CO 的产品。通过改善 DDP，初期因更多订单准时出货可能提升销售收入，并且比之前更快收到客户的货款。此外，准时交付的可靠度提高，可以期待市场给予正面的反响。因此，准备销售数据及分析趋势是有益之举。
- 库存水位及周转。总库存数量分为成品、在制品及外购物料与零件。
- 过期报废。当年的月度数据，以及过去 5 年的年终数据。过期报废可定义为任何库存销账、退货或折现。这些数据由财务部提供。

尽管 TOC MTO 解决方案不直接处理物料管理的问题，还是期待通过激发方案 5 严密监控与管理重要且难办的货品。这点应该反映在过期报废量的减少（有显著改善的事实）上。

请注意，许多公司有他们自己的衡量系统和关键绩效指标。在此情况下，要收集过去 12 个月的 KPI 报告。注意一点，并非所有的 KPI 都与 TOC MTO 解决方案的实施有关，有些指标可能还与 TOC MTO 解决方案有所冲突。

建立绩效表现的底线是必要的，以利于查看改善工作是否朝正确的方向前进，向相关人员展示达成的期待效益。这点在第一个阶段特别重要，因为希望在短时间内展现 DDP 的改善成果，以加强正确的思维，这是整个解决方案的根本。因而，DDP 理所当然是首要的衡量指标。

CRS：清楚了解将实施 8 个激发方案的区域，指出潜在的实施障碍

每个激发方案都是一种改变，尤其是管理流动方式的改变。激发方案导入一些新程序，取代某些（很少数）既有的程序。需要在部署图上清楚标示因新程序而产生变化之处。此外，潜在的障碍可能阻碍激发方案的实施，故需要预先找出来，以便妥善处理。

在部署图上标示改变之处时，实施团队必须注意及辨别以下程序：

- 必须被取代的程序。
- 可能阻碍或减缓激发方案实施的程序、非正式流程及习惯方式。
- 良好或足够好的程序不应该被替换，应该继续使用，如图 4-8 所示。这些程序维持系统的稳定，支持激发方案的任务，使实施工作易于展开。

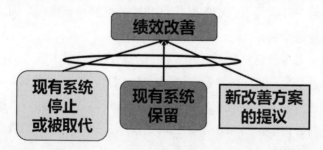

图 4-8　管理解决方案的本质：辨别哪些管理流程必须被取代，大多数流程维持不变

CRS 的结论

在 CRS 结束时，需完成以下的具体事项。

- 验证与更新运行系统的部署图。
- 揭露出足够的 UDE，来支持实施 TOC MTO 解决方案，以促进准时交货，落实具有竞争力的 QLT。
- 分辨出当前程序的 3 种归类。
  ——将被删除或取代的程序。
  ——可能阻碍或减慢实施进度的程序。
  ——应该继续使用的良好程序。
- 对实施 TOC MTO 解决方案的担忧、保留意见和反对意见的清单。
- 针对每个激发方案的负面分支和实施障碍的清单。

根据运行系统的大小及复杂程度，CRS 应该用时 2～4 天。还有 1～2 天应该用于评估与汇总收集的信息。

之后，建议实施以下步骤：

（1）交给高层管理者及与有效产出流动过程相关的所有部门主管一份收集信息的简报和 TOC MTO 解决方案的概述报告。

（2）高层管理者决定是否实施该解决方案。

（3）如果决定实施方案，则组织实施团队，由生产职能的最高主管担任队长。实施团队包含有效产出流动过程的关键部门，以及对实施方案有帮助的重要人员。

（4）实施团队经过系统的培训，学习 TOC MTO 解决方案，准备所有激发方案相关的概要知识。

接下来，进入实施阶段。

◀ 实施 TOC MTO 解决方案 ▶

在此，提供一个总体实施计划的模板，含 TOC MTO 解决方案中的 3 组激发方案。这部分内容说明实施个别激发方案的方针与机制。其中，实施程序的特定内容及实行每个激发方案的小型项目计划，应该由实施团队决定，并报上级管理者批准。

TOC MTO 解决方案包含 3 个主要部分：建立正确的思维、立即改善和持续改善（见图 3-4）。

总体实施计划从激发方案 1 开始。而思维的改变绝非一蹴即成的，而是个持续性的过程，需要高层管理者通过指挥系统不断支持与强化。在开始实施激发方案 2 时，需先取得激发方案 1 的具体成果。

相同的逻辑适用于其他的激发方案。在前一个激发方案产生具体成果后，便可开始下一个激发方案，前者的成果是实施后者的必要条件。

图 4-9 是实施 TOC MTO 解决方案的整体架构。

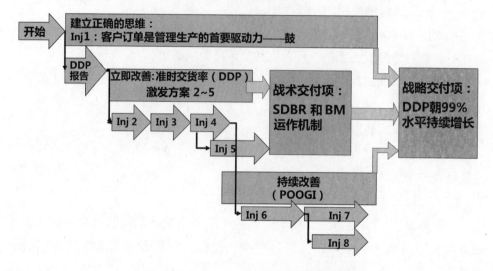

注：Inj 代表"激发方案"

图 4-9 实施 TOC MTO 解决方案的整体架构

下面简单介绍一下几个主要问题。

1. 实施 TOC 激发方案的机制与程序

机制与程序描述在有效产出流动过程中，每个激发方案的日常运行表现，反映激发方案的意义，是现实系统的一部分。在 TOC 管理方式中，激发方案是解决方案的一部分。管理意味着做决定，为了做出正确的决策，管理者必须获取合适的信息。因此，每个激发方案的机制与程序包含两部分：

- 作业程序及报告。将关于有效产出流动的进展情况传递给操作员及管理层。通过作业程序启动一些激发方案，这个步骤通常需要借助 IT 软件。
- 管理程序。为了确保实现承诺，期待管理者应该采取的决策和行动。这些决策往往是通过使用 IT 软件来落实的。

在开发相关程序后，需要在部署图上确定激发方案的位置，即指出在管理系统内实施激发方案的地方，同时考虑涉及的人员及流程。

2. 每个激发方案的小型实施计划

一个激发方案本身就是一个小型项目，是整体 TOC 实施项目的一部分。因此，实行一个激发方案需要有个计划，包含任务和交付成果。一旦有了任务与交付成果，便可用图形来表达，呈现任务间的关系，并考虑任务与交付成果间的关系。

3. 实施 TOC MTO 解决方案：软件考虑

整合 MTO 解决方案需要 IT 人员的支持，开发软件来执行激发方案的一些机制。市面上有几套以 TOC 为基础的 SDBR 及 BM 软件系统。通常，提供软件的公司会建议导入程序和实施计划。

公司可能决定开发自己的 IT 软件来支持 TOC MTO 解决方案。由于激发方案既简单且实用，自行开发 IT 软件并非难事，有实施团队采用 TOC MTO 解决方案的知识开发了自己的 IT 系统，其中有些范例将在本书中展示。

4. 团队共识

TOC MTO 解决方案将改变现行的生产管理方式。在改善日常管理流程上，建立所有参与人员的共识是重要的开展基础。TOC 推动团队共识，其流程包含三个部分：

- 知识传授，沟通解决方案及全部细节。
- 允许相关人员提出他们的观点、质疑、担忧和建议。
- 提出意见，并将有意义的想法纳入机制和程序。

共识建立流程的具体成果是，相关人员同意新程序，并承诺付诸行动。

就采纳完整的 TOC MTO 解决方案来说，团队共识是重要的条件。团队共识建立流程必须从高层管理者开始，他们必须认同解决方案，即以 TOC 系统方法来管理生产，应用 SDBR 及 BM，实现高 DDP 及具有竞争力的 QLT。

一般来说，高层管理团队对未来的成长与更高利益的渴望是一致的。公司通常都有 3~5 年的成长计划，包括销售及利润大幅度增长的期望。如果 DDP 不佳或 QLT 太长，则销售人员及市场人员会说由于缺乏竞争力，而难以完成预期的增长。其实，高层管理者相当清楚，为了推进增长计划，公司必须改变。然而，对较基层的管理者或团队来说，这方面的认知往往不清晰。

因此，在取得高层管理者的认同后，生产管理者必须进入共识建立流程，包括涉及 CO 流程从接单到交付的相关职能和部门。

对 TOC 来说，共识建立流程授予相关人员针对解决方案提出看法（包括具体内容及潜在影响）的权利。多年来，综观全球许多实施 TOC 方案的公司，体会到了何谓"抗拒改变"。如果以建设性的观点来看，那么这是一个针对新构想的信号，表示他人无法看到其中的意义。与其说是抗拒，不如说是不认同。这种不认同是逻辑性或情绪化的反应。

不认同新构想的逻辑性分析，在性质上有所不同，并对应到决策流程。不认同具有层次结构，不同层次代表不同的意见。传统上，共识建立流程使用六个层次的抗拒架构，其中的五层是逻辑性抗拒，而第六层表示存在的恐惧，是一种情绪化的抗拒，不是逻辑上的意见不同。而情绪抗拒本身的几个层次，有对应的技巧可用。为了建立共识，要以处理逻辑性抗拒为主。在处理所有逻辑性的保留意见后，如果管理者仍有不愿承诺的表现，那么高层管理者应该清楚表明并强调对管理层按照共识执行的期待。

下面具体介绍不认同新构想的六个层次。

第一层，不同意某个问题。

第二层，不同意解决方案。

第三层，不同意解决方案将带来期待的效益。

第四层，质疑解决方案将带来潜在的负面分支。

第五层，质疑解决方案无法实现（由于严重的障碍）。

第六层，通常被称为"嘴上同意，却没行动"。

克服前三层的抗拒，表示拥有面对正确问题的共识，原则上认同建议的解决方案的价值。

此外，概念上的解决方案在一些特殊环境中可能不适用，于是出现了第四层和第五层所谓的"是的，但是……"抗拒部分。

克服第四层的抗拒，表示取得没有重大 NBR 的共识，没有来自解决方案的潜在负面分支。就是有信心，能够成功地实施解决方案，而不会产生副作用（副作用有时比要解决的问题更严重）。

克服第五层的抗拒，表示拥有处理和排除实际障碍的共识，障碍可能阻止解决方案的实施。

第六层是最难克服的抗拒，因为人们不说出不认同的理由，这是一种情绪化的抗拒。人们不确定被什么困扰，即使他们愿意支持改善方案，但对于采取实际步骤还是感到不安。

接下来介绍如何应用上述知识建立 TOC MTO 解决方案的共识。

第一层的问题和第三层的解决方案的效益，可通过使用 MTO 环境下的可汗U 形图所掌握的知识来处理问题与达成效益。

第二层解决方针处理较高的挑战。人们可能考虑其他替代 TOC 方案的做法，但目标还是提升生产线的表现，如实施整套ERP 系统，使用精益或六西格玛方法。已有许多资料提到这些方法与 TOC 合并运用的方式，也表明如果整合应用 TOC 与上述任何一种方法，则会更好、更快地取得改善效果。因此，如果已导入上述方法，则极力建议与 TOC 结合起来实施。

第四层有些潜在的负面分支已在第 3 章说明。如果实施团队提出其他 NBR，则可运用 TOC 思维流程，理解潜在 NBR 的理由，并找出防止 NBR 发生的方法。

第五层，障碍。这一层提出实施的务实考虑，到达此层已进入思考如何执行的阶段。这与本章的目的一致，有助于消除"我不知道如何做"的潜在阻碍。

本章剩余的部分说明如何建立 TOC MTO 系统，一个接一个地实行激发方案。接下来将沿着以下几个方面来看每个 MTO 激发方案：

- 实施激发方案的普遍问题（简介）。
- 团队共识。
- 机制、程序及部署图的更新。
- 小型实施计划的考虑事项。

实施 MTO 激发方案 1

将交货承诺作为生产领域的首要衡量指标

激发方案 1：简介

（自我提醒）衡量指标有两个目的：

- 提供衡量标准，呈现目前系统的绩效水平。

• 提供桥接机制，以进一步采取提升绩效的行动。

激发方案 1 表明公司管理者与员工的渴望，即成为公认的可靠企业，尤其是履行 CO 交期的承诺。正因为保持高准时交货率不容易，所以需要持续地衡量 DDP，观察改善的趋势。

高层管理者的角色

在改善实施中，高层管理者的角色举足轻重。他们必须指出并强调，DDP 和有竞争力的 QLT 是公司成长的绝对必要条件。因而，高层管理者希望确保这两个指标是公司结构的一部分，并通过将 DDP 作为首要的绩效指标来传达对 DDP 的重视，以及保持对 QLT 的持续关注。

设立一套衡量管理系统必须确定衡量指标是简单、清晰、不被曲解或操纵的。按承诺客户的交期，使用 DDP 衡量公司的可靠程度。毋庸置疑，客户期待在承诺的期限内收到完整的货品。而绩效衡量必须反映客户的期待，只有这样，公司才能被认定为可靠的厂商。

管理者必须确定交付的日期（即使有些客户不清楚确实的交期）及交付的产品。有时，一张 CO 包含多种产品。一般来说，CO 中的每种产品应该有一个准时交货的衡量指标。总之，实施激发方案 1 需要对衡量 CO 的 DDP 的细节达成共识。

激发方案 1：团队共识

团队共识始于与高层管理者的会议，以确立采纳 TOC MTO 解决方案，并表明公司实行该方案的决心。

下一步是与主要的利益关系人建立共识，包括生产管理、物料管理及所有涉及管理 CO 流动的部门与职能。

转变到 TOC MTO 的管理模式对生产管理者和员工影响最大，尤其是绩效指标的影响。因此，需要特别注意生产人员的意见与提议。

在此，主要的问题是员工对于改变首要衡量指标的反应，将准时交货率作为首要指标会背离现行的衡量系统。多年来，衡量生产线的指标是效率，是实现标准工时或预期的产量水平。有些国家仍然采用按件计酬的方式，害怕在摒弃针对效率的传统衡量方式后，员工会变得消极而导致生产力下降。这意味着实施改善方案有风险。

一般的必然假设是大多数员工想有良好的工作表现。从一套衡量体系转到另一套衡量体系会引起不确定感。自然地，管理层想要把奖金与 DDP 的表现挂钩，可能要花几个月才能达到较高的 DDP。转到新的衡量方式不要影响员工的收入，这一点至关重要。因此，管理层必须承诺支付相同的薪资（例如，新衡量开始前 3 个月的平均金额），以回馈员工的支持并按照新 MTO 程序作业。

在系统运行稳定、DDP 提升后，需要组建一个专门小组，调整既有的奖金制度，以肯定对 DDP 改善的贡献。

激发方案 1：机制、程序及部署图的更新

这里涵盖 3 个要素：

（1）客户订单（CO）档案。

（2）DDP 报告。

（3）有效产出–元–天（T$D）报告。

以下概述每个要素的机制、作业程序，以及适合的管理程序。

1. 客户订单（CO）档案

为了实施 TOC MTO 解决方案，需要建立与 CO 相关数据的档案。为了易于操作，可用 Excel 文件建立这个档案。IT 人员可整合应用现有的电脑系统及采取必要的变更。CO 档案是 TOC MTO 系统的驱动因素，因而称为鼓。该档案应该包含所有开工的订单，而已完结的 CO 应该存档，作为历史资料供分析之用。

CO 档案应该包含以下的数据要项：

- CO 编号。
- 接单日期（接收 CO 的日期）。
- 客户名称。
- 产品描述。
- 产品数据（如每张订单对应一类的产品），如产品族/系列、零部件编号/SKU。
- 订单价值，以选定的货币表示。
- 交货日期（DD）。
- 生产缓冲（PB）（见激发方案 2）。
- 距离交货日期的剩余天数。
- 缓冲投放率，以%表示。
- CO 状态的颜色（黑、红、黄、绿）。

- 实际交货日期。
- CO 的前置时间（从投放到完结）。
- 延迟天数，计算方式是当天日期减去交货日期。
- T$D，计算方式是订单的价值乘以延迟天数。

这个档案应该经常更新，至少一天一次。

建立 CO 档案是实施改善计划的一部分。以电子和/或人工方式更新档案，以及生成报表都是作业程序的一部分。

CO 档案的作业程序应该包含：

- 新 CO 加入 MTO 的 CO 档案。
- 完结 CO。
- 按照认可的交期改变，更新 CO 的交货日期。

CO 档案的管理程序应该包含：

- 接受 CO 的变更，如数量与交期。

2. DDP 报告

在第 3 章提到 3 种报告：

- 准时交付的订单数量 （以%表示）。
- 准时交付的订单价值（预期金额的百分比）。
- 有效产出-元-天。

为了保障"准时交货"定义的一致性，应该明确且不受制于谈判或操纵的影响。当所有 CO 中的品项全都根据规格制作，且在出货日或提早在发货区做好运送准备，则认定生产线实现准时交货。

T$D 持续反映所有延迟的工单，以及制作 T$D 报告的时间点未出货的订单。另两份报告则呈现某个选定时段的表现。换句话说，对所有 CO，在该时间段只衡量这些准时交货的指标。

例如，衡量 5 月第 1 周的 DDP，可以查出有多少 CO 的交期在 5 月第 1 周，并且已如期完成或提前。没按交期完成、没交付所有品项，或者没有交付全部数量的 CO，则认定为生产线的准时交货不合格。

建议以每周为衡量时段，而 IT 系统应该能生成每日或月度的报告。

以下范例由麦德林公司的 Creatum 软件生成。麦德林公司根据本书的第 1 版内容开发了自己的软件，以支持 TOC MTO 及其他 TOC 改善方案的实施。图 4-10 呈现实施 MTO 前 15 个月的 DDP 表现。上面的曲线表示订单如期完成的百分比，而下面的曲线表示订单延迟的百分比，两条线的总和是 100%。

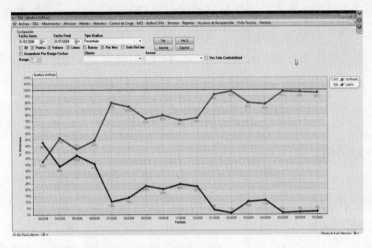

图 4-10   DDP 报表的范例（Creatum）

整体目标为将 DDP 提升到 99% 的水平。如图 4-10 所示，实施初期便大幅且快速地提升 DDP。在 DDP 总体上升的过程中，也出现有些时段下滑的情况。这家公司的旺季为 8 ~ 12 月，由于销售人员难以拒绝订单或延后交期，以至于出现 DDP 下滑的现象。2009 年 3 月，公司遭遇一个大墨菲，断电数天造成 DDP 下降，后来设法修复。图上显示的信息是，基于 TOC MTO 的实施，即使遇到严重的问题，DDP 也能一贯且快速地恢复到高水平。

以下是有关衡量 DDP 应该考虑的问题。

（1）对于客户没明确的交期，确认他们何时要交货。

有时，订单是按月交货，即从客户的角度来看，只要在月底前交付就可以了。最近，我们辅导的公司接到按季交付的年度订单。这种情况常见于政府单位。对这些机构来说，订单似乎与准时交货无关。然而，他们追求的目标是拓展新市场与新产品，而竞争市场要求短 QLT 及高 DDP 水平。所以，挑战是如何跨过这个坎儿，如何运用 TOC MTO 方案建立正确的思维，从而成为交货可靠的公司。

在此，建议设定内部系统使用的内部交期（Internal Due Date, IDD）。由生产计划与控制部决定 IDD，设定在客户合同指定的期间内，而不是该合同的截止日。

生产计划与控制部可在整个 CO 期间设置 IDD，这有助于系统和准时交货思维的建构。虽然延迟交货不会影响公司的财务，但应该按照 IDD 来衡量生产部门的交付表现。以努力实现 IDD 目标为重要的驱动力，建立高 DDP 的系统和确保持续改善。

此外，对生产线来说，衍生出另外一个关键绩效指标——实际的生产周期时间。目标是拥有具有竞争力的 QLT，因此生产线必须有稳定的短生产周期时间。为了统计分析，录入每张完成的 CO，从车间投产直到做好整张 CO 出货准备的时间长度。这里的统计分析可为调整生产缓冲（PB）及决定交期前置时间（QLT）奠定基础。

【警示】改善的 PB 应该用于缩减 QLT，直到 QLT 稍微优于竞争对手的 QLT。之后进一步缩短 PB，可用于快速响应的市场方案，以额外加价提供更短的 QLT 服务。

（2）CO 的组成。

一般来说，CO 包含多种品项（产品线），生产人员或许感到泄气，因为几乎全数完工，就缺清单上的一两个品项，而按照严格的规则，整张订单会被判为延迟。

管理者可以决定是否按 CO 的生产线统计，增加另一份 DDP 报告，用来对改善实施的状况进行短期衡量，这是为了向生产人员展示他们努力提升绩效的结果。

DDP 报告的作业程序应该包括：

- 建立 DDP 报告的作业规范，包含内容、格式和生成报告的频率。
- 确保能见度。

  交货绩效应该发布给生产部门的各级管理人员，公布在生产部门的重要地点（使用车间内常设的布告栏）。

DDP 报告的管理程序应该包括：

- 强调 DDP 的重要性。

  管理者应该花一些时间与下属讨论图表，肯定改善效果，强调指出停滞或下滑的现象。一般的建议是管理者应该沿着"为了尽快完成延迟的订单，你还需要什么"的思路来讨论。

- 清理运行系统。

  有时在实施方案初期，运行系统里有太多的延迟工单，且所有的补救行动无助于减少延迟订单的数量。这种情况会发生在给予黑单最高优先顺序，而阻碍制造红单产品的机会，使得红单没法及时完成而变成黑单。在此情况下，需要检讨黑单及清理运行系统。通过一次性调解，设定延迟订单的新交期——即系统有机会如期达成的日期。

3. 有效产出-元-天（T$D）报告

T$D 报告包含所有延误交期的开工 CO。在纯加工时间与作业流程长的环境里，公司有时会增加一份 T$D 报告，针对那些还未逾期，但预期会延迟的订单。这份新增报告呈现对未来几周 T$D 的推测，按管理者预估的逾期订单的出货日期计算。为了推测 T$D 的数值，需要在 CO 档案增加一些数据。

请注意，有些时候管理者不想让生产人员知道订单的实际价值。在大多数情况下，T$D 显示的数值太高（含有太多的零），可以隐藏图表中订单价值的字段，并在 0 ~ 1000 选择 T$D 适用的系数表达。此处的重点不见得是实际数字，而是发展趋势，希望看到 T$D 趋近于零。

图 4-11 是 TOC MTO 方案实施 36 周的 T$D 图。

从图 4-11 可以知道什么？

第 13 周时开始实施 TOC MTO 方案。实施后前 9 周的 DDP 持续改善。当公司依照前 5 个激发方案系统地实行时，这是可期待的效果。在第 17 周时有些订单转黑，来不及挽救，因为剩余的作业流程比距离交期还长。在第 23 周时，有张已交货的订单因质量问题被退。按照 T$D 的规则，被退的订单加入 T$D 清单，而 T$D 从原来承诺的交期算起。因此，图上出现高涨的现象，这不仅是被退订单的 T$D 总数，还是退回订单妨碍其他订单流动的负面分支，使有些订单延误交期，以至于下一周的 T$D 才出现上升的现象。之后，系统花了两周才稳定下来，回到第 22 周的水平。此后系统稳定，但仍无法实现零 T$D，这表示还有问题需要处理或修正。此外，有时会因出现墨菲，而造成一些订单延迟。

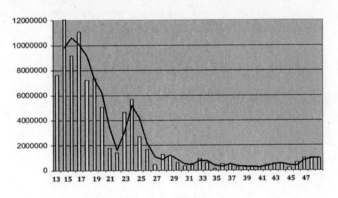

图 4-11　T$D 图

希望再次强调高层管理者在 TOC MTO 方案中的角色。尽管改善方针是生产线按 TOC 系统方法管理的，但有些交货问题与阻碍是在生产部的权限之外的。在方案实施初期，高层管理者的积极参与，可快速地排解这样的问题。

在此，建议再增加一份关于 T$D 的报告，将 T$D 划分到不同的部门及职能。为了完成延迟的订单，高层管理者应该经常（每周一次）检讨，并处理未解决的问题。为了生成这份报告，需要查出正在处理及完成延迟订单的部门，并在开工 CO 档案上记录该部门（有时是几个部门）的资料。如此一来，系统便可生成 T$D 总数的统计分析，这是各部门必须处理的事。

上述分析的责任规则是整个 T$D 由相关部门及职能承担，即除了生产部门，其他的部门或职能也需要对延迟订单负责。例如，有一张 CO 无法完成，因为在组装时有两个零部件不到位，其中一个已订购但未准时送到，而另一个停滞在机械加工区。那么，T$D 由采购部及机械加工部承担责任，并生成一张 T$D 饼分图，如图 4-12 所示，发布给所有部门的主管。他们应该以最高优先顺序，尽可能快速地完成延误订单。

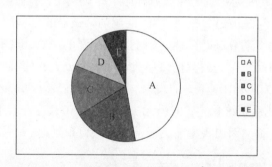

图 4-12 不同部门及职能间的 T$D 划分饼分图

根据经验，将图 4-12 发布给部门主管能加快清理黑单的流程。

T$D 报告的作业程序应该包含：

- 将延迟订单的数据记录在 CO 档案中。此作业程序应该包含数据的细项、更新记录的负责人及更新频率。
- 制作 T$D 报告，并广发各部门，以及张贴在车间的公告栏。

T$D 报告的管理程序应该包含：

- 高层管理者肯定 T$D 的改善（持续下降）。
- 召开高层管理者会议以检讨报告，讨论修复与改善事项，以避免将来重蹈覆辙。

部署图的更新

一旦有了所有必要的作业程序与管理程序，便可放入部署图并标出改变之处，即加入新程序的流动过程及废止程序的流程。

为了帮助激发方案 1 的程序，需要在 IT 系统里创造一个子系统，以建立 CO 档案，从现有数据库取得数据，接受来自系统的日常数据，并在需要时手动更新。

需要记录在部署图的主要执行项包括：

- 启动新 CO。为销售数据库的 CO 档案创造一个 IT 执行项，增加该档案所需的数据细项。
- 终结完成并已发货给客户的 CO。销售数据库的 CO 档案的 IT 执行项，将完成的 CO 记录和相关数据归档。
- 重启由于各种工作失效被退回的 CO（可能是部署图上的新行动）。
- 应客户要求变更 DD，且公司已接受，必须明确标在部署图中。
- 生成 DDP 报告。
- 就 DDP 而论，在部署图上明确标出重要的管理干预。

激发方案 1：小型实施计划的考虑事项

- 同意 CO 档案的架构。
- 建造 CO 档案。
- 开发及撰写所有作业程序。
- 开始使用作业程序。
- 开发及撰写所有的管理程序。
- 开始使用管理程序。
- 需要时升级及修订作业程序与管理程序。

实施 MTO 激发方案 2

设定具挑战但可达成的生产缓冲，并且按此投放生产工单

激发方案 2：简介

激发方案 2~4 用于操作 WO 档案，包含所有的开工 WO，以利于完成开工的 CO。每张 WO 有一项记录（如使用 Excel 表是其中的一条），清楚地连接到 CO 及 CO 的状态。

WO 档案的一般结构应该包含以下数据细项：

- CO 编号。
- 录入日期（接受订单的日期）。
- 客户名称（自由选项）。
- 产品描述。
- WO 编号。
- 产品数据(当每张订单含一类产品时)，如产品族/系列、零部件编号/SKU。
- CO 交期。
- 生产缓冲（按每个 CO 文档）。
- 物料投放日期。
- 离交期的剩余天数。
- 缓冲侵蚀。
- CO 状态的颜色（黑、红、黄、绿）。
- 实际交期。
- WO 前置时间（从物料投放日到关闭）。

还有一个重要的文件是"生产缓冲（PB）清单"，按产品族及种类列出商定的 PB 大小。每个市场上销售的产品或品项，应该有一项信息是 PB。这个档案应该由生产计划与控制部负责,其中的 PB 用于 CO 档案(如激发方案 1 的机制所述)，也用于 WO 档案。

请注意，如果一张 CO 包含几种产品，并决定以一张 CO 来处理，则采用其中所有产品中最大的 PB。

激发方案 2 的主要目的是，对一张特定 CO，通告所有必要的 WO 开工的时间。针对 WO，通知物料投放，提供生产线所有必要的文件，同时允许生产线对投放的 WO 开工。

根据 CO 档案的 CO DD 记录，通过使用 PB 来实现物料投放的目的。物料投放日期以 DD 减去 PB 长度而定，按此计算，生成物料投放计划。

激发方案 2：团队共识

借助培训处理与支持 CO 流动过程的部门与功能主管，以建立 PB 的原理与状态的观念。生产计划与控制部的所有成员都应该接受培训，因为他们是直接应用激发方案 2 的人。

通常，激发方案 2 会引起许多问题、异议及担忧，尤其是 "A" 或 "T" 流动型公司和使用 MRP/ERP 系统的公司。因此，需要非常注意 SDBR 原理，有时使用 SDBR 原理会让目前制订详细投料计划和设定各级物料清单内部交期的人员感到惶恐。

目前的做法是通过软件系统计算何时投放个别的 WO，这是根据数据库中的资料而定的。TOC MTO 提出属于同一张 CO 的所有 WO 同时投放。人们可能担心有些零部件的加工时间会过早（因为这些零部件的制造时间相当短）。

处理这些担忧的方式如下：

- 凭借衡量 DDP 来处理质疑，必须指出目标不是拥有完全的计划，而是实现优质且可靠的准时交货。现状中 WO 的投放计划在制订与发布后，往往在几天内就失效，导致很多需要重新规划，其结果是不满意的 DDP。必须面对现实，WO 投放计划不需要准确，而是只需给予 WO 开工的有效指示。
- 处理以 SDBR 做计划时可能的 NBR 疑虑，平常的担忧是提前使用产能与物料，导致无法处理更多的急单。这样的 NBR 来自缺乏激发方案 3 的经验与直觉，激发方案 3 根据对应的 CO 状态设定所有 WO 的优先顺序。在操作上，实施团队可调整提出的解决方案。不过，建议先查找调整做法的负面分支，否则会出现比要修正的问题更糟的情况。

激发方案 2：机制、程序及部署图的更新

许多关于激发方案 2 的机制在第 3 章已陈述过，其必要性在于传达 PB 及用于物料投放的原理。

在此详细说明具体操作，包含激发方案 2 的 4 个细项：

（1）设定 PB。
（2）决定 PB 的大小。
（3）PB 状态。
（4）物料投放。

针对每个细项，概述可实施的机制、作业程序与管理程序。

1. 设定 PB

CO 档案包含 PB，输入的信息来自 PB 清单。

实行的机制必须建立从 CO 档案到 WO 档案的连接，目标是将相关的 CO 详细数据记录到 WO 档案，以确保 WO 的优先顺序根据 CO 的缓冲状态而定。

有如下几个场景与机制设置相关：

- CO 含一类产品，该产品以一张 WO 投产，通常是 V、I 及零工式的流程类型。
- CO 含一类产品，该产品以几张 WO 生产，这是 A、T 类型的工厂。WO 档案的输入资料应该从 MRP 系统提取，物料清单展开成组装、次组装及自制件的 WO（通常在机械加工车间）。
- 请注意，对于含多种产品的 CO（采购单上多条品项有相同的交期），建议将其拆成多个次级的 CO，并在其中列入原 CO 的编号。

设定 PB 的作业程序应该包含：

- 为新 CO 启动 WO。
- 终结 WO。
- 根据已接受 CO 的 DD 变更，更新 WO 的 DD。

2. 决定 PB 的大小

理论上，PB 的数字越小，实施起来越简单。其实，不同产品的 PLT 差别可能很大。因此，每个主要的产品族/系列有自己的 PB 大小。

在实施初期，由生产计划与控制部与生产管理部门共同决定 PB 大小。这是一次性的操作，仅需要一般性准则，后续必须开发比对实际 PLT 与 PB 的程序。这个分析结果用于设定产品族的新 PB 更切实际。

为了决定 PB 的初始大小，需要估算环环相接的纯加工时间，这是 CO 流穿生产线所需的时间（假设所有资源到位）。纯加工时间只表示 CO 的生产时间中绝对需要的最小前置时间。这个计算不需要准确，应忽略换线时间，只需知道纯加工时间占 QLT 的百分比即可。

当 SDBR 应用于纯加工时间少于 10% 的环境（在 TOC MTO 解决方案实施的初期），这个条件能使实施团队快速决定 PB 大小，而不会冒重大风险。

例如，当前产品的 QLT 是 4 周，且纯加工时间还不到 1 天时，纯加工时间低于 5%。如果生产形态是 A 或 T 的流动类型，就应该找出该产品的制程中"最长的"部分，并检查纯加工时间，然后加上组装的时间。这样一来，该产品的纯加工时间就有迹可寻了。而估算该产品的初始 PB 大小，应该以某个典型的批量来计算。

激发方案 2 要求"有挑战但可达成"的 PB，表示当估算的纯加工时间低于 10%

时，应该设定 PB 小于既有的 QLT，同时确保以下两个条件：

- PB 大于当前 PLT 的 50%。
- PB 超过纯加工时间的 3 倍（基本上能保障在极端状况下，处于红区内还可完成替代批量的生产作业）。

对于所有公司生产与销售的现有产品，生产计划与控制部应该整理一份 PB 清单。如果公司有许多产品，那么决定 PB 的流程要花不少时间，建议在实施开始时，针对启动的 CO 决定 PB，之后在清单上陆续增加更多产品，并设定新 CO 的优先顺序。

假如公司有 MRP/ ERP 系统，则 PB 可能也存放在该系统的 PLT 数据项。

【警示】请注意，应该清楚了解，设定比既有 QLT 小的 PB 大小，不应该被销售人员及市场人员用于降低目前的 QLT。只有在确实改善 DDP 并稳定在高的水平时，才能考虑降低 QLT。

是的，但是……当有位重要客户要求比 QLT 短的特殊交期（或甚至比 PB 还短）时，一般称为急单。如何设定急单的 PB 大小？需要为此特殊订单缩短 PB 吗？答案是在系统内限制急单的数量，当接到一张急单，设定承诺交期时，从接单日期到出货日期，应该给予生产部门至少占 PB 50%的时长。这表示在急单投放到车间，已消耗掉一些缓冲。如果缓冲消耗是 50%，那么投放的 WO 是黄色的优先顺序。

【范例】承诺一张订单在目前 PB 的 60%内交付，如图 4-13 所示，投放时有40%的缓冲侵蚀，是黄色状态。所有为此紧急 CO 投产的 WO，按照该 CO 的缓冲状态的优先顺序。

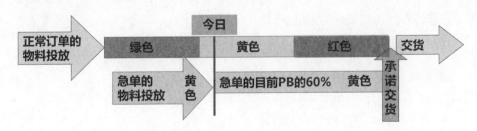

图 4-13　急单的承诺交期是目前 PB 的 60%（彩图见插页）

决定 PB 大小的作业程序应该包括：

- 决定新产品的 PB。

- 更新 PB 档案。
- 将数据从 CO 档案移到 WO 档案。
- 更新 WO 档案的数据。
- 统计 WO 的实际生产时间（关闭的 WO）。

决定 PB 大小的管理程序应该包括：

- 决定系统允许的急单数量。
- 接受急单。
- 改变 PB（缩小，必要时增加）。

3. PB 状态

决定 PB 状态是通过查看已过去的时间，从 PB 的起始直到目前的日期。

剩余天数，即目前日期与交付日期间的时间差：

$$\text{剩余天数} = \text{交付日期} - \text{目前日期}$$

缓冲侵蚀，即从 PB 的开头算起，已流逝的时间（以%表示）。

$$\text{缓冲侵蚀} = 100\% \times (\text{PB} - \text{剩余天数}) / \text{PB}$$

当订单延迟时，剩余天数成为负值，缓冲侵蚀大于 100%。

上述计算用于 CO 档案和 WO 档案。这两个档案包含相同的交期与 PB 数据，因此不需转档便可决定缓冲状态。

缓冲侵蚀决定颜色：

0 ~ 33%	绿色
34% ~ 66%	黄色
67% ~ 100%	红色
>100%	黑色

如图 4-14 所示是摘录某个 MTO WO 档案的范例。

工单编号	物料投放日期	交付期	缓冲大小	%侵蚀
AS8843	20.09.2007	02.10.2007	9	175%
JI3756	13.09.2007	05.10.2007	17	127%
AA8555	20.09.2007	08.10.2007	13	117%
AA6509	25.09.2007	11.10.2007	13	100%
JI3768	19.09.2007	11.10.2007	17	100%
AA1879	28.09.2007	12.10.2007	13	94%
HH0012	25.09.2007	15.10.2007	16	64%
LE23-14	26.09.2007	19.10.2007	22	72%
F435-1	26.09.2007	19.10.2007	22	72%
UT7751	26.09.2007	19.10.2007	22	72%
FR1906	26.09.2007	19.10.2007	22	72%
AV6020	26.09.2007	19.10.2007	22	72%
ARY12-4	26.09.2007	19.10.2007	22	72%
AA6591	28.09.2007	18.10.2007	18	72%
GG804	24.09.2007	19.10.2007	20	68%
UT7761	26.09.2007	19.10.2007	18	65%
JI3754	27.09.2007	19.10.2007	17	64%
AA1873	01.10.2007	17.10.2007	13	63%
KI14253	24.09.2007	23.10.2007	22	59%
ARY12/1	24.09.2007	23.10.2007	22	59%

图 4-14   MTO WO 档案的摘录（彩图见插页）

请注意，根据缓冲状态指定 WO 的颜色是激发方案 2 的作用。而基于缓冲状态采取行动，属于激发方案 3 和激发方案 4。

CO 及 WO 的颜色由设定的机制决定，通过 IT 软件自动计算，不需要任何作业程序或管理程序。

4．物料投放

通知与允许 WO 开工是管理生产流程的重点，这是规划与执行的桥梁。计算计划的投放时间是从 DD 减去 PB，如图 4-15 所示。

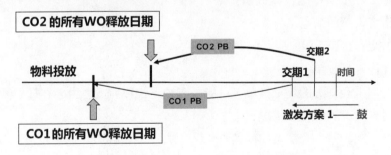

图 4-15   CO 交期决定物料投放日期的机制演示

这个机制与任何 MRP 系统的基本物料投放相似。如果公司有这样的 IT 系统，那么投料便按既有的软件功能操作。如果使用 Excel 档案管理 WO，那么可应用上述建议的公式。

物料投放机制应该按目前的方式继续实行，不需改变。目前的系统能提供生产管理上所有必要的文件，以利于 WO 的开工。激发方案 2 只提供投单计划。通常，生产计划与控制部将 WO 文件整理好发给执行第一道作业的部门或单位。大多数的 WO 在投放时是绿色的，急单可能是黄色的。

一般的指令是在投放日期前 WO 不发到车间。这样做是为了减少车间里的开工 WO 数量及降低流量。如此一来，很可能第一道工序（出现在 WO 工艺流程的第一道工序）很快就会闲置。这个问题在共识流程中被提出，一般的解决方针是将操作员派到其他机器，以利于推进开工的订单。

不过，以下情况可能允许偏离不能比计划还早投单的指令：

（1）当第一道工序是物料准备时，如裁切、冲压，含长流程时间、长换线时间，还可能遭遇产能不足。在这样的情况下，可允许部门在投放日期前开工，并在物料通过准备部门后，将 WO 暂时存放，直到投单日期才允许 WO 继续流动。

（2）当第一道工序与生产流动中其他机器的条件很不同（机器各有不同，其他操作员无法操作第一道工序），第一道工序的流程时间又很长，可允许提早投放 WO。在此情况下，WO 没有任何颜色，如果继续流动，则优先顺序最低。这些 WO 在 MTO WO 档案是负侵蚀的。在一些 TOC 文献中，这样的 WO 被标成淡蓝色。允许提早投单的逻辑是为了保留现有产能。以不同的颜色标示和最低优先顺序能防止因挪用急单产能而引起的负面分支。

WO 投放的作业程序应该包含：
- 决定每张 WO 的投放日期。
- 指定投产的颜色。

WO 投放的管理程序应该包含：
- 允许提早投单。
- 处理未经许可的提早投单（可能由于缺乏纪律，或者由于在规划激发方案时未考虑到的特殊情况）。
- 处理因为不齐套而被拖延的"老化"WO。对准备就绪将要投放的 WO，虽然有机器可用，但缺少一些需要的东西，如材料、夹具、工具和图纸等。

【警示】请注意，实施团队必须开发所有必要的程序，以利于所有激发方案的执行。这些程序应简单且实用，应该陈述谁是程序的拥有者、谁应该按照程序操作、根据程序执行什么准则、当程序与实际需求不匹配时怎么办（如何及向谁提报异议）。

部署图的更新

激发方案 2 的程序运用于接收新 CO，规划物料投放和实际投产。

激发方案 2：小型实施计划的考虑事项

- 建构 PB 档案。
- 建构 WO 档案和支持的 IT 软件。
- 开发机制。
- 开发作业程序。
- 开发管理程序。
- 生成 WO 投放报表。
- 按照 MTO 计划投放 WO。

实施团队可增加更多的措施，以确保激发方案完全融入公司的运作。实施团队还必须面对团队成员或其他利益关系人提出的关于 TOC MTO 解决方案的实际问题。

实施 MTO 激发方案 3

通过使用缓冲管理，根据对应客户订单的缓冲状态，排定开工工单的优先顺序

激发方案 3：简介

激发方案 2 提供管理者应该执行什么信息，含 WO 和什么是 WO 的状态，与达成客户交期的关联性。而激发方案 3 是关于行动的，包含开始执行投放的 WO，将 WO 分配到机器或资源，使 WO 从一个工作站移到下一个工作站。传统上，这些分配工作由产线主管完成，试图建立详细排程，以给予每台机器、每个操作员及每个时段特定的指令。在绝大多数的生产环境中，这样的期待难以切实（且以低成本）做到。在 TOC 准则下，激发方案 3 提出一套简单且务实的方案，不需要精密的做法。

行动准则根据 WO 的颜色标示，将 WO 分配给机器。优先顺序是黑色第一，接着是红色、黄色、绿色，最后是无色（如果允许投单）。

实际上，在相同颜色范围内分配机器的顺序，激发方案 3 没有强制要求的规则。下面是两个选项：

- 工作顺序根据侵蚀水平来定。

- 允许自由选择在相同颜色范围内的任何 WO。

允许有经验和直觉的员工自行选择顺序有个好处：在他们理解与接受激发方案 3 的优先顺序系统下，相较于指定的顺序，他们能应用更多的普通常识。处理选择上的两难为允许弹性的顺序调动。在面对绿和黄单时，还有足够的缓冲时间。在面对红单时，一般处理准则是依照缓冲的侵蚀水平，并根据员工提出的对流动与保障交期更有利的顺序变更。

就激发方案 3 而言，还必须有一个原则性的决策——让操作员自行分配 WO 的顺序，或者总是由产线主管分配。无论做什么决定，都需要对操作机制达成共识，并在 WO 上标示颜色来表示 WO 的优先顺序，帮助管理者监督激发方案 3 的具体工作。

激发方案 3 明确易懂、简单且能快速实行。曾经看过数以百计的 WO 在几天之内就能按照激发方案 3 来管理。

激发方案 3：团队共识

一个对激发方案 3 的潜在阻碍是按件计酬的方式。虽然许多公司停止了按件计酬，但至今仍有国家及公司在使用。在此情况下，激发方案 3 会让员工陷入冲突。遵循颜色的优先顺序可能造成个人收入的损失，因为较高优先顺序的 WO 可能制造的难度更高，而使操作员收入减少。假如情况如此，管理者必须增加解决方案的细项，以保障操作员根据指定的优先顺序加工，且不减少收入。

另一个潜在的阻碍是由于标准工时带来的效率综合征。以标准工时衡量生产管理者已实行多年了，因此他们有能使 WO 改进标准工时的直觉。再提一次，颜色的优先顺序不在于工作内容，只在于 CO 的交期，这存在潜在的冲突。

高层管理者必须向操作员与产线主管保证，首要衡量指标是 DDP。高层管理者必须参与方案实施，并且强化新思维。

激发方案 3：机制、程序及部署图的更新

激发方案 3 需要从 WO 档案提炼出一份报告，含以下数据细项：

- WO 编号。
- WO 描述。
- WO 交期。

- 缓冲大小。
- 剩余天数。
- 缓冲侵蚀程度（%）。
- 缓冲状态颜色。
- 最后完成的作业（自由选项）。

在报告上，WO 应该按其对应缓冲侵蚀程度(%)排序。

这份报告必须发给 WO 流动过程中所有相关的职能部门及全部管理者，也应该提供给高层管理者。

激发方案 3 的主要实施决策是，选择具体标示 WO 颜色的机制。有许多做法可用，应由实施团队决定其机制。具体如下：

- 给产线主管一份打印的优先顺序档案。
- 将 WO 文件放入有色的塑料夹。
- 在 WO 夹贴上颜色标签。
- 在每个工作中心站前准备 4 种颜色的托盘，把 WO 文件放入托盘。
- 在装有 WO 的零部件箱贴上颜色标签。
- 在工作中心站前画出颜色特区，放置到对应 WO 的箱子或容器内。
- 将优先顺序清单投射在车间的墙上等。

图 4-16 和图 4-17 是两个范例。

图 4-16　WO 附上颜色标签（彩图见插页）

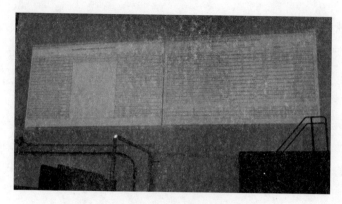

图 4-17　优先顺序清单投射在车间的墙上

激发方案 3 的作业程序应该包含：

- 标示 WO 的优先顺序。

  例如，谁负责标示 WO？标示频率为何？

- 制作展现 WO 数量的报告，按照颜色排序。

  其目的是减少黑单，视实际情况尽可能趋近零，并使黑单和红单总数量占总开工 WO 数量的百分比降低到 10% ～ 15%，如图 4-18 所示。理由是黑单和红单需要大量的管理注意力。有太多这类订单不但浪费管理资源，还妨碍管理者聚焦于改善流动的任务。

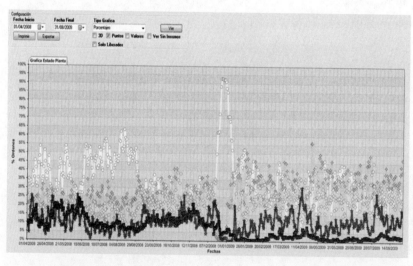

图 4-18　根据缓冲状态，呈现开工 WO 的分布图（Creatum 软件，彩图见插页）

有些公司会沿着流动过程开发图表，来呈现在关键工作站的 WO 颜色组成。图 4-19 由 Creatum 软件生成，在绿色上方的银色表示 WO 的剩余时间大于 PB（提早投单）。这样的报告对任何环境都有帮助，其中作业流程（工艺流程）按机器使用状况而定。通常应用在 V 或 I 形工厂，但也可用于 A 和 T 形工厂。

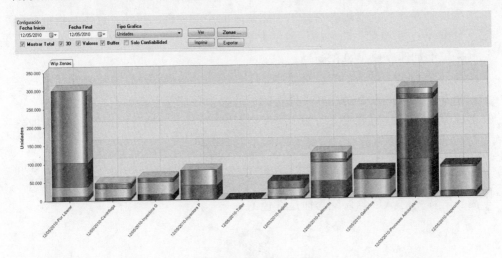

图 4-19　沿着生产流程，WO 颜色标示的概况（Creatum 软件，彩图见插页）

激发方案 3 的管理程序应该包含：

- 处理违反优先顺序的流程。
- 允许管理者标示少数选定的 CO 较高的优先顺序。
- 监督黑单和红单的数量。

部署图的更新

将上述程序并入分配 WO 给机器或组装区的部分。

激发方案 3：小型实施计划的考虑事项

- 建立标示 WO 颜色的机制。
- 与全体员工沟通优先顺序的系统。
- 监督优先顺序系统的遵守情况。
- 监督黑色和红色 WO 的数量。

实施 MTO 激发方案 4

缓冲管理的修复行动就位

激发方案 4：简介

激发方案 4 督促管理者对红单和黑单采取主动积极的行动。这不是指分配资源，分配 WO 资源优先顺序的是激发方案 3。激发方案 4 是善用管理的经验与直觉，采取能加速完成 WO 的行动。

在一个 DDP 不佳的 MTO 环境中，生产管理者有许多赶工及挽救的知识与经验。激发方案 4 的观点是，如果挽救的行动在紧急情况下行得通，那么为什么不在形成紧急状况前把某些行动加到管理规则中呢？这是针对红单还有时间采取修复行动的情况，以确保如期完成订单而不变成黑单。

因此，激发方案 4 的本质是通过系统化工作，把修复行动嵌入生产线的管理方式，如图 4-20 所示。激发方案 4 的思维是向前看——能做什么以准时完成 WO？不需要解释为何 WO 延误或为何是红色的。

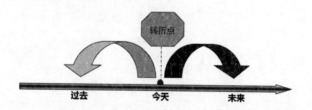

图 4-20　时间导向的转变，从传统的生产协调会（解释过去）
到激发方案 4 的修复行动（放眼未来）

激发方案 4：团队共识

就激发方案 4 而言，建议利用好现行的日常生产会议（在每个生产环境都有类似的会议）。该会议聚焦于检讨黑色与红色的 WO，这些 WO 所在位置的管理者必须准备在会议中报告采取的行动或提出支援需求。

一般而言，这个方针没有大问题。但是，假如高层管理者可以通过参加会议来做出必要决策以支持激发方案 4，那就更好了。

激发方案 4：机制、程序及部署图的更新

就激发方案 4 而言，必须有一个红单和黑单的工作档案，可从 WO 档案中提取数据形成一个 Excel 档案。该档案可放到公司内部网络，使所有相关的管理者都能浏览及更新。

缓冲管理（BM）的修复行动档案，应该掌握每张红单或黑单的相关数据，具体如下：

- 目前持有 WO 的部门或单位。
- 采取修复延迟的行动。
- 完成目前作业的预估日期。
- 提出支援。
- 未来行动的决策与任务分配。

激发方案 4 的作业程序应该包含：

- 每日更新修复行动档案，去掉已经完结的 WO，加入变成红色的新 WO，或/及改变颜色——红转黑。
- 记录来自红单和黑单停滞区域的管理者，准备日常会议的输入资料。
- 记录每日 BM 会议的纪要。
- 修复行动档案。
- 跟进修复行动的决策。
- 建立修复行动的数据库。

日常缓冲管理会议的数据准备范例如图 4-21 所示。记录修复行动的屏幕范例如图 4-22 所示。

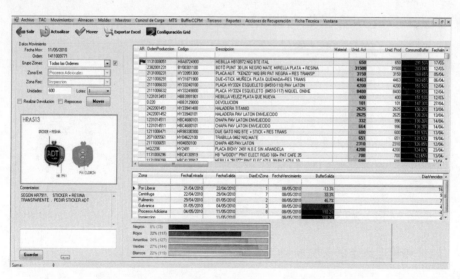

图 4-21　日常缓冲管理会议的数据准备范例（列出所有黑单）（Creatum 软件)

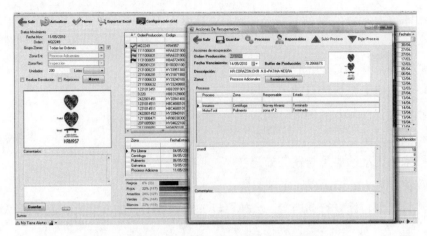

图 4-22　记录修复行动的屏幕范例（Creatum 软件）

激发方案 4 的管理程序应该包含：

- 那些超出参与会议之管理者权限的问题，应向上提交。
- 检讨遵守会议决策的情况。

部署图的更新

程序应该取代一部分的部署图内容，处理赶工和延迟订单的部分。

激发方案 4：小型实施计划的考虑事项

- 建立 BM 修复行动档案。
- 建立修复行动数据库。
- 建构必要的程序。
- 与相关人员沟通程序。
- 召开日常的 BM 会议。
- 检讨与程序升级。

实施 MTO 激发方案 5

监督和管理选定的关键原料与零部件的可得性

激发方案 5：简介

生产与组装需要有可用的原料及零部件，根据作业程序执行需要的加工。每家公司都有一个职能，负责从外部厂商或供应商采购货品。在部署图上记下规划的采购流程与程序。

其实，生产线易于发生一个主要的 UDE，"在需要时，原料及零部件不可得"。缺料打断了 WO 的流动，危及 CO 的准时交付。在发现缺少原料或零部件时，往往已来不及补救。如此一来，沉重的压力落在采购部。同时，采购部还要承受来自高层管理者的压力。

在 TOC MTO 解决方案中，不建议另建新的采购系统。激发方案 5 的目的是开发一套机制，提供早期警示信号的机制，以应对可能造成生产线的困难的外购物料可得性潜在问题。

激发方案 5 提供了一套系统化的方式，桥接生产与采购功能，以确保生产所需原料或零部件的可得性。

激发方案 5：团队共识

激发方案 5 涉及的敏感问题是，可能被认为是对某些部门的批评，如采购、物料规划或生产计划。意见不一致从第一层开始，即虽然大家同意 UDE 的存在，但对于缺料的原因意见不合。

呈现在 TOC MTO 解决方案中的知识，指出核心问题是一个系统问题，并不是由某个部门或职能引起的。TOC MTO 解决方案创造了一个降低急促订单（由于缺少原料与零部件而必须采购）数量的机会。激发方案 5 有助于建立采购部门向前看，以及采取修复行动的能力，如还有时间，便可如期完成受威胁的 CO。

激发方案 5：机制、程序及部署图的更新

就 TOC MTO 解决方案的激发方案 5 而言，必须建立一个特别的档案，即 MTO 关键物料档案，以利于追踪与监督选定的关键原料及零部件的可得性。在此档案中的物料需要特别关注，以确保不危及 DDP。这个档案应该由生产计划与控制部负责，与采购部门共用。档案中的关键物料清单根据近期的物料或供应商经验整理而成，并监督以下事项：

- 现有开工 CO 的开工 WO 遭遇外购物料不可得的情况，这些物料属于关键物料清单。
- 新 CO 需要，但没有足够的库存能满足 CO 需求的物料（已接受或处于接单流程的订单）。

183

这个档案的架构包含两部分：与外购物料相关的数据和缺少该物料的 CO（一张或几张）的相关数据。档案应该一行行地列出每个 CO 需要的关键物料（或是将相同日期需要某物料的几张 CO 编成一组）。

关键物料的数据细项：

- 外购物料编号（SKU）。
- 描述。
- 类别（原料、零部件等）。
- 采购模式（按订单采购、按预测采购、按库存采购）。
- 在库库存。
- 发出的采购单（数量及预期的进料日期）。

CO 的数据细项，或者缺少关键物料的 CO：

- CO 编号。
- CO 交期。
- 缺少数量。
- 待料 CO 的缓冲状态。
- 距离 WO 需要某物料的剩余天数。
- 记录修正行动与相关沟通。
- 任何其他数据细项，能帮助员工参与决定关键物料的优先顺序。

激发方案 5 的作业程序应该包含：

- 将新关键物料加入档案。
- 更新 PO 数据。
- 更新缺少物料的 CO。
- 更新修正的行动。
- 回应新 CO 的报价需求。
- 回应变更 CO 的需求，不是交期提早就是数量增加。

激发方案 5 的管理程序应该包含：

- 针对某些物料/供应商的标准修复行动。
- 将情况上报更高的管理层。
- 分析特定的原料或零部件，开发解决方案。

部署图的更新

激发方案 5 触及部署图的如下几个部分：

- 接受新 CO 的程序。
- 变更 CO（交期、数量）。
- 采购程序。
- 跟催延迟的外购物料。
- 处理供应量与供应商相关事项。

激发方案 5：小型实施计划的考虑事项

- 按照第 3 章中激发方案 5 提出的准则，汇总有问题的物料清单。
- 批准 MTO 的关键物料档案的结构。
- 构建 MTO 的关键物料档案。
- 将选定关键物料的更新数据录入档案。
- 开发及编写作业程序和管理程序。
- 档案试运行。
- 在需要时升级和修改程序。
- 在档案中添加更多的关键物料。

实施 MTO 激发方案 6

为了持续改善，定期（每周）检讨缓冲侵蚀的原因

激发方案 6：简介

前 5 个激发方案使生产流程稳定且一致。当 DDP 逐渐提升到前所未有的水平，管理者便有时间思考未来，采取改善流动的行动。在实施过程中，BM 的使用越来越多，利于保障准时交付，以及指出妨碍流动的地方与问题，即需要处理之处。BM 成为改善流动的引擎，使用激发方案 6 系统化地提升流动。

激发方案 6：团队共识

启动激发方案 6，应该不太费力便能说服相关人员同意改善方案。在 DDP 已提升的情况下，其效果显然是水到渠成（取得的成效意味着第三层抗拒已解决）。

持续改善盛行于生产领域超过 20 年，并不是新观念。那么什么是新的呢？是选择实施改善项目的方式，根据缓冲侵蚀原因的统计，一旦选定了改善区域，一般的技术（如精益）就可采用。

激发方案 6：机制、程序及部署图的更新

以下 3 个档案提供激发方案 6 的输入资料：

- MTO WO 档案。
- 标准原因清单。
- BM 统计档案。BM 统计的范例如图 4-23 所示。

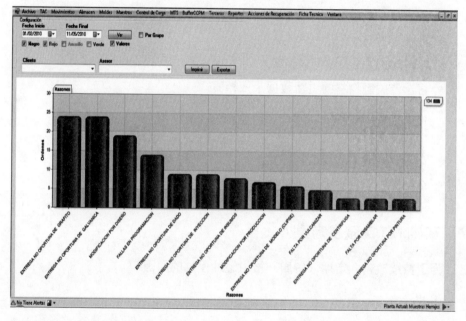

图 4-23　BM 统计档案的范例，每个柱形代表一种流动中断的典型原因（Creatum 软件）

标准原因清单是一张查看的报表，当员工被要求在取样时间点，将防止 WO 流动的原因录入 MTO WO 档案时，他们应该使用此清单。

把从 WO 收集的所有样本记录放入 BM 统计档案，以生成用于 BM 会议的报表。

根据设定的条件，如什么时候缓冲状态应改变区间颜色，记录下什么是 WO 在等待的原因。这个输入信息先储存在 MTO WO 档案中，然后转到 BM 统计档案。

BM 统计档案的一般架构：

- 工作中心（部门、职能）。
- 缓冲颜色。
- 来自清单上的 WO 等待原因。

激发方案 6 的作业程序应该包含：

- 增加/删减原因清单上的原因。
- 为 BM 统计提取数据。
- 为 BM 会议生成 BM 统计报表。
- 记录有问题区域的分析状况。
- 分配改善行动及监督实施进度。

激发方案 6 的管理程序应该包含：

- 向上呈报需要更高管理权限的问题。
- 安排改善行动的优先顺序。
- 停止改善行动。

部署图的更新

虽然激发方案 6 对改善 CO 流程有显著的影响，但是改善行动的处理过程未被记载到现有的部署图。因此，应将激发方案 6 的程序作为 BM 及修复行动的成果加入部署图。

激发方案 6：小型实施计划的考虑事项

- 为 BM 统计、汇总原因清单。
- 开发操作方式，从 MTO WO 档案提取 BM 统计所需资料，并记入 BM 统计档案。
- 建立 BM 委员会，确定会议频率及会议架构。例如：

  ——检讨启动的改善项目的进度。

  ——启动新改善项目。

  ——选择新区域进行调查与分配人员。

- 建立作业程序和管理程序。
- 根据积累的经验，使用及更新程序。

实施 MTO 激发方案 7

监督产能，以识别产能制约资源（CCR）并加以管理

激发方案 7：简介

当资源没有足够的产能来满足被强加的要求时，显然可知 CCR 的存在。这样的情况反映在 BM 统计上，显示出 CCR 是使缓冲侵蚀成为红单或黑单的主要原因。

事实上，处理 CCR 问题分为 3 个阶段：

（1）检查并确认 CCR 已充分利用——CCR 在加工正确的 WO 并且产能没有浪费。指派相关人员组成团队去调查现状，提出能增加 CCR 可用产能的简单且务实的行动。这里的解决方案是沿着管理聚焦流程步骤 2 的原理，即决定如何充分利用系统的制约。目标是尽可能从 CCR 释放出更多的产能。

（2）必须确保 CCR 不会超负荷，这是通过使用"计划负荷"的原理。实际上是管理 CCR 的负荷，每张新 CO 的承诺交期是根据 CCR 的产能负荷而定的。只要响应市场的时间不受威胁且客户无抱怨，这个解决方式便可实行。依照聚焦流程步骤 3，即其他资源全力配合如何充分利用系统制约的决定。在实际操作上是销售全力配合 CCR，表示因缺乏产能，公司可能流失销售机会。

（3）这个阶段是管理者考虑投资方案，以取得更多的产能，这是聚焦流程的步骤 4，即提升系统的制约。

激发方案 7 支持处理 CCR 的前两个阶段。

激发方案 7：团队共识

员工大多对 CCR 超负荷的要求没有异议。不过，产线主管与操作人员可能对"生产流动的制约"感到不舒服。

处理这种疑虑的方式为以简短的演示带领他们理解制约与聚焦五步骤的原理，并积极地应用于寻求 CCR 产能和降低时间浪费的更有效方式。

激发方案 7：机制、程序及部署图的更新

在第 3 章的激发方案 7 部分包含了 6 个想法，以利于提高 CCR 的有效时间。如下 4 项是针对有效充分利用的构想：

（1）指派 CCR 相关团队。

（2）检查机器使用中的时间损失。

（3）检查机器因 WO 排序带来的时间损失。

（4）将负荷转到其他机器。

另外两项在于提升系统的制约：

（5）转包给外部供应商。

（6）考虑投资额外产能。

这部分内容还介绍了通过计划负荷的原理，使销售全力配合可得的 CCR 产能。在此，展开一部分上述构想。

更有效地充分利用 CCR，借助 CCR 的工作排序，以促进生产流动和产能利用（举例）：

- 成立一个特别团队，经常开会（每周一至两次），商定两次会议间的 CCR 工作顺序。
- 该团队执行系统中开工 WO 的负荷分析，建立 PB 时段内计划负荷的数量。
- 从系统取得在 CCR 前等待加工的 WO 清单。
- 根据 WO 的缓冲状态排序，并且调整顺序，以合并同类工作的方式来节省时间。
- 遇到相同产品族内换线时间短，而不同产品族间换线时间较长的情况（相依性换线），改变顺序将同族产品排在一起。
- 与相关产线主管沟通 CCR 的工作清单。
- 检查遵守顺序的情况，并提出工作清单的编排流程的改善建议。
- 每 3 ~ 6 天重复此流程一次。

计划负荷的机制

这部分的机制建构相当简单，在此列出一些准则（精简版）：

- 选择预期中负荷最重的资源为 CCR。
- 建立一个 CCR 产能的"预定"档案（Excel）。
- 该档案应该呈现 CCR 可用产能的数量，从当日算起的每日行事历（扣除故障及维保时间）。
- 计算所有开工 CO 需要的 CCR 产能总量（含换线时间）。
- 在 Excel 档案中预定上述产能。
- 找出 CCR 有可用产能的第一个日期，作为下一张 CO 的时间起点。

- 将对客户承诺的交期设定为 CCR 的第一个可用日期加上 PB 时间的一半。
- 在接受订单后，将 CCR 所需的预定时间记入计划负荷 Excel 档案。
- 在 CCR 预定表上，从上述的第一个可用日期减去一半 PB，这是投放对应 WO 的时间点。

激发方案 7 的作业程序应该包含：

- CCR 团队应该执行的行动程序。
- 基于 CCR 的可得性，为新 CO 提供 QLT 的程序。

激发方案 7 的管理程序应该包含：

- 增加内部产能的程序，在既有工班上加班，增加操作员，以及增加班次。
- 分包给外部供应商的程序。
- 为新 CO 使用计划负荷提出交期的程序（超过标准的 QLT），接受新 CO 和更改现有 CO。
- 考虑投资新增产能的程序（前提是已充分利用所有的构想，而销售呈增长趋势）。

部署图的更新

激发方案 7 的程序使部署图变更，对应处理 CCR 的 3 个范围。

（1）因出现一个或多个 CCR 而做出改变：
  - 短期产能规划（3 ~ 6 个月）。
  - 处理短期的机器或资源的需求高峰。
  - CCR 工作的排序，如激发方案 3 所述，特别调整 CCR 的顺序，可能更改某些准则。

（2）根据计划负荷的机制做出改变：
  - 为了潜在的新 CO，回应询（报）价的程序。
  - 接受新 CO 的程序。
  - 提出更改 CO 的程序，含交期及/或数量。

（3）根据产能扩大的规划做出改变：
  - 中期（1 ~ 2 年）产能规划。

激发方案 7：小型实施计划的考虑事项

- 列出潜在 CCR 的清单，基于在车间行走的目视评估，寻找工作中心前面在制品堆积的地方（按资源的工时衡量绩效）。

- 在 CCR 清单上加入产线主管、生产计划与控制部及管理者提出的资源。
- 指派实施团队的成员，密切监督 CCR 清单顺序上方最重要的部分。
- 检讨 CCR 清单以了解现状，新增或删除清单上的资源，重排清单上机器的优先顺序。
- 生成 CCR 的工作清单（在计划负荷程序就位后，继续做）。

实施 MTO 激发方案 8

挑战并调整移转批量（TrB）的大小，以促进生产流动

激发方案 8：简介

批量太大的最佳迹象是，管理者很想将 WO 拆成几个较小的子工单，并让子工单在各机器间流动。这样的解决方案是一种修复行动，在激发方案 4 中用于对应红单和黑单。只有在子工单能快速流动的情况下，对较少批量进行赶工才有可能补救延迟订单。

如果拆分 WO 对流动有正面作用，且有助于准时交货或减少订单延误，为何不用于日常作业呢？激发方案 8 建议秉持实用性、谨慎性和 BM 统计的排序建议的原则，不断努力缩小 WO。

激发方案 8：团队共识

激发方案 8 可能需要一些努力来达成团队共识。WO 的数量、批量大小一旦被确定下来，就会被认定是"对"的。然而，生产线长期处于这样的冲突：一方面，二十多年来，降低批量的持续压力（主流想法是流水线、丰田生产系统的看板，以及精益的"一个流"）；另一方面，成本观念倡导大批量的好处，认为能有更高的经济效益。

无论压力是来自改善流动的技巧还是缩小批量，生产人员可能都不想这样做。这是可理解的，因为对他们而言，目前主要的绩效奖励基于高效率，而大批量易于达成高效率。

即使 TOC 实施者知道批量缩小的好处，还是建议实施激发方案 8 要谨慎。有个潜在的 NBR 是，缩小批量会大幅度增加换线次数，使 non-CCR 成为 CCR。因此，初期必须先测验 WO 小批量投产的所有实际状况。之后，应该建构一套展开计划，陆续带进小批量的 WO。

激发方案 8：机制、程序及部署图的更新

对于 WO 批量大小造成的流动中断，激发方案 8 需要系统化处理。

在第 3 章中，提出的一般性准则概述如下：

（1）识别数量太大的 WO。

（2）检查这些 WO 的负荷。

（3）检查是否符合外部规定。

（4）检查批量大小的经验及技术考虑。

（5）与生产计划与控制部查核批量缩小的可操作性。

（6）实施试验。

（7）识别缩小批量的意义，对流程进行必要的变更。

（8）开发一套展开计划，以便对更多 WO 重复相同步骤。

【警示】请注意，WO 通常附有全部的技术文件。WO 批量缩小，会增加整个 WO 的文件数量。能找到将打印文件减到最低必需量的做法会有好处，同时要确保有电子文档可用。

生产计划与控制部应该有一张清单（参考表），呈现批次数量的敏感度，内容可以是关于产品的 PB 档案（依照激发方案 2）。对于 A 和 T 的流动类型工厂，可汇总零部件或次组装的清单。这些清单应该持续维护。

当批量大小受到生产流程支配时，清单应该包含一个批次的信息。

激发方案 8 的作业程序应该包含：

- 辨别 WO 对批量大小的敏感度，记录到相关的清单中，决定建议的批量大小。

激发方案 8 的管理程序应该包含：

- 在意见不一致的情况下，向更高管理层提报批量大小的问题。

部署图的更新

记录变更部分：

- 在生产计划与控制部的任务范围内，增加处理批量大小的工作。
- 使用批量大小的清单来投放 WO。

激发方案 8：小型实施计划的考虑事项

- 制作一张对批量大小敏感的初始清单，并记录建议的生产批量大小。
- 制作一张对批量大小敏感的初始零部件或次组装清单（在合适的时间）。

- 建立维护批量大小清单的机制。
- 建立清单与 WO 投放程序间的关联。

◀ 本章小结 ▶

　　成功实施方案的关键是，决心实行所有的 TOC MTO 激发方案，且不妥协。不只是为了立即改善的效果，更是执行完整的解决方案并投资于持续改善。对本章内容最好的总结是，反思每个激发方案的目的是什么。

▌建立正确的思维

　　激发方案 1：包含主要的思维转变、管理层的承诺和新衡量指标，是建立决定性竞争优势的基础。

▌立即改善

　　通过采纳管理流程的规则，使用 TOC 系统方法来执行。

　　激发方案 2：投放 WO，提供满足 CO 需要的 WO 的开工信号。

　　激发方案 3：分配执行 WO 的资源。

　　激发方案 4：采取修复行动，聚焦且有效地赶工，以确保 CO 不错过交期。

　　激发方案 5：确保物料的可得性（以保障可启动生产流动）。

▌持续改善

　　激发方案 6：改善流动，通过全力聚焦于流动上的主要中断之处。

　　激发方案 7：处理 CCR。

　　激发方案 8：以适合的流动方式调整 WO 数量。

　　本章提供了许多实用的构想，加上前几章的知识，相信在实施 TOC MTO 方案上，您能获得成功、获取有益的成果。

EVER ▶ ▶ ▶
IMPROVE

第 5 章

TOC 可得性生产解决方案

◀ 简 介 ▶

本书前 4 章涵盖了制造企业实行 TOC MTO 解决方案的完整内容。MTO 生产形态是最理想的模式，只生产即将使用和消耗的产品，从而降低未利用的零部件或产品的浪费与过时报废。然而，现实中只有极少数的公司拥有这样的环境。由于许多客户不愿意花时间等待零部件或产品，就像不接受制造商提出的交期前置时间（QLT）一样。如此一来，制造商不得不采取 MTS 模式①。一旦可从库存得到零部件及产品，市场往往被"宠坏"，后果是公司想要继续做生意就得顺从市场需求而设置库存。

有些 MTO 公司由于市场战略，能设法回避转到 MTS 的压力。这些特殊的市场战略可通过独家产品或降价的做法来实施。举例来说，许多欧洲及北美的分销商和零售商喜欢向远东地区的制造商购买产品，大多数是 MTO 模式。分销商必须承诺大批量采购，等待数周或数月直到货物到达。由于分销业务的本质是卖出库存产品，虽然能在当地少量采购，但是价格偏高。TOC 认为，强迫客户购买超

---

① MTO 与 MTS 的基本描述在本书第 2 章。

过他们实际需要的数量（"推"销），不是最好的方式，包括以为推销能为制造商带来利润优势的想法。具体而言，供应链下游需要的是弹性，即能按照客户实际需求调节自己的库存。所以，能可靠地提供产品可得性的制造商便可超越竞争对手，赢得商机并让客户满意。

TOC MTO 解决方案执行到位的制造企业，称得上是可靠的供应商。这些供应商继续尽最大努力缩短 PB 及 QLT。不过，即使有了如此出色的表现，客户还可能需要更短的交期。

如前所述，几乎每个 MTO 环境都有从库存供应的业务机会。有些公司是 MTO 和 MTS 混合的环境。还有些如刚才所提，可能或甚至应该考虑有些产品是随时有货可卖或消耗的。像消费品与日用品制造公司的运行便是 MTS 环境。

MTS 表示在没有客户的确定订单的情况下，便开始制造。此时，只能使用预测来确定生产的数量。但是如果预测准确消耗和销售量的能力有限，那么公司势必面临两个主要的 UDE：

- 缺货：实际需求量大于按预测储备的库存量。
- 库存过剩：期待的消耗或销售量远低于按预测储备的库存量。

这两个 UDE 对公司的利润造成负面影响。

所以，管理上的矛盾是，屈服于压力并生产更多库存，或者顶住压力并继续要求客户下订单而按 MTO 操作。

虽然实施 MTS 有利于支持销售的潜在成长，但公司一般更偏向 MTO，因为 MTO 没有 MTS 涉及的高运营费用和现金支出等方面的财务负担。

因此，许多公司抗拒转成 MTS 模式，直到没有其他的选择时。在被迫的情况下，即使只有一些产品采用 MTS 方式，还是会面临上述的两个 UDE。以 TOC 来理解，表示导致 UDE 的疑云图中的矛盾尚未化解，公司只是从图的一边移到另一边，依然挣扎于负面效应中。

可得性生产（MTA）模式是 TOC 的 MTS 解决方案，用于处理上述矛盾。MTA 解决方案设立工厂或中央仓库来解决自制件、组装件或成品的可得性，并持续监督库存水位，以利于管控及消除过剩的库存。一般而言，MTO 激发方案 5 的原理可应用于 MTA，使管控机制延伸到所有自制件的库存、成品及某些组装件、次组装件，生产中的零部件。

MTA 的思维核心是可得性的承诺。整个生产环境保证工厂（中央）仓库持有必要的库存物料。当所有支持可得性的激发方案到位时，公司便可利用出色的管理表现，向一些客户提出承诺可得性的特别业务方案。

在此章节，MTS 用于一般性的库存式生产环境，企业当前采用为库存而生产的方式。而 MTA 用于 TOC 的解决方案。

MTO、MTS 及 MTA 的主要差别在于驱动生产的方式。

MTO：驱动要素是客户订单（CO）。在收到、接受与承诺交付后，便启动生产流程。

MTS：目前的做法是使用预测作为启动生产的依据。公司在没有任何市场购买承诺的情况下，确定生产什么产品以及生产时间和数量。

MTA：依照事先设定并持续监督的库存缓冲的侵蚀程度来确定生产顺序。

接着，进一步了解 MTO 及 MTS 对内部流程的影响：

- 处理客户订单。
- 驱动生产流程。

需要讨论以上这两项内容，理解它们的差别，以利于建立 MTA 解决方案的实施基础。

MTO 环境中接收 CO 的职能/部门（通常称为客户服务，简称客服），负责接单工作及将相关订单资料传给后续的规划职能/部门。

在传统的 MTS 环境里，客服与规划职能/部门间没有互动。在接到订单或存货查询时，客服人员检查在库存货是否能满足客户需求。假如当时存货不足，就向生产控制人员询问预计何时完成补货。而客服与生产控制人员之间的沟通仅限于询问数据，不涉及如赶工或开始新一批产品的生产行动。

MTS 不以 CO 驱动生产流程，而以预测来制订生产计划。预测的主要信息来源有两个方面：

（1）来自销售职能/部门，基于历史数据及销售预测。

（2）来自特定的预测方法（通常由 MRP/ERP 系统提供）。

为了编制生产计划，生产规划工作中使用预测，普遍的做法是给予生产部门全部存货品项的月度计划。整个规划工作需花几天的时间，才能发到生产车间。据我所知，不少公司在每月 26 日开始收集数据，花几天时间整理及输入资料，并与所有部门取得共识，在次月 5 日将生产计划交给车间。如此冗长又繁复的流程，打消了公司增加编制生产计划次数的想法。

其实，大多数的情况是一个月中的变化与精心编制的月度计划差别很大。结果是，某些市场需要的产品缺货，而车间在高压力下要去生产断货的产品，改变了原来的生产计划，造成产能浪费及延误其他产品出货。如此一来，生产现场势必混乱。对生产系统而言，预测方式显然对可得性没有帮助，无助于确保生产流程的顺畅。

为了化解预测的负面影响，TOC MTA 解决方案采用减缓需求波动的原理，从而确保为可得性而开发的新管理原则。TOC 的概念是将设置的成品库存视为库存缓冲，用来保护销售。一旦有了库存缓冲，就必须加以管理并使之发挥作用，以不太多的额外库存便能保障可得性。

库存缓冲设置在工厂仓库，作为生产及整个供应系统的调节器。工厂仓库供应市场需求及承受需求波动，以其中库存缓冲的消耗程度来驱动生产流程，取代预测方式。虽然还是有预测，但为间接的方式，这点稍后说明。

请注意工厂仓库这个用词，一般是指储放成品的地方，与生产设施在相同的地点或在工厂的附近。此外，有时公司将成品存放在比较远的地方，或者制造商出货到客户的中央仓库，这些都称为中央仓库。为了保持理解的一致性，任何一种仓库类型都称为工厂（中央）仓库[Plant（Central）Warehouse，P（C）W]。

建议，P（C）W 的库存管理者应该是现有组织架构中，符合物料管理职责的部门。为了确保 P（C）W 发挥调节的作用，对生产及整个供应链而言，重点是相关的管理人员持续监督 P（C）W 的库存缓冲的"水位"，含分析出库的消耗情况，以及生产部门供应的速度和可靠度。总之，所有的措施都是为了以足够的存货可得性来保障不缺货。

采用 TOC MTA 解决方案来管理 P（C）W，管理层能控制公司的绩效表现，进而建立全面的 MTA 运行架构。

TOC MTA 激发方案的组成与 TOC MTO 的激发方案相似，制造商的环境包含 MTO 和 MTS。因此，保持类似的激发方案及类似 1～8 的编号，方便对 MTO 或 MTA 方案的讨论（激发方案的编号只起索引作用，不代表实施的顺序）。请注意，TOC 供应链管理（SCM）解决方案的生产模块包含了 8 个 MTA 激发方案中的 7 个（第 2 ~ 8 个激发方案），还包含可得性分销（DTA）模块（见"本书简述"部分的图）。

本章的 TOC MTA 解决方案是根据前面章节中激发方案的原理制订的。大部分 MTA 激发方案内容及机制和 MTO 激发方案相同，在此只讨论不同之处。如需复习激发方案的全部知识，请重新阅读第 3、4 章。

第 5 章参照第 3 章的结构内容。

◀ 可得性生产（MTA）解决方案概述 ▶

战略：企业要达到什么目标？

战略，让制造型企业具备高水平的存货可得性（实际上接近 100% 的可得性），且无过剩的库存。

就 TOC 来看，库存是一种战略性布局，应该使用系统化方式来管理。在 TOC MTA 解决方案中将库存定义为缓冲，并有效地加以管理，包含规划需要的库存并持续监控，而且当库存缓冲受到威胁时采取修复行动，并调整缓冲以符合消耗趋势。

战术：如何实现战略？

战术，生产与物料管理应用 TOC 补货系统。

物料管理是管理物料可得性的职能，建立与维持 P（C）W 作为生产的主要调节器。生产管理者的职责是致力于保障可得性。这不是鼓–缓冲–绳子，也不是简化的鼓–缓冲–绳子，而是一套流动的运行系统，根据市场的需求变化来管理生产流动。就生产而言，MTA 激发方案看起来类似于 MTO 激发方案，但也存在概念上的差异。

运营层面：什么是具体的行动项？

高层管理者必须建立可得性的思维并支持运营的绩效指标。

物料管理部门必须建立 P（C）W，并保证它能发挥生产调节的作用。

生产部门必须建立一套生产流动系统，依照补货准则负责 P（C）W 的消耗需求。

TOC MTA 解决方案的通用架构如图 5-1 所示。

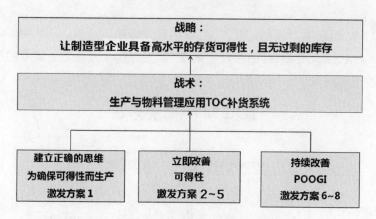

图 5-1　TOC MTA 解决方案的通用架构

完整的 MTA 解决方案和 MTO 解决方案一样，包含 8 个激发方案，分成 3 部分。

1．建立正确的思维：为确保可得性而生产

给生产部门和物料管理部门清楚的信息，使其必须保证存货的可得性。MTA 激发方案 1 的思维及本质与 MTO 激发方案不同，如图 5-2 所示。

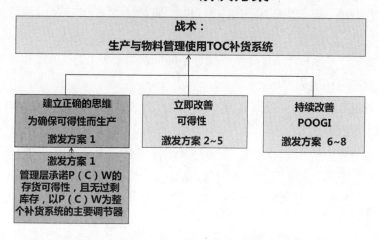

图 5-2　TOC MTA 解决方案：激发方案 1

2．立即改善：通过建立和管理 P（C）W 的库存缓冲，实现可得性的立即改善

P（C）W 驱动生产流程，取代 MTO 的客户订单。

TOC MTA 与 TOC MTO 的激发方案 2、激发方案 3 及激发方案 5 的主要区别如下，如图 5-3 所示。

TOC MTA解决方案

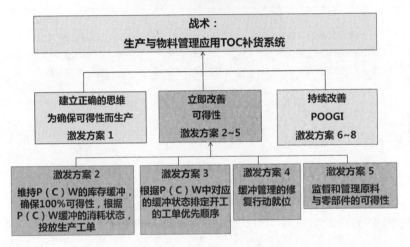

图 5-3　TOC MTA 解决方案：激发方案 2~5

激发方案 2：相较于 MTO 的客户订单，MTA 经由 P（C）W 的消耗来驱动工单投产。

激发方案 3：相较于 MTO 生产缓冲的时间缓冲，MTA 经由库存缓冲的消耗程度来决定工单的优先顺序。

激发方案 5：MTA 确保原料及零部件的库存缓冲的可得性，而 MTO 使用时间缓冲和库存缓冲。

请注意，激发方案 4，缓冲管理的修复行动，虽然二者使用相同的管理平台，但工单的颜色机制不同，MTA 按照库存缓冲的状态，而 MTO 按照时间缓冲的状态。

3．持续改善

这部分的结构与 MTO 解决方案相同，含收集并报告缓冲管理的统计资料，管理产能制约资源（CCR），当出现 WO 的数量干扰生产流动效能时挑战 WO 的

批量，如图 5-4 所示。这部分的目的是确保生产流动的持续改善。

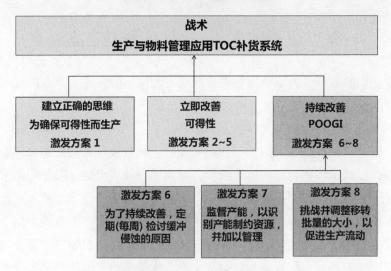

图 5-4　TOC MTA 解决方案：激发方案 6~8

　　请注意，TOC MTA 解决方案是整个供应链解决方案的一部分，包含供应链的制造环节。完整的供应链管理解决方案还包括分销部分，直到终端客户的流动过程，第 5 章结尾将对此简要介绍。

| TOC MTA 解决方案的激发方案的完整清单

　　MTA 激发方案 1：管理层承诺 P（C）W 的存货可得性，且无过剩库存，以 P（C）W 为整个补货系统的主要调节器。

　　MTA 激发方案 2：维持 P（C）W 的库存缓冲，确保 100%可得性，根据 P（C）W 缓冲的消耗状态投放生产工单。

　　MTA 激发方案 3：根据 P（C）W 中对应的缓冲状态排定开工工单（WO）的优先顺序。

　　MTA 激发方案 4：缓冲管理的修复行动就位。

　　MTA 激发方案 5：监督和管理原料与零部件的可得性。

　　MTA 激发方案 6：为了持续改善，定期（每周) 检讨缓冲侵蚀的原因。

　　MTA 激发方案 7：监督产能，以识别产能制约资源（CCR），并加以管理。

MTA 激发方案 8：挑战并调整移转批量（TrB）的大小，以促进生产流动。

对于每个激发方案的知识，将使用与第 3 章相同的陈述结构。

◀ 建立正确的思维：MTA 激发方案 1 ▶

建立正确的思维是为了确保管理者明确带领团队的方向，并在前进的过程中得到企业文化的支持。

TOC 的基本主旨是有效产出应该是任何企业的第一优先指标（同时密切监督投资及运营费用，以支持有效产出）。公司及每位利益关系人的福利都依赖稳定的财务表现，以及销售和利润的持续成长。而增加有效产出是保障公司未来发展的最佳途径。在客户期待可得性的环境中，关键的思维是每位员工都知道且理解：只有在客户购买公司销售的产品及公司有货可卖时，才能产生有效产出。因此，必须认同可得性是优先顺序的第一顺位。同时，必须在组织的每个部分强调仅仅提供可得性还不是一个好战略，过剩的库存会拖垮公司，因此公司需要明智地管理库存。

在 20 世纪 60 年代电子产业蓬勃发展的时期，最主要的问题是缺货，因而开创了物料需求计划系统，以确保在组装或完成产品阶段不缺原料及零部件。不过到了 20 世纪 80 年代，过剩的库存显然成了公司的负担，对公司的竞争力伤害极大（特别是面对精益生产及敏捷反应的日本公司）。因此，人们大声疾呼降低库存。这两个需求都是正确的，公司必须拥有可得性，同时应该消除过剩库存引起的浪费。

传统上，普遍的思维认为可得性与无过剩库存这两个需求有冲突，一方的存在使另一方付出代价。必须挑战和取代这个想法。

正确的思维是接受公司有这两种需求，每位员工必须承诺为了落实可得性且无过剩库存全力以赴。

有人可能认为这个"新的"及"对的"思维只是普通常识而已。有道理（但是……不可能实现）!是什么阻碍了人们采纳这个思维？目前普遍的惯例是采用预测的方式。

负责建立库存的人除了依赖预测没有别的选择，共同的经验明显反映出预测是不准确的,却仍相信别无他法。TOC MTA 解决方案证实了确有他路可循。然而，"实证还不够真实"。因此，必须通过一些试点（测试）来验证 MTA 的可行性及对公司绩效的影响，以建立采用 TOC 管理方式的信心。这个测试应该含少数的存货单位（SKU），或者称为产品款式。一旦建立了对 TOC MTA 解决方案的信心，便应该应用到具有扩展潜力的产品线，逐步扩展到更多的 SKU。总之，以接纳且开放的思维，来实施与见证通过较少的库存实现更高的可得性。

这只是影响可得性全貌的一部分。

另一个重要的思维必须改变——与制造商增加销售的认知有关。普遍的思维是"推"，鼓动客户买得越多越好。推入市场越多，固越然能增加制造商的收入，但通常也会出现负面分支。有时客户可以全额或部分退款及退回未售出的货品，有时必须以降价促销来消除过剩的库存。这样的折扣对整个供应链及制造商都不利，使整个供应链的有效产出总额减少及信誉受损。

制造企业的管理层必须勇于采取"停止推销"产品给客户的思维。管理层一直被企业的利润目标所驱使，公司卖得越多，财务报表越好看。因此，停止推销在短期内对财务表现可能有负面影响。

2008—2009 年的经济危机证明了，推销心态造成制造商本身很大的伤害。那次经济危机受到缺少可用现金的支配，零售商和批发商担心潜在的经济衰退而减少采购，不过整个供应链的库存却是满载的状态，因而从仓库到最终客户的通道继续销售了数周甚至几个月的时间。当时，整个供应链大幅减少补货订单，制造商面临需求大量降低的情况（在超过 6 个月的时间，有些降低了 50%，甚至 80%）。因此，对制造商而言，该事件证明了"推"的方式并不是优质的长期战略，而解决供应链太满带来的风险的办法是实施 TOC MTA 解决方案。

自 20 世纪 80 年代起，由于要求降低库存的持续压力，"推"的思维随之加温。当今的精益方式有这方面的含义。具体而言，制造商试图避免设立工厂仓库，或者尽可能越小越好。此外，制造企业拥有自己的区域仓库（或配送中心），生产的东西都送到这些仓库。

因此，实施 TOC MTA 解决方案的正确思维需要考虑并涉及区域仓库的管理者。他们将是首批受到新思维"停止推销"冲击的人，因为设立 P（C）W 可能被他们视为削弱自己在系统中的重要性。另外，需他们接受新思维的理由是，后续区域仓库将实施的分销解决方案是可得性分销方案遵循相同的补货逻辑，如同 MTA 环境中 P（C）W 的运行方式。

如果制造商为某个特定客户生产几个 SKU（也称为"贴牌生产"），并直接送

到客户的中央仓库，那么必须得到客户高层管理者的同意，并承诺采纳提出的
MTA 思维。

| MTA 激发方案 1

管理层承诺 P（C）W 的存货可得性，且无过剩库存，以 P（C）W 为整个补货系统的主要调节器

MTA 激发方案 1　激发方案的本质

为了 MTA 而设计的 TOC 解决方案，确实符合简单且实用的定义。然而，真正的挑战是思维的改变，因为需要摆脱目前 MTS 的管理模式与做法。

在此，需要讨论几个概念性议题：

（1）可得性的承诺。

（2）MTA 环境的衡量指标。

（3）处理预测。

（4）较短预测时段的意义。

（5）聚合需求的重要性，即 P（C）W 的必要性。

（6）了解供应链的下游。

1. 可得性的承诺

TOC MTA 的核心概念是支撑需要以库存来满足市场需求的业务，如图 5-5
所示，即公司选定以库存方式来管理的产品，对公司的绩效表现和市场的竞争地
位具有举足轻重的影响力。

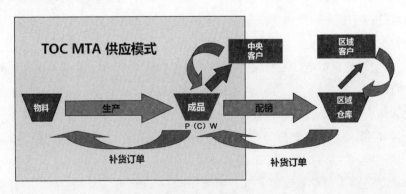

图 5-5　TOC MTA 供应模式

自过去二十多年来，企业饱受降低库存的压力。许多制造商表示取消库存，主要由于观念上认为库存是不好的，需要缩小工厂仓库的大小。而且当前的普遍想法是，货架上没货及产品零库存都不是问题。

TOC MTA 运行模式的思维在于可得性，这是思维的转变。为了确保可得性，管理层不仅必须接受 P（C）W 有存货，还必须承诺妥善管理。

这个情形在某个程度上好像回到了 40 年前。

答案：是，也不是。

"是"，为了提升客户服务，认同持有库存的重要性。

"不是"，因为承担妥善管理库存的全部责任会是不同的思考。这一切都来自"管理方式"，而管理方式又受衡量指标的驱使。

2. MTA 环境的衡量指标

可得性承诺的水平基于正确思维的认知，可以通过衡量指标来检测与验证。为了知道思维是否支持可得性和无过剩库存，应该衡量什么？

（1）P(C)W 的可得性能通过衡量非零库存的 SKU 数量。每个零库存的 SKU 应该宣布缺货，而期望的绩效是降低缺货达到零的程度，或者尽可能且务实地接近零。另外，衡量某些 SKU 子群组的可得性可能有益，如畅销商品（处于高需求及继续成长趋势）和高有效产出的 SKU。

衡量可得性就像在某个时间点的快照，快照工作应该次数频繁（至少每天一次）且做法一致，一般的公式如下：

$$可得性 = 100\% - 缺货 SKU 的百分比$$

（2）无过剩库存可通过库存周转数来衡量。库存周转数越高，库存转动得越快，表示库存停留在系统的时间越短，销售的速度越快。高库存周转数也表示高效的库存资金使用（符合投资者的心意）。

（3）还有一种过剩库存的衡量是过时的废品（有时是客户退货率），每个过时的废品的金钱价值应该以系统所记载的内部价值来衡量（被核销的销货或产品的原材料成本）。衡量指标应该显示报废金额的下降趋势，并与实施改善之前及开始的核销废品金额进行比较。

在某些行业如服装行业，当产品卖得不好时，零售商就以"降价"刺激销量。这些产品以折扣价促销，有时甚至低于采购价格。一般不被视为过期报废的产品，即使能保住原先投入的金钱，也不是使用资金的最佳方式。而有些零售商采取无剩余库存的概念，走向另一个极端——按季度控制订购，甚至不惜付出缺货的代价。对他们而言，能卖出所有的买入货品而不需要减价是了不起的。靠着新设计来补偿"销售一空"的情况，这样的做法在方向上是对的，但丧失了销售更多畅销品的机会。TOC MTA 解决方案可以有效地帮助这些企业拓展更多的畅销品销售机会。请注意，缺货的产品通常是人们喜欢及想买的商品，但是备货计划无法提供足够的可得性。

（4）为了完善整体的衡量信息，建议在 MTA 机制下增加存货的销售报表，作为管理的观察资料，但不是绩效衡量指标。期望改善可得性能提升销售，已有不少研究证实了此类现象。然而，现实中可能发生可得性上升，却未能提高销量的情况，可能是因为未能满足其他市场条件。当这种情况出现在解决方案的原理与机制的试运行阶段时，建议进行调研，以理解市场的其他需求。调研工作应该由市场部门担纲。

3. 处理预测

当制造商不能以 MTO 模式运作时，表示必须在没有客户确认订单的情况下生产。他们必须在预测客户未来会买多少的情况下决定生产多少。为了做决策，生产计划部向销售部或市场部要预测数量，高层管理者也支持这个要求，也使用该预测数字来估算公司的财务表现。常见的做法是根据预测的目的，分成以下几个不同的时间范围来预估：

- 为了年度预算——编制年度预测报告，通常包含总体的销售计划和每个产品族的细项。
- 为某个季节性及每个财务季度——编制一份更详细的预测报告。
- 为了相关SKU——制造商的生产计划人员按月编制每个SKU的详细预测。

虽然预测是不可能准确的，但依然要求人与系统要预知未来。电脑软件基于过去的销售资料来预估，有时由于某些市场知识、某种"直觉"及财务考虑，销售和管理层会对相关数字进行调整。

鉴于预测不可能准确这个事实，许多公司增加了高级软件系统的投资，期望提高预测的可靠性。

相较于复杂与昂贵的做法，TOC 之所以能提出既简单又便宜的方法，是因为深入理解了如下两种现象：

- 就公司整体而言，预测时段的长短与财务表现有关联。
- 一个含有许多消耗点的系统的统计波动。

4. 较短预测时段的意义

预测的时段越长，产出的存货越多。因此，预测和现实间的任何不匹配导致不是缺货就是过剩，对公司的利润造成负面影响。预测的时段越短，越能缩小错误的影响力，存货的投资就越少。

P（C）W 的计划存货必须足以应付任何连续两个生产交货期间的销售预期。可通过增加生产的交货频率，来降低 P（C）W 的库存水位。

一个简单的例子：

一个 SKU 每月从 P（C）W 平均销售 120 个，按月计划进行生产，表示该 SKU 每个月有 1 张工单，共 120 个。理想状态是，P（C）W 每个月开始的库存是 120 个，到月底库存用完，并应该补充 120 个，如图 5-6 所示。

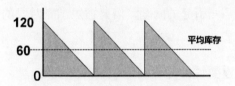

图 5-6　仓库按月补货的库存概况

P（C）W 的平均库存为 60 个。

现在，改为每月有两张补货工单，每张 60 个，而 P（C）W 的平均库存则降到 30 个，如图 5-7 所示。

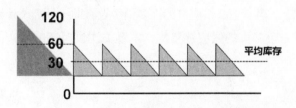

图 5-7　补货频率为每月两次的库存概况

可以继续提高补货频率。如果改为每周有 1 张补货工单，就可以把平均库存降低到 15 个，而仍然保持平均库存 60 个的可得性。

以上说明了频繁交货与 P（C）W 计划的库存水位间的联系。频繁交货有助于降低仓库的平均库存，这是到下次补货前，需要供给的较短期存货。

现在，需要考虑更多的现实元素。现实中，需求和供应有波动，需求的波动导致销售量大于平均值，而供应的波动来自生产线的种种干扰源（"墨菲"有时会出现，紧急订单往往要优先处理等）。如此一来，仓库需要持有额外的安全库存，加上为了应对这些波动，公司倾向于加大存货量。

TOC 解决方案有助于控制计划与实际的库存水位，使供应水平既稳定又可靠。这是通过适合的优先顺序系统来实现车间的改善绩效，相同的优先顺序系统可以快速响应销售增长。为了使生产线快速回应 P（C）W 的需求，需要知道每日因销售从 P（C）W 出货的情况。在生产控制人员定期补货（每周或双周）下，每日的销售数据给予需求增加的早期预警，假如需要更多库存，则采取特别的补货行动（如加快已开工的工单，增加既有工单的数量，投放新工单）。

每日的销售报表也有助于控制多余库存。当报表显示某个 SKU 的销售不如预期时，补货工单可能要暂缓、降低数量，甚至取消。

总之，要解决因预测引起的问题，需要缩短预测时段的长度，并快速调节库存水位以应对实际需求。

5. 聚合需求的重要性，即 P（C）W 的必要性

还有一个方法可以帮助处理预测不可靠引起的问题，即了解聚合需求的重要性。

供应链从制造商到终端客户包含数个环节，通常每个环节都持有库存。生产之后，成品从 P（C）W 送到区域仓库。每一个区域仓库先供应给分销商或批发商，再供应给零售商（店）。有些供应链可能环节较少，最短的供应链可以是 P（C）W 或区域仓库直接供给商店。每个供应链有许多消费者购买的销售点，可以是数百、数千、甚至是更多的销售点。事实上，供应链的许多销售点有助于处理统计波动。

图 5-8 呈现了一个基本的供应链结构，本章关注供应链的生产部分。

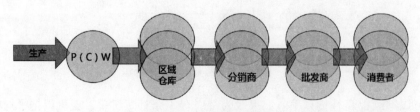

图 5-8　基本的供应链结构

　　P（C）W 受制于需求的波动，虽然区域仓库及其他向 P（C）W 采购的客户的消费模式不可知，不过统计资料能提供帮助。以几个消费点的合并需求来看，统计波动呈现趋向平衡的趋势。因此，合并需求的"分布"（标准差）是小于所有个别点之波动的总和（总和的偏差小于偏差的总和）。这表示供应商知道几个消费点的合并需求，比每个点的需求更稳定。所以，如果持有的库存较接近生产的源头，则更能以较少的库存服务整个系统。

　　【范例】工厂仓库供应企业内部的 3 个区域仓库，如图 5-9 所示。

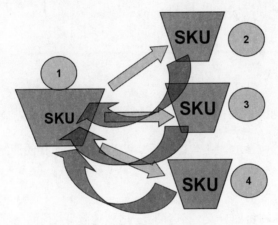

图 5-9　工厂仓库供应 3 个区域仓库

　　区域仓库 2、3、4 受制于需求波动。假如大多数库存放在区域仓库 2、3、4，而需求又不符合预期（各仓库的局部预测），如同一个 SKU，区域仓库 2、4 可能已经缺货，而区域仓库 3 可能存货过剩。

　　工厂仓库 1 的需求是区域仓库 2、3、4 的合并需求。就统计来说，环节 1（工厂仓库）的需求波动比 2、3、4（区域仓库）的波动小，因为环节 1 统计波动已经得到平缓。

　　总之，整体的需求预测越在上游的环节越准确，在源头最准确，即工厂层面。因此，存货应该放在 P（C）W，而分销链上其他仓库的库存只需应付到下次补货期间的消耗量。一个更稳定的需求表示波动较小，即较少的库存便能对应需求高峰。

　　当需求波动时，根据平均需求量来准备库存是不行的。因为有时需求高于平均值，而在补充到位前库存已完全用尽。因此，计划的存货应该高于平均值。问题是高多少？统计上，存货计划是预期的平均消耗量，加上几个标准差（1 ~ 3 西格玛），总之需求越稳定越好。

图 5-10 所示的例子是比较一个区域仓库（红线）的销售模式，与中央仓库（蓝线）的聚合销售模式，这是 3 年的数据分析。

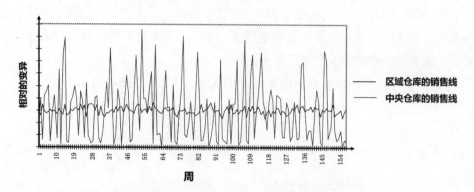

图 5-10　区域仓库与中央仓库需求波动的比较（彩图见插页）

以上范例清楚地显示，整体上 P（C）W 以较少的库存便能维持所有区域仓库的可得性。

结论：

为了避免预测的负面分支，制造商要"适度地降低"预测的使用。就 TOC MTA 解决方案来说，在决定 P（C）W 需要的库存水位时，制造商应该使用预测。之后，通过给生产线频繁及快速补货，以确保高可得性和低库存水位。就是将 P（C）W 放在系统中最重要的位置，作为整体供应链为客户补货的主要调节器。

6. 了解供应链的下游

供应链是一种机制，目的是将制造商生产的货品发送给客户。供应链是因顾客离制造商相距甚远形成的。因此，制造商了解供应链的本质与运行方式，将有利于引领下游环节遵照"供应可得性"的模式共同打造所有伙伴的共赢——制造商想要赢得市场，而供应链上的公司想要将货物销向市场并获利。

批发商及零售商只销售他们认为可能获得利润的品牌产品，有些批发商及零售商则已经有了自己的贴牌产品，需要决定由哪家制造商代工。无论是哪一种情况，制造商的销售人员都必须说服这些在供应链下游的企业一起合作。

供应链通常包含数家独立的公司，每家公司有自己的财务目标，这会影响产品流动的决策。因而，有些大制造商倾向于拥有自己的供应链（专属或与其他供应链平行的渠道），以能直接接触市场，并为自己保有大部分的有效产出。

对制造商而言，一个健全及繁荣的供应链就是一个"赢家"。好消息是，有些P（C）W 的补货方案也适用且有利于供应链的下游环节。虽然这是属于 TOC 分销及零售业解决方案的一部分，但是制造商值得了解其运行原理，如图 5-11 所示。

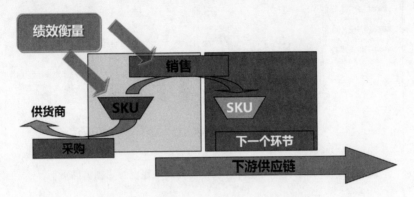

图 5-11　供应链中一个环节的存货管理

供应链的每个环节都有自己的产品库存，也需要对自己的财务表现负责。每个环节以比从供应商买进价格更高的售价来取得利润，TOC 称之为每个销售单位的有效产出，在供应链上称为"加价"。而每个环节的管理层都关注的主要问题是，自己的环节要持有多少库存？

下一个环节的需求（消耗）受到统计波动的影响，从上一个环节向该环节的供应也会受前一个环节供应商波动的影响。因此，每个环节的管理者必须使自己免受波动影响，而唯一的保护方式是建立库存。为了建立库存就必须依赖预测。但是，预测不可靠，结果或者是流失畅销品的销售机会，又或者是库存过高、过期废品及滞销产品折价出售的情况。这样一来，导致低销售利润、低投资回报率和低库存周转。

有些公司使用一个组合图形来呈现季节性产品的库存水位和销售，该图形清晰显示管理环节所面对的具体核心问题。

图 5-12 是库存与销售的样本范例，数据来自西欧国家的一家季节性商品零售公司。销售季节有 6 个月，该公司往往提前数月采购大部分的主要产品，以利于在季节开始货源充足及保障低价。大部分的产品来自远东，畅销商品则来自东欧或当地的重复性订购。

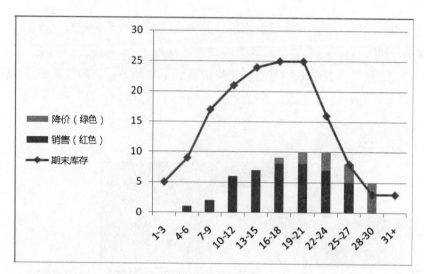

图 5-12　季节性业务的库存及销售的典型概况（彩图见插页）

图 5-12 说明：

图形以每 3 周为一个区间，以欧元为单位，记录 3 周的期末库存，销售按物料的采购价格记录。降价部分是绿色柱状，表示折扣价。即使售价低于采购价，也按采购价计算每个卖出的产品。300 万欧元的最终库存代表呆滞库存，及/或销售因低于采购价格的损失金额。

从图 5-12 可以学到什么？

图 5-12 清晰地呈现了依照预期的销售而提前建立的库存。销售与库存两个不同的图形显示有多少金额卡在像"龟壳"的"凸形"里。这凸形代表 6～9 周的预期销售，呈现超过 20% 的产品降价及 5% 的产品完全亏本。

图中呈现出供应链和制造商紧密合作的业务机会。通过制造商的 MTA 模式，加上供应链中可得性分销模式，库存曲线可降低，以更接近市场的真正需求。这会缩小凸形的部分，表示释放出一些卡在凸形的资金。

其实，管理每个环节面对的问题及挑战，与按预测生产的制造商所面对的问题及挑战相似。这些问题的主要原因是使用预测做库存计划。因此，应用于工厂（中央）仓库库存管理的方案，与供应链的所有环节有关。对制造商而言，提供可得性对下一个环节是个商机，能带给下一个环节显著的利益，进而鼓励下一个环节向制造商购买产品。

MTA 激发方案 1　现在状况：相关的不良效应及对差距的影响

目前许多为库存而生产的公司觉得自己被迫按既有预测模式工作，或者接受这是在其业务环境中的唯一运行方式。虽然很多人抱怨在此模式下很难工作，但是其他人却相信这是最佳的赚钱方式。

现实中的两个主要不良效应（UDE）：

- 缺货（断货）——成品缺货太多。
- 库存过剩——太多成品的库存过高。

每家建库存的制造商都同意这两个 UDE 的存在。许多公司认同这两个 UDE 对公司利润的负面作用。缺货导致流失潜在的销售机会，库存过剩降低了库存周转，套住现金，最后只得销账或降价出售。结果，全公司全年辛劳工作，却只得到很低的净利润和投资回报率。

如此不佳的财务表现迫使许多西欧及北美的公司停止生产（至少是产品线的一部分），开始从其他国家进口产品。这样的转变是因为他们认为取得更低价格的产品能改善公司的利润。理论上来看是对的，其实不然。事实上，从很远的地方购买并不能消除这两个主要的 UDE，反而后果更严重。

总之，衡量过期报废及折价出售对财务的影响并不难，库存周转对投资回报率的直接影响也能衡量。然而，在许多情况下，公司不能量化缺货，无法评估因产品不可得而流失销售的严重程度。

现实中还有一些源自这两个主要的 UDE 的其他的 UDE，具体如下。

- 有太多的紧急生产工单——为了供应库存缺货的产品。这些生产工单往往排到很高的优先顺序，打乱了生产流程，引起许多赶工，使费用增加，消耗对公司成长很重要的关键管理的产能。
- 公司不具备能稳健提供产品可得性的名声。当客户的印象是公司无法提供他们想要的产品时，客户可能认为公司没有建立他们需要的产品库存，在下次采购时可能选择其他供应商。一些大客户的采购系统使用供应商排名，而缺乏可得性会降低公司排名，进而流失未来的销售。
- 现有"型号"的过剩库存严重影响新产品的推出。新产品延迟上市是因为需要先卖完存货。另外，像汽车行业，将上一年的款式折价销售是在鼓励市场购买旧产品而不是新产品，因而可能流失新产品的销售。

其实，库存式生产环境的特性受制于这两个主要的 UDE——缺货和库存过剩。

因此,任何处理这两个UDE的方案,对消除差距及改善整体表现都会有正面的影响。

这两个 UDE 存在的共同原因是,管理补货系统的传统方法,即生产以长时段做预测,并将产品推到下游,接受下游的预测需求。

MTA 激发方案 1　未来状况：激发方案的正面结果

可汗 U 形图上转折点的解决方案是用 TOC 系统方法管理存货可得性。这个管理方式的基本思维是接受"公司为客户提供可得性而赚钱,由于库存过剩而亏钱"。实际上,管理层需要好好管控系统中的库存量。这是通过使用 P（C）W 作为补货系统的调节器来达成的。

激发方案 1 提供一个清楚的管理方向,以确保可得性且无过剩库存。一旦激发方案 1 到位,组织中每个部分就有了一致的方向,并朝此方向同步运行。采用激发方案的建设性效果是全体管理层承担库存的责任。现在,一般的感觉是高层管理者耸耸肩膀就将这个责任推给电脑系统。实际上,电脑应该协助管理者,而不是越俎代庖（尤其当结果不尽如人意时）。

激发方案 1 的另一个观点是接受 P（C）W 为补货系统的主要调节器,给管理层带来"希望"。许多管理者说,虽然为了处理这两个主要的 UDE,已经使出了浑身解数,但基本上无济于事。如果有一个简单且务实的机制来管控补货系统,就能帮助他们把承诺转化成行动。显然,管理层是公司表现的关键因素。这个说法无任何冒犯之意,只是对现实观察的感言。

管理层要能按激发方案 1 的思路承担重责大任,并领导公司员工朝一致的方向努力；整个团队要认真看待存在的 UDE,并在日常工作中抓住修正的机会,如此便能开始逐步改善。

激发方案 1 期待的主要效益沿着完整的 TOC MTA 解决方案展开,而具体成果来自立即改善激发方案 2～5 的实施,含以下效益：

- P（C）W 中产品的可得性提高。
- 内部补货系统的库存减少。
- 过期报废及/或折价销售减少。
- 库存周转加快。
- 释放现金。

激发方案 1 本身带来的效益：

- 公司的整体运行与可得性且无过剩库存的衡量指标保持一致。

- 更清晰的通报系统。

- 更高的管理能见度。

- 更有效的控制机制。

通过管理层的督导、监管与支持 TOC MTA 激发方案的全面实施，便可期待补货系统的表现更加出色。

MTA 激发方案 1　检查潜在的 NBR——有无与激发方案关联的风险

激发方案 1 为 TOC MTA 解决方案建立合理的管理与文化思维。然而，在思考采纳此方案时，有两个潜在的错误判断：

（1）应该以 MTA 处理的产品，却没使用 MTA 运行模式。

（2）不应该以 MTA 处理的产品，却使用 MTA 运行模式。

通过与销售人员或与客服人员的沟通，市场信息会举出或凸显第（1）项错误判断。在 TOC MTA 补货系统开始运行后，自然有更多的产品会采用 MTA 供应服务。所以，第（1）项错误判断没有任何潜在的 NBR，且将有更多的业务机会。

第（2）项错误判断可能有些负面后果。

每个被选定以 MTA 供应的产品需要投入资金和管理关注。如果选择的产品并不是真的需要这样水准的服务，则可能造成金钱及管理资源的浪费。

对于这个潜在的 NBR，可以拿几个有销售潜力的 MTS 产品来试验 MTA 模式。这个试运行不单是激发方案 1，更是包含 8 个激发方案的完整解决方案。通过试运行能具体理解操作 MTA 需要什么。之后，实施团队应该规划导入计划，把产品分组纳入 MTA 运行模式。此外，还要谨慎选择产品及错开纳入时间。如此一来便可化解潜在的 NBR。

建议应该建立改善方针及 MTA 解决方案的真正的共识（公司导入任何 TOC 解决方案都是如此）。TOC 建立共识的方式是给予相关人员表达看法的机会。为了帮助他们有效表达，相关管理者应该知道解决方案的主要意义，这可以通过培训来实现。培训内容应包含：

- 解决方案的基础知识。

- 作业内容、程序及报告。

- 管理程序的纲要。

培训应该由 TOC 专家主持，以利于协助评估提出的信息和看法，并将重要的内容纳入公司的解决方案或实施计划。在解决方案的讨论过程中，可能发现其他在此没提到的 NBR，还有可能提出了潜在的障碍，或者解决方案带来的不便及不乐意之处。

◀ 立即改善——MTA 激发方案 2~5 ▶

本书只涵盖 TOC MTA 解决方案的前两部分，即建立正确的思维与立即改善，而第 3 部分的持续改善内容与 TOC MTO 解决方案相似。

| 立即改善可得性介绍

前面的章节讨论了采纳和实施 TOC MTA 激发方案的要点，含必要的思维、衡量指标，以及 P（C）W 作为整体补货系统的调节器的关键角色。接着来了解发挥 P（C）W 新角色的激发方案。

促使公司决定提前制造产品，并存放在工厂仓库或中央仓库（没有确定订单）。现状是，客户不愿意等产品，尤其在生产前置时间远比客户的容忍时间长的情况下。具体来说，客户打电话到公司，查询想买的产品是否有存货。假如有，他们就下单，还可能想要立即送货或几天内交货。无论如何，从下单到需要出货的时间不够制造需要的产品。所以，为了满足客户需求，在不知道客户是否购买之前必须开始生产。

这个操作类型与 MTO 的主要区别是不能以客户订单来驱动生产，而必须有另一种驱动生产的方式。

人们习惯凭预测来倾听客户的声音。销售人员使用预测方法，试图推测市场会向公司购买什么产品。

而 TOC MTA 解决方案借助补货系统的库存水位来聆听市场的声音，并使用激发方案 2~5 来维持库存水位。

◀ MTA 激发方案 2~5 概述 ▶

补货系统包含 P（C）W 的在库库存，以及从车间到 P（C）W 途中工单的在制品。

激发方案 2 决定维护补货系统的整体库存。

激发方案 2 的注意重点是对待全部的库存，不仅是在库库存，还有补货订单。为了能直观地了解 TOC 补货系统，使用汽车封闭的冷却系统做比喻：系统的水在散热器、管道及副水箱中，整个冷却系统靠内部所有的水量来维持运作。依照同样的道理，补货系统结合 P（C）W 和生产的功能，来维持系统中全部库存的流动。以此类推，任何其他下游环节的补货系统都包含自己的在库库存和来自上游供应环节的补货库存。

激发方案 3 和激发方案 4 调节工单的流动，前者建立工单的优先顺序，后者采取修复行动及赶工。

激发方案 5 保障工单在需要投产时，原料及零部件随时可得。

TOC MTA 激发方案的突破性原理取代了预测方式，以一套动态的自动修正系统，含自我调节与重新调整功能，以及经常的信息反馈程序。而该系统的战略定位是保证高水平的可得性，同时无过剩库存。在此，可得性的意思是 P（C）W 有足够的库存，而足够的意思是不太多也不太少。

P（C）W 的可得性总数是仓库里的存货数量、仓库的消耗量（即卖给下游供应链的数量）和从生产到进仓库的数量。

突破性构想是缓冲原理的展开应用。

为什么要建立库存？为了保护销售。保护就像保险，既要花钱也要管理，以确保按照计划提供安全保障。数量太少不足以保护，数量太多则是浪费。所以，TOC MTA 激发方案以库存缓冲原理取代预测方式。

MTA 库存缓冲有别于 MTO 时间缓冲，有不同的实体缓冲形式。MTO 时间缓冲以横条的图形表示，将横条的长度分为 3 部分，绿色在左、黄色在中、红色在右。MTA 库存缓冲以水桶图形表示，分为 3 个部分，上部是绿色、中部是黄色、底部是红色，如图 5-13 所示。

TOC MTA 生产工单的优先顺序由对应的缓冲状态决定（这张工单正在补充的缓冲区）。工单颜色由缓冲颜色决定，同时考虑生产系统中排在该工单前面、已经开工的其他工单。我们将在激发方案 3 具体讨论开工工单优先序的颜色内容，如图 5-14 所示。

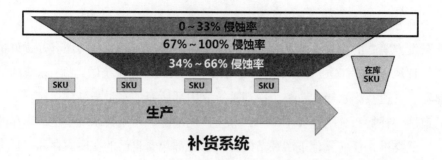

图 5-13　激发方案 2：库存缓冲包含在库 SKU 和生产线的 SKU（彩图见插页）

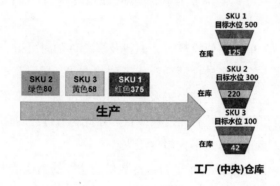

图 5-14　激发方案 3：开工工单的优先顺序（彩图见插页）

　　激发方案 4 是关于修复行动的。MTA 激发方案 4 的原理及机制与 MTO 激发方案相似，如图 5-15 所示。当工单是红色或黑色的优先顺序（在库库存是零）时，管理层该采取修正行动，不仅需要分派机器或资源（这在激发方案 3 已处理），还需要加速工单完成的特别行动。

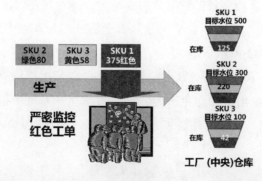

图 5-15　激发方案 4：生产管理人员密切监督红色工单及采取修复行动（彩图见插页）

此外，MTO 激发方案 4 与 MTA 激发方案 4 还是有点不同，MTA 工单可能因存货的消耗提高，以及生产过程的延误而转变成红色甚至黑色；MTO 则是因工单本身的流动情况而改变缓冲状态。颜色转变可能使生产人员感到不悦——尽管不是自己的错，他们也不愿意看到红色工单或黑色工单。这正是强调激发方案 1 及承诺可得性的时机。

MTA 激发方案 5 涵盖的产品比 MTO 激发方案 5 多，如图 5-16 所示。MTO 必须确保关键原料及零部件的可得性，而 MTA 需要确保所有（或至少大部分的）生产所需的原料及零部件的可得性。

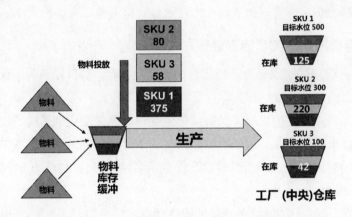

图 5-16　激发方案 5：监督及管理原料及零部件的可得性（彩图见插页）

下面将详细描述立即改善中每个激发方案的基础知识。

◀ MTA 激发方案 2~5 的基础知识 ▶

| MTA 激发方案 2

维持 P（C）W 的库存缓冲，确保 100% 可得性，根据 P（C）W 缓冲的消耗状态投放生产工单

MTA 激发方案 2　激发方案的本质

激发方案 2 是整个 TOC MTA 解决方案的核心。可以说，激发方案 2 是 TOC

补货方式的缩影，是驱动生产的"引擎"。

激发方案 2 包含 7 个要素：

（1）库存缓冲——TOC 库存管理方式的原理。

（2）库存缓冲的状态。

（3）决定各个 SKU 的目标库存水位。

（4）补货时间的组合。

（5）从 P（C）W 取得每日消耗数据，以驱动生产。

（6）WO 投放：通知生产线开始制造补货的 WO。

（7）通过动态缓冲管理调节目标库存水位，即调整库存缓冲大小。

1. 库存缓冲——TOC 库存管理方式的原理

TOC 库存管理的观点是为了特定目的而建立库存，其目标是为了保护销售而依赖立即可得的产品存货，称为库存缓冲。

库存缓冲是一种保护机制，保护销售免受市场需求变化的影响。据此观点，按预期的销售来准备库存。这里的缓冲以实物单位来衡量，有别于 MTO 保护客户订单交期的时间缓冲。必须时时自我提醒两者的差异：MTO 是时间缓冲，而 MTA 是库存缓冲。

一旦建立了库存缓冲，就必须保证能达到设定的目的，如提供优质的保护（或服务水平）。此外，缓冲需要投资，要避免浪费，因此缓冲不能太大。总之，TOC MTA 即管理库存缓冲的解决方案。

P（C）W 的库存管理表示确保存货的可得性，而且无过剩库存。

P（C）W 自供应链下游不断地收到需求，便从仓库发出下游要求的 SKU，因而在库库存的数量随之下降。此时，车间可能有一张或多张补货工单正在送往 P（C）W 的途中。工厂（中央）仓库[P（C）W]的库存流转如图 5-17 所示。

为了维持 P（C）W 中产品的可得性，需要知道在库库存（不应为零），也要知道送往仓库的在途库存。如前所提，MTA 方案处理仓库补货系统中的全部库存。

当某个产品（SKU）的总库存水位建立后，库存管理并不难。当一个产品从 P（C）W 送出时，就应该补充——按销货数量决定补货订单的基本数量，由生产控制人员决定投放一张新工单的时间。有时会根据作业原因或趋势变化，调整工单上的数量。

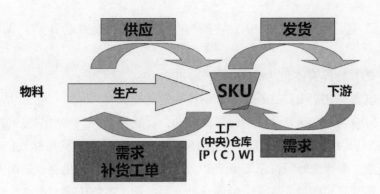

图 5-17　工厂（中央）仓库[P（C）W]的库存流转

库存管理包含以下要素：

- 设定系统中的库存水位，即设定目标库存水位。
- 观察在库库存。
- 确认在途工单。
- 提出补货要求。
- 检查销售趋势是否反映在库库存的概况。
- 根据销售趋势调整补货订单。
- 调整目标库存水位。

2．库存缓冲的状态

某个特定产品（SKU）的库存缓冲大小是它在补货系统中设定的目标水位。目标水位分为三个区，每个区占 1/3，分别定为红色、黄色、绿色。

知道在库库存的概况很重要，因为实现可得性要依赖工厂或中央仓库中的库存。因此，在库库存的状态决定在途工单的优先顺序（包含在制品或准备投产的订单）。而设定开工工单的优先顺序是激发方案 3 的一部分，后面将进一步讨论。

3．决定每个 SKU 的库存目标水位

以 TOC 系统方法设置补货系统的第一步是建立补货系统的目标库存水位。这个补货系统的目的是服务整个供应链。由于停止了推销的做法，现在库存的补充计划便可根据切合实际的消耗量（而不是导致库存过剩及过期的夸张计划）来制订，以利于 P（C）W 既有足够的库存来服务下游的需求，又没有过剩存货。"足够"表示产品自工厂出货的在途期间，仍具备服务下游的能力。

"目标"这个词代表每个 SKU 在库与在途（在车间流转的开工工单）的计划库存量。

SKU 的目标库存水位（SKU 库存缓冲的大小）应考虑：

• P（C）W 中 SKU 在补货期间的库存消耗量。

• P（C）W 中 SKU 库存消耗量的波动，反映自 P（C）W 出货的情况。

• SKU 从工厂到仓库的生产前置时间的波动，反映供应的可靠性。

请注意，虽然此处的讨论聚焦于 P（C）W，但其逻辑和机制也适用于供应链上的其他环节，如区域仓库、分销商、批发商，甚至零售店或大卖场。

激发方案 2 采用两个机制来决定目标库存水位：

（1）在开始实施阶段，以一个公式来设定初始的目标库存水位。

（2）随着实施的展开，持续调整目标库存水位以应对实际情况，即应对补货系统的消耗趋势及绩效（尤其是生产前置时间的变化）。

接着来谈设定初始的目标库存水位。在 MTA 环境下，需要计算 P（C）W 中每个 SKU 的目标库存水位。

TOC 建议：

P（C）W 中每个 SKU 的目标库存水位，即从车间出货，在一个可靠的补货期间内，P（C）W 的最大预测消耗量。

意思如下：

非常重要的是，这个公式用于决定补货系统的初始目标库存水位。这只是一个暂时的设定值，与经常补货机制一起运用的经验显示，是个足够好的目标库存水位。如果送货频率不高（每月 1 次或 2 次）及补货时间长（如几周），则不应该采用这个建议。

预测消耗量：可得自分析仓库中某个时段内的 SKU 消耗量。实际上，可计算 6 ~ 12 个月的消耗量。

传统上，预测基于平均消耗量。然而，仅考虑平均消耗量可能有风险，因为不一定能反映采购模式的全貌。在消耗量会波动的情况下，按平均消耗量准备库存显然不合理。当消耗量大于平均值时，仓库必定缺货。因此，计划库存必须高于平均消耗量。

有些实施方案建议，通过比较最大消耗量与平均统计值加上 3 个西格玛来检验预测是否被夸大。

补货时间——生产时间的波动。在大多数的环境中，贯穿生产流动时间主要取决于等待及排队时间，而非材料的加工时间（参照本书第 2 章中生产前置时间的内容）。此外，还需要考虑系统响应需求所需的时间。补货时间越长，系统必须持有越多库存。补货时间的细节，稍后将具体讨论。

可靠性——再提一次，使用平均补货时间看不到全貌。补货时间越长，可能会造成因用尽库存而缺货。由于想要避免断货的情况，必须在平均补货时间的基础上再增加一定比例，以提供更多的保障。请注意，生产前置时间的统计模式是偏态分布的，表示有时，特别是当发生严重的墨菲时，实际的前置时间会比平均补货时间长得多。

针对可靠性有两种主要的方式：

- 使用统计方式。历史绩效的统计分析可提供平均补货时间和建议补货时间，以建立准时交货的高可靠性。就典型的偏态分布而言，为了确保 80% 的可靠性，补货时间可能需要乘以 1.5 甚至加倍的系数。80% 的可靠性表示，期待在 80% 的情况中按补货订单供应给仓库的时间少于预估的补货时间。

  如果有统计资料可用且容易取得，可以选择使用统计方式。不过，如果觉得过于复杂且不易取得的话，则可使用以下方式。

- 依赖人们的直觉。直接询问相关人员，如仓库经理或生产控制人员，他们想要库存水位增加的系数（增加的比例），以利于自我保护及防范生产线造成的供应不一致与变动现象。

警告：不必过于杞人忧天，给予适度的系数即可。

【范例】有个产品从库存卖出，在过去 12 个月中销售了 1200 个。生产时间为 4 ~ 6 周（90% 工单在 6 周内完成）。可信赖的补货时间设定为 6 周，在连续 6 周内的最大消耗量是 200 个。管理层可用以上数字加上一个系数，以便更安全地覆盖需求面。假设决定增加 20%，则这个产品的目标库存设定为 240 个。

请注意：这个公式只用于设立初始的缓冲大小，一旦系统按 TOC 补货含动态缓冲管理（DBM）运行，便根据实际的消耗趋势来调整目标库存水位。

如何处理新 SKU（产品）？

新 SKU 没有统计分析的资料可用于计算公式。产品管理者必须提出未来消耗的初始预估数量，这个数量应足以保障来自生产线及外部供应商可靠且能有效回应服务，并且当新产品热卖时，能确保快速补货。

4. 补货时间的组合

正如我们看到的，计算公式可帮助我们决定补货系统的初始目标库存水位，同时提供进一步降低计划库存量的方针。为了保障可得性，补货时间越短，必须持有的库存越少。

人们倾向于把补货时间视为一整段时间，但经仔细观察后会发现，补货时间实际上是几个时间元素的组合。只有进一步了解这些时间元素，才能厘清降低补货时间的方针。

来看看 P（C）W 目前常见的补货时间组合。

补货时间定义为一个产品从仓库送出起，直到被下一个产品取代的时间，包括：

- 订购前置时间。
- 生产工单编制与投放的时间。
- 生产前置时间。
- 有关的运输前置时间（包含等待运输的时间)。
- P（C）W 完成库存接受的程序时间，即从货品抵达起，经接货、入库，直到可用于销售的时间。

补货时间的主要部分包含订购前置时间、生产前置时间和运输前置时间。其机制与 MTO 激发方案 5 相同，在讨论库存采购模式时已描述。

图 5-18 是使用再订购点法的在库库存概况。

此处的重点是，仓库人员可以经由减少订购前置时间来降低计划的库存量。按照惯例，补货订单的启动通常由电脑程序完成，或者等仓库意识到缺货赶紧以人工下急单。电脑程序往往是定期工作的，通常按月运行。在实施 MTA 解决方案时，仓库人员经常报告（甚至是每天）仓库中产品的消耗量，以缩短订购前置时间。

生产前置时间属于生产人员的责任。使用激发方案 2 ~ 8 能够实现更高的可靠性和更短的平均前置时间，并有助于减少系统中的库存量。

生产前置时间包含换线时间，以及投放补货工单的时间。生产人员根据消耗量来启动补货工单，便能缩短生产前置时间。

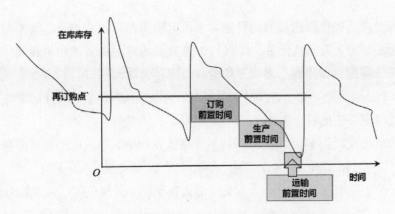

图 5-18　在再订购点法运行下，仓库中典型的在库库存概况

运输前置时间是个重要方面。当公司选择在远地（远离生产工厂）设置中央仓库时，存货可能处于工厂与中央仓库之间，如此操作的理由或是运输上的考虑（成本），或是工厂及收货仓库两边的内部程序。

在产品出口的情形下，公司可选择在销售国家设立中央仓库的分仓。如果 SKU 是当地的专属产品，则公司以可得性的补货方式有利于分仓的运行。这时需要将运输前置时间加入补货时间。由于运输时间长，建议持续监督，以寻求既能缩短时间又有经济效益的方式。

处理远地仓库时还需考虑另一个问题。在运输时间比较长的情况下，运输频率会影响该地应该持有的库存量。需要的在途库存量取决于运输时间的可靠程度，使用公式算出数量，并进一步规划以较低的在库库存量来保障两次补货间的预期消耗量。

在此举例，如图 5-19 所示，演示补货系统的发货频率对整体库存的影响。为了简单易懂，假设消耗或运输没有波动现象。

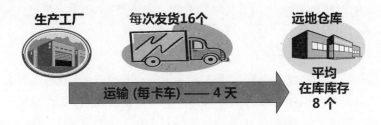

图 5-19　每 4 天 1 次的运输频率

先假设在远地仓库的日消耗量是 4 个，运输前置时间是 4 天。每 4 天发一次货，发货量是这 4 天的消耗量，共 16 个。在产品入库后的 4 天内消耗完，因此可预期 4 天结束时是零库存。系统平均的日总库存为 24 个，包括 16 个在途、8 个在库（8 个是平均数。每个连续 4 天开始的在库库存是 16 个，从开始消耗直到零库存，此时下一轮的补货入库）。

如果增加发货频率，如图 5-20 所示，每次发 4 个，系统的平均日库存将减少为 18 个，包含 16 个在途（4 次运输、每次 4 个），平均在库库存只有 2 个（早上 4 个、当日晚上零库存）。如果每天发货，那么在库库存只需应付一天的消耗量。

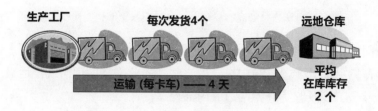

图 5-20　1 天 1 次的运输频率

5. 从 P（C）W 取得每日消耗数据，以驱动生产

MTO 激发方案 2 及 MTA 激发方案 2 建立生产线开始工单加工的驱动机制，即工单投放的机制。这两者的驱动结果相同，含工单投放及许可生产线开工。不过，两者的驱动机制不同，MTO 由客户订单驱动，而 MTA 由生产控制人员决定何时投放工单及该有的数量，通过 P（C）W 的每日消耗报告来驱动投放的机制。

从 P（C）W 取得每日消耗量有 3 个主要任务，以支持补货系统：

- 通知生产线仓库的库存情况，如果仓库处于断货风险中，则提出预警与早期警告。
- 建立生产线的驱动机制，含生产什么、数量多少和设定生产工单的优先顺序。
- 促进缩短订购前置时间。

借助增加一个简单的活动来实现这 3 个任务，即报告所有 MTA 的 SKU 每日消耗量，以驱动补货系统。每日消耗量是过去一天所有 SKU 从仓库出货的总量。事实上，大多数的制造公司由 IT 系统来处理库存的信息和变动。当生产线完成一张工单后，产品送到 P（C）W。在产品验收后，录入库存记录和新增为在库库存。

如果某个 SKU 从仓库出货，则录入出库记录，减少在库数量。

那么，对入库和发货的记录机制（进货与出货）而言，激发方案 2 带来了什么变化？

改变不在于机制，而在于进出数据的使用、报告的及时和准确性，以及保持系统发挥作用的承诺。

- 可得性的承诺。对仓库的期待是每日报告发出及从生产线收到的存货变动。经由这些进出记录知道准确的在库库存，而生产部门及高层管理者都需知道在库库存的状态。库存状态持续提醒生产线，按 MTA 机制保持高可得性的承诺。缓冲状态的颜色可反映在库库存的数量，让生产线知道该给予那些在库量低、处于高缺货风险的工单较高的优先顺序。

- 驱动生产——数量及优先顺序。TOC 解决方案基于保持目标库存水位稳定的原理，只要有产品从仓库出货（到补货系统的范围之外），就必须投放一张新生产 WO 来补充。简单的驱动机制是为每个出货的 SKU 按已消耗的数量发出一张当日的 WO。生产控制人员负责依实际情况尽快补充已消耗的产品。重点在于仓库人员检查与验证消耗数据的正确性，因为这是 WO 投放的依据。消耗数量太少或太多可能造成过剩或缺货。生产线接收与评估该数据，并用于规划和投放 WO。由生产计划与控制部决定投产的时间和数量。投产的时间最好是产品从 P（C）W 出货后尽快进行。投产的数量最好是出货的数量。如此一来，就形成了一套适时、适用的补货机制。

- 缩短订购前置时间。每日的消耗量经由 P（C）W 通知生产人员，控制权被传递给生产人员。改善方案实施至此，生产线的响应能力应该比之前快，因而可缩短生产补货单的时间。这可让系统拥有进一步降低库存的能力。

在理想情况下，希望相关人员继续按现有程序操作，定期将数据输入 MRP/ERP 系统，P（C）W 人员应该使用常规的出入记录来执行仓库的收货与发货作业。

激发方案中的机制必须具备从数据库提取信息的能力，应该使用一个简单的软件（有时通过系统检索功能从数据库提取数据），以利于每天取得各个 MTA 的 SKU 数据。具体数据包含下面内容：

- 当日进货的总量。
- 当日出货的总量。
- 当日结束的在库库存量（用于交叉检核数据的准确性）。

基于以上数据，P（C）W 可建立与更新 MTA 数据档案。

MTA 数据档案需包含以下基本数据：

- SKU 编号。
- 产品描述。
- 目标库存水位。
- 仓库中的在库库存量（每日），包含当日的出货和进货的更新数据。
- 在库库存状态（颜色标示）。
- 在途库存（可标出生产线的在制品数量和运输中的数量）。
- 补货需求，指仓库报告的消耗量，也是等待投产的数量。
- 每日出货量，即从仓库发出的数量。
- 每日进货量，即当日到货及入库的数量。

在此，简单地以 Excel 展示 MTA 数据档案的结构，如图 5-21 所示。通常，每日更新这个档案，理论上在当天工作结束时更新。

#	产品描述	目标库存水位	在库库存量	在库库存状态	在途库存	补货需求	每日出货量	每日进货量
1	SKU #1	600	490	绿	50	60	100	40
2	SKU #2	1200	700	黄	500	0	200	0
3	SKU #3	300	90	红	100	110	150	40
4	SKU #4	300	0	黑	100	200	200	100

图 5-21　MTA 数据档案的结构

我们将技术上的决定权留给 IT 人员或 TOC 软件人。这一章节的目的，是让 TOC 知识的拥有者或解决方案的实践者能够清楚需要哪些数据及为何需要。至于如何储存及从 MRP/ERP 数据库提取数据，或者编写程序，都由技术人员处理。

6. WO 投放：通知生产线开始制造补货的 WO

生产计划与控制部负责把 WO 投放到生产线，并且提供所有投产必要的文件，通常包含技术文件，如图纸、加工顺序（工艺流程），和从仓库领取原料及零部件的许可文件。有时 WO 工作包还包括从仓库领取工具、夹具及治具的文件与许可单。

在 MTA 环境下，工单投放的时间点和数量由生产计划与控制部决定。P（C）W 日消耗量的报告和在库库存的状态（应该作为工单投放优先顺序的依据）这两个信息将有助于生产计划与控制部决定投放工单的时间点。数量方面应尽可能接近需"补足"的目标库存水位。具体的数量可根据作业要求进行调整（最小的或某个固定数量）。如果因生产需求增加而加重了某些产能制约资源的负荷，那么产能方面的因素也需要考虑，并适当地调整数量。

7. 通过动态缓冲管理调节目标库存水位，即调整库存缓冲大小

设定初始目标库存水位是库存计划的开始。往往用于预测公式的数据并不准确，即使准确，预测未来真正需求的能力也有限。因此，一旦系统处于运行状态，就表示初始目标库存水位已设立，即可开始监督该目标库存水位的效果。如果想要有合适的目标库存水位，不太多也不太少，就需要检查仓库里产品的实际可得情况，并使用颜色机制便捷地通知管理层在库库存水位及对应的目标库存水位。

在理想情况下，希望仓库的存货可得性（在库库存）随时都是黄色的，绿色表示数量太多，红色表示数量太少。在库库存状态呈现红色的时间太久，表示缺货风险很高。落在红区需要管理层介入并采取修复行动，最好很少进入红区。

在库库存反映需求与供给的综合状态。在库库存侵蚀到红区量太多及太频繁，可能是由于 P（C）W 的需求增加，及/或由于工厂供应速度减慢。假如进入红区是一种持续的趋势，就必须提高目标库存水位，如图 5-22 所示。

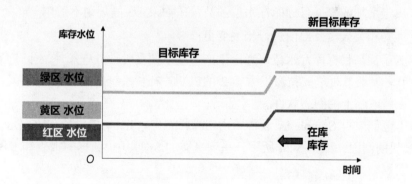

图 5-22　动态缓冲管理：落在红区太久，需提高目标库存水位

在一般情况下，建议增加 1/3 的水位。然而，增加可能导致生产超负荷，因为需求数量含按消耗补货的实际需求，加上从旧目标库存水位到新增加的数量。这时，生产控制人员必须将补货 WO 从提高目标库存水位的 WO 区分开来。生产补

货的 WO,规划补足新目标水位的 WO,并在不造成超负荷的情况下,尽快增加所需的库存缓冲。

当在库库存落到绿区太频繁或停留太久(甚至高出绿区),就需要降低目标库存水位。建议降低 1/3 的目标库存水位,如图 5-23 所示。补货系统维持不动,直到多余库存全部消耗(超出新目标库存水位的部分)。

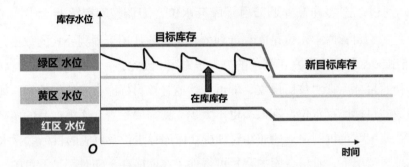

图 5-23　动态缓冲管理:落在绿区太久需降低目标库存水位

动态缓冲管理(DBM)包含以下的管理干预:

- 决定 DBM 的频率及方式(责任、执行分析、召开会议、决策权限等)。
- 识别何时考虑调整目标库存水位的大小(选择调整哪些 SKU 的准则),是程序的一部分。
- 决定增加或降低目标库存水位和数量(如果 1/3 的规则不适用)。
- 通知相关人员及部门进行相关变更。
- 为了提高目标库存水位,考虑生产方式以便妥善地处理额外的生产负荷。

有几种套装软件能支持激发方案 2 的机制。补货系统的逻辑非常简单,可直接使用一般电脑上的图表软件。

以下范例取自 Symphony 软件(由 Inherent Simplicity 提供的 TOC 软件)中 MTA 模块的画面,如图 5-24 所示,呈现真实的 SKU 历史数据的报表和 DBM 产生的显著影响。

通过激发方案 2 设定及维护 P(C)W 的库存缓冲,并基于这些信息驱动生产,做好补货系统的计划与控制。库存水位作为补货信号,含需要补充的产品和根据在库库存识别生产工单的紧急程度。而按优先顺序标示、编排 WO 顺序的行动属于激发方案 3。

以上已涵盖了 MTA 激发方案 2 的本质,接下来回顾相关知识的其他部分。

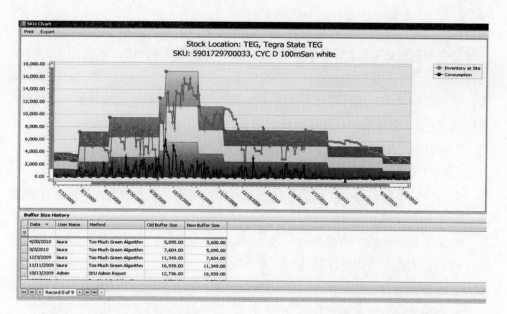

图 5-24　SKU 历史数据的范例：目标库存水位、在库库存和消耗量（彩图见插页）

MTA 激发方案 2　现在状况：相关的不良效应及对差距的影响

回想一下激发方案与 UDE 间的具体联系。

图 5-25 描述了激发方案与 UDE 的关联。有时直接针对 UDE，有时处理造成 UDE 的事项。一般而言，UDE 来自系统的既有特性，可视为系统运行与操作的模式。在面对管理系统时，通常特性来自程序、思维和意见。

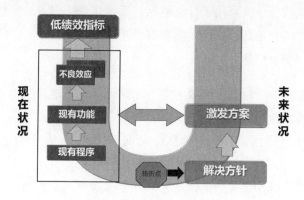

图 5-25　激发方案与 UDE 的关联

MTA 环境经常遭遇两个主要的 UDE：缺货及库存过剩。这两个 UDE 直接影响公司的利润。缺货不仅在短期内造成销售损失，还伤害公司声誉及未来销售；库存过剩则造成产品过时、过期与报废。公司为清理呆滞库存，折价出售而损失潜在的销售，甚至要撤销投资到生产的资金。

所有按预测生产的公司都知道前面提到之事，可通过快速的现状调研（CRS）来确认这些 UDE 是否存在及所造成的损害程度。

以下是在 CRS 期间可查询的问题：

- P（C）W 持有库存的 SKU 有多少？
- 关于这些产品的公司政策是什么？例如，期望的服务水准、日在库库存的目标水位等。
- 谁（哪个部门）负责 P（C）W 的库存？
- 目前的库存管理体系是什么？是使用"最小–最大"、再订购点法还是其他方法？是否电脑化？
- 补货软件的运行频率是多少？
- 如何处理补货期间发生 SKU 断货的情况？
- 有多少紧急工单？发生频率是多少？
- 公司有报废库存吗？定义是什么？如何处理？处理频率是多少？
- 公司持有慢销 SKU 的库存吗？对财务影响如何？储备这些 SKU 库存的理由是什么？
- 外部供应商生产的 SKU 在公司 P（C）W 有库存吗？与这些厂商或供应商的合约条款是什么？用了什么机制与系统来维护所需的库存水位？
- 其他相关问题是什么？这个问题有助于更好地理解 P（C）W 人员承担的复杂工作和负荷量。

以上问题有利于针对真正的业务需求建立可得性。遭遇上述 UDE 困扰的管理者为了保障可得性竭尽所能。

还有一些更具体的工厂供应问题，可询问 P（C）W 管理者或负责可得性的人员：

- 如何与生产部沟通补货的需求？频率是多少？与谁沟通？
- 是否满足要求？如果没有，那么以什么机制决定供应什么？
- 生产部承诺交货时间吗？可靠吗？
- 如果出货延迟会怎样？

- 会发出紧急订单吗？如何投单？由生产部的什么人处理这个需求？
- 什么是评估 P（C）W 的绩效指标？是每日在库的库存量还是库存周转率？是否试图衡量可得性，或者记录仓库的缺货程度？

重复以上问题，询问 P（C）W 自外部供应商购买的产品，如果有外购情况，那么：

- 谁是其他的供应商？这些供应商占公司多少销售份额，提供多少存货？
- 有助于理解上游供应商服务状况的问题有哪些？关于外部供应商，需要处理的特别问题是什么？

令人诧异的是，大多数管理者，尤其是高层管理者，没有意识到现有补货系统究竟造成了多少过剩库存。通常，他们看到的整体报告并未呈现全貌。虽然总库存金额及每日在库库存的数字看来还好，但没呈现各个 SKU 的具体数据。如果深入分析各个产品的库存程度，就可看到有些缺货、有些只有几天的销售存量。还有些库存很高，足以应付即便不是几年起码是几个月的销售。因为报告中缺乏各个产品的库存程度，所以管理层可能难以知道库存管理系统的实际情况，特别是由库存计划引起的缺货及库存过剩。

库存管理对公司来说十分重要，因此它是许多公司首批实施电脑化的管理模块之一。然而，数据的准确性通常很低。因此，仍然需要采用实物盘点方式，来生成年末、季末，以及月末的财务报告。

要确认 MTA 解决方案是否适用于一般的 MTS 公司，必须先检讨公司使用的 SKU 库存的设置程序，然后检讨为库存而生产综合 MTO 与 MTS 的主要环境，如消费品行业。

在 MTO 环境中，建立及维护随时可用的 SKU 是通过库存订单达成的。当客户订单的业务很多时，库存订单被视为低优先顺序的工作。当客户订单暂时减少下滑时，生产环境有多余产能，而库存订单被看成暂时的填充。将为库存而生产视为保持产能的机制，而生产管理者不认为他们有责任或需要承诺 P（C）W 的可得性，甚至连公司也没有这样的意识。一般场景是客户服务人员或销售人员会提高音量，要求快速回应缺货，而生产人员会尽他们的最大努力赶工。但是，没有人认为现状是由运行系统无效而导致的。

在 MTS 环境中，偏向按预测生产的方式，生产计划基本上根据销售部的月度预测制订。有些公司的生产计划签核流程在上月的 25 日就开始，直到当月 5 日才定案。生产部要按月度计划生产，并以此安排部门内部的任务。但是，整个月中当产品需求增加时便会接到急单，这个结果可能是由于预测偏于保守，或者生产计划中的产品还没制造完成造成的。这些急单扰乱了生产，浪费了产能，增加了生产成本。最令人不解的是在思维上，生产人员都归咎于销售人员，认为生产部无法影响或发挥作用。而销售人员坚持认为，一份简要的月度预测（有时甚至是长期的预测）是建立库存的唯一方式。

激发方案 2 建立生产线通过 P（C）W 提供每日消耗数据的机制，能消除生产部无法对可得性负责的认知，也能消除销售部门认为能有准确的预测方式长期预测（一个月或更长）能提高可得性的认知。

MTA 激发方案 2　未来状况：激发方案的正面结果

实际上，激发方案 1~5 到位，使整体补货系统运行后，便可获得大多数的效益。激发方案 2 的贡献是设置库存水位，按消耗量驱动生产作业。结果是较少的紧急订单及缩小订购数量（假设是在不会发生生产能超负荷的情况下），意味着改善了生产流动，确保产出更多的 SKU 并运到 P（C）W。如此一来，越来越多的 SKU 有更高的可得性。

激发方案 2 是建立库存管控的基础。在目标库存水位设立后，根据缓冲状态标示库存颜色。激发方案 2 也是激发方案 3 和激发方案 4 的基础。有颜色的报表易于审阅，提醒管理层采取行动，特别是面对库存落到红区、面临断货风险的情况时。同时，它也清晰地提示哪些时候不必介入，从而让系统在可控状态下自行运转。

动态缓冲管理确实掌握影响库存水位的趋势。一旦出现库存快速被消耗的趋势，立即做出反应就能防范缺货。而一旦出现库存增加的趋势，快速响应就能抑制库存过剩及后续的负面结果。

此外，激发方案 2 免去销售人员预测未来的责任，这不仅解放了销售人员的时间及精神负担，也缓解了需要处理源于预测的多余库存的压力。记住，销售人员是公司的主要制约，是客户订单的监护人。他们应专注于获取新客户，并增加老客户的销售。解放销售人员的时间对这些方面有帮助。

激发方案 2 是把补货系统的管控与职责移交到仓库人员及生产人员的另一个步骤。仓库人员确保及时与准确地报告在库库存的消耗信息，生产人员则承担防止缺货的责任。生产管理者负责工厂的生产流程，他们需要发挥很大作用加速工单进度。每日收到消耗数据的信息能提早预警并以此驱动生产，再加上正确思维的引导，便能提高可得性，也不用大喊大叫或对生产部施压。

MTA 激发方案 2　检查潜在的 NBR——有无与激发方案关联的风险

根据激发方案 2，为了未来销售而准备库存，只有两种错误：一方面是备货不足，当市场想要购买时缺货的 NBR；另一方面是备货过多，造成剩余库存的 NBR。这两种错误形成了预测生产的核心疑云图。

由于没有神奇的公式可以精准预测需要的库存量，TOC 提出一套两个阶段的解决方案。首先，准备足够的库存；其次，通过动态缓冲管理监督实际的变化，并加以调整。这两个阶段的机制会使系统快速稳定，几周内缺货数量下降，整体库存量显著减少。

在过渡期及后续的稳定期，有些 SKU 仍可能存在断货的威胁，甚至已经没货。系统无法保证零缺货，却可保证断货极少发生，以及管理层会立即采取恢复库存的行动。

还有另一个潜在的 NBR，必须根据历史数据使用公式计算初始目标库存水位。而储存在电脑的数据可能错误，这导致不切实际的目标库存水位高得离谱或低得危险。处理这种情况的方式是根据人的直觉，选用一些可管控的 SKU 来做测试。召集对这些 SKU 有经验与直觉的员工，向他们提出按公式得出及建议的水位，听取他们的意见及看法。假如他们指出按公式得出的水位不合理，则需要重新确认数据并计算目标库存水位。

MTA 激发方案 3

根据 P（C）W 中对应的缓冲状态排定开工工单的优先顺序

MTA 激发方案 3　激发方案的本质

根据 P（C）W 的库存缓冲状态安排开工工单的优先顺序，这些工单不是在制造过程中（在制品），就是在等待投产。每张工单的优先顺序考虑仓库中在库库存的情况，以及在补货流程中某特定工单前面的在制品数量。

每日在 SKU 的消耗数据录入系统后，更新同一个 SKU 所有工单的优先顺序。

激发方案 3 建立根据对应的缓冲状态来排定工单优先顺序的机制。激发方案 3 的优先顺序是颜色标示机制。接下来定义缓冲状态的作用。

缓冲是为了保护而设立的。因此，缓冲状态必须呈现缓冲的消耗量，即缓冲侵蚀。缓冲侵蚀越多，拥有的保护越少。

决定一张生产工单的缓冲状态，即依据在某张工单之前，补货系统中已有的库存量与目标库存水位的差别而定。

在一张 WO 之前已有的库存量计算是，目标库存量减去在库库存量，再减去在该工单之前的（同一个 SKU）工单总量。以此算出该工单的优先顺序。

工单缓冲侵蚀（以%表示）的计算是，该工单前的库存量除以目标库存水位，再乘以 100%。

$$工单缓冲侵蚀= \frac{目标库存水位-在库库存量-在该工单之前的工单总量}{目标库存水位} \times 100\%$$

目标库存、在库库存、更早的工单都以单个来衡量，而缓冲侵蚀以%表示。

每张工单的优先顺序根据 P（C）W 中对应的缓冲侵蚀程度而定。缓冲侵蚀得越多，工单的优先顺序应该越高，因为缓冲侵蚀率的百分比越高表示实际库存越低，而威胁可得性的风险越高。

根据工单的颜色设定优先顺序，这和 MTO 颜色机制完全相同。

黑色表示 P（C）W 没有库存，生产流程中在这张工单之前没有相同的 SKU 在制品。这表示 100%缓冲侵蚀。

红色表示缓冲侵蚀介于 67% ~ 99%。

黄色表示缓冲侵蚀介于 34% ~ 66%。

绿色表示缓冲侵蚀介于 0 ~ 33%。

负侵蚀率也可能发生，表示系统的库存量超过目标库存水位。不过，有多余库存的 SKU 不应该有投产工单。

MTO 与 MTA 采用相同的颜色优先顺序。虽然标示颜色的机制有所不同，但允许两种供应模式在同一个生产线运行，而不让管理者及操作人员感到混乱。在 MTO 和 MTA 的综合环境里，工单按照颜色优先顺序被分配到机器和资源，无须考虑其目的地是客户还是 P（C）W。

请注意，原理上设定 MTA 工单和设定 MTO 工单的优先顺序逻辑相似。MTO 根据缓冲侵蚀，侵蚀越大，优先顺序越高；MTA 也一样，库存越低，该 SKU 优先顺序越高。库存状态反映投放库存缓冲的程度（按目标水位而定）。

【范例】有个 SKU 的可靠生产周期时间为 5 天。

设定目标库存水位,即设定该 SKU 的库存目标缓冲为 180 个[P（C）W 的在库库存加上开工工单,如在制品或等待投产的工单],如图 5-26 所示。

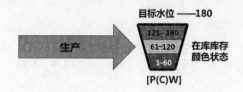

图 5-26　范例:一个 SKU 的库存目标缓冲为 180 个,并已全部入库(彩图见插页)

P（C）W 在库库存量决定仓库的库存缓冲颜色。

在 9 月 1 日,180 个全在 P（C）W(表示在库库存),还没有任何消耗。所以,9 月 1 日生产线上没有这个 SKU 的开工工单。缓冲侵蚀为 0%。

在 9 月 2 日,P（C）W 出货 40 个,在库库存为 140 个。

生产线接到投放 WO1 的要求,共 40 个。

补货系统(在库库存)中的存货是 140 个(系统中没有开工工单)。

根据公式计算:WO1 的缓冲侵蚀=（180–140–0）/180×100%≈22%。

WO1 的优先顺序设定为绿色。

在 9 月 3 日,P（C）W 消耗了 50 个。

WO1 还在生产线(需要 5 天才能入库)。在库库存是 90 个。

生产线接到 WO2,共 50 个。

更新 WO 的优先顺序,如图 5-27 所示。

WO1 缓冲侵蚀 =（180–90–0）/180×100%= 50%,优先顺序为黄色。

WO2 缓冲侵蚀 =（180–90–40）/180×100%≈28%,优先顺序为绿色。

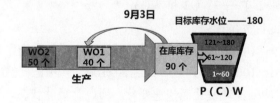

图 5-27　范例:根据库存缓冲状态设定工单的优先顺序,将在库库存及在此之前的工单,
需要生产的数量全都计算在内(彩图见插页)

在 9 月 4 日，P（C）W 消耗了 35 个。

WO1 和 WO2 都还在生产线。

在库库存已降到 55 个。

生产线接到 WO3，共 35 个。

再次更新工单的优先顺序：

WO1 缓冲侵蚀 =（180−55−0）/ 180×100% ≈ 69%，优先顺序为红色。

WO2 缓冲侵蚀 =（180−55−40）/ 180×100% ≈ 47%，优先顺序为黄色。

WO3 缓冲侵蚀 =（180−55−40−50）/ 180×100% ≈ 19%，优先顺序为绿色。

所以，在 9 月 4 日，共有 3 张开工工单，如图 5-28 所示。

WO1，40 个，优先顺序为红色。

WO2，50 个，优先顺序为黄色。

WO3，35 个，优先顺序为绿色。

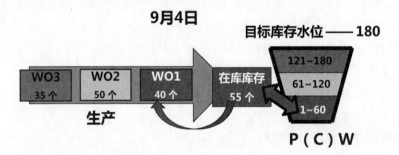

图 5-28　范例：根据库存缓冲状态提高工单优先顺序，P（C）W 至此消耗越来越大（彩图见插页）

在 9 月 5 日，WO1 的 40 个入库。

在库库存为 95 个。

当日 P（C）W 没有消耗，因此不需发出新补货工单。

系统里还有两张工单——WO2 和 WO3。

继续更新工单的优先顺序：

WO2 缓冲侵蚀 = 100×（180−95−0）/180×100% = 47%，优先顺序为黄色。

WO3 缓冲侵蚀 = 100×（180−95−50）/180×100% = 19%，优先顺序为绿色。

MTA 的库存缓冲因消耗变化而快速变化。所以，缓冲状态不全是沿着"绿—黄—红—黑"的顺序发生的。一次性大量消耗会一下子耗尽库存，使缓冲状态由绿色直接跳到红色甚至黑色。本范例继续演示这种跳跃的现象。

在 9 月 8 日，该 SKU 的所有开工工单 WO1、WO2、WO3 的产品全部到达

P（C）W。从 9 月 5 日到 9 月 7 日没有发生消耗，9 月 7 日晚上的缓冲为满载，在库库存是 180 个，生产线没有工单。

在 9 月 8 日，P（C）W 消耗了 140 个，如图 5-29 所示。

在库库存降到 40 个，缓冲状态立刻变红。

生产线接到 WO4，共 140 个。

WO4 缓冲侵蚀 = 100×（180-40-0）/ 180×100%≈22%，优先顺序为红色。

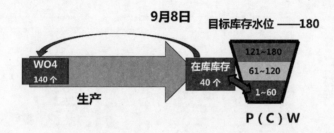

图 5-29　范例：9 月 8 日的工单优先顺序（彩图见插页）

MTA 激发方案 3 的其他议题与 MTO 激发方案 3 类似：

- 告知生产人员工单颜色。需要建立有效的机制，将工单状态通知相关人员，并根据变化更新颜色。由于每天都可发生变化，重点是尽快更新，往往因系统中的库存水位下降而危及可得性。另外，通过相关管理层取得 MTA SKU 的资料，便可看见可得性的现状。

- 将优先顺序表现在工单上。把优先顺序附在工单的文件上，可以用有色贴纸或记号，或者含颜色的电子信息或报表。

- 车间和设备操作人员理解工单颜色的优先顺序也很重要。有助于营造自行加速工作的氛围，以保障高优先顺序的工单快速通过车间。

- 管理者，尤其高层管理者，必须强调遵守颜色优先顺序的重要性。通过经常巡视车间，查看加工中的工单是否依照颜色的顺序进行。如果发现车间主管或作业人员偏离计划的优先顺序，建议了解偏离的原因，并坚持按照优先顺序的要求进行生产。

- 管理层想要优先催促某些（非常少数）工单。务实的做法是让高层管理者依照决策，在一个限量下将工单改成黑色状态，给予这些工单特别的优先顺序。注意，谨慎运用这个做法，因为增加黑单数量不利于改善可得性。

- 对于开工工单的概况，需要提出描述工单概况的报告及图表，尽可能根据工单的颜色沿着生产流程标示工单的分布情况。黑单数量应该下降，尽可能接近零。黑单和红单总数应降到 10%~15%，允许管理层有足够的时间采取修复行动，以确保可得性。

在此展示几张 MTA 软件的画面，来自 Symphony 软件。

第一个画面是开工工单及缓冲状态，如图 5-30 所示。

Filter
Choose Work Center Group: All
Drag a column header here to group by that column

Work Center	Work Order ID	SKU	Client	Plant	Quantity	Order Type	Buffer Penetration	...	Actual Release Date	Notes
C	W356	ITEM06	PWH	Plant	700.00	Stock	72%		23/06/08	
B	W365	ITEM09	PWH	Plant	1,000.00	Stock	63%		25/03/08	
B	W366	ITEM10	PWH	Plant	1,500.00	Stock	61%		25/03/08	
B	W364	ITEM08	PWH	Plant	1,800.00	Stock	58%		25/03/08	
D	W354	ITEM01	PWH	Plant	1,200.00	Stock	57%		22/06/08	
B	W357	ITEM06	PWH	Plant	700.00	Stock	51%		23/06/08	
C	W358	ITEM03	PWH	Plant	800.00	Stock	51%		24/03/08	
A	W369	ITEM13	PWH	Plant	600.00	Stock	48%		26/03/08	
C	W363	ITEM07	PWH	Plant	600.00	Stock	46%		24/03/08	
B	W374	ITEM18	PWH	Plant	1,000.00	Stock	46%		27/03/08	
A	W383	ITEM27	PWH	Plant	1,000.00	Stock	46%		29/03/08	
C	W378	ITEM22	PWH	Plant	1,000.00	Stock	44%		28/03/08	
A	W370	ITEM14	PWH	Plant	500.00	Stock	43%		26/03/08	
A	W386	ITEM09	PWH	Plant	1,000.00	Stock	43%		29/03/08	
B	W376	ITEM20	PWH	Plant	100.00	Stock	41%		27/03/08	
A	W380	ITEM24	PWH	Plant	500.00	Stock	41%		28/03/08	
C	W360	ITEM04	PWH	Plant	1,000.00	Stock	40%		24/03/08	
B	W372	ITEM16	PWH	Plant	1,500.00	Stock	40%		27/03/08	
A	W379	ITEM23	PWH	Plant	1,000.00	Stock	38%		28/03/08	
C	W368	ITEM12	PWH	Plant	700.00	Stock	37%		26/03/08	
B	W373	ITEM17	PWH	Plant	500.00	Stock	35%		27/03/08	
B	W367	ITEM11	PWH	Plant	800.00	Stock	34%		25/03/08	
B	W381	ITEM25	PWH	Plant	500.00	Stock	32%		28/03/08	
D	W359	ITEM03	PWH	Plant	800.00	Stock	31%		24/03/08	
A	W387	ITEM09	PWH	Plant	1,000.00	Stock	23%		29/03/08	
D	W355	ITEM01	PWH	Plant	1,200.00	Stock	14%		22/06/08	

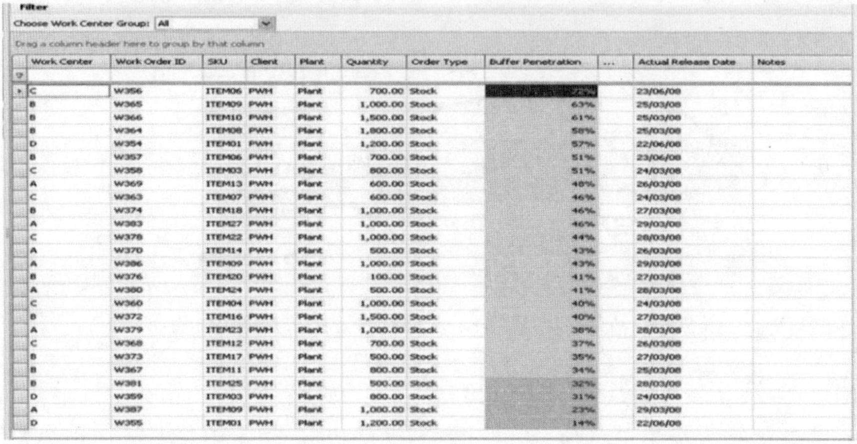

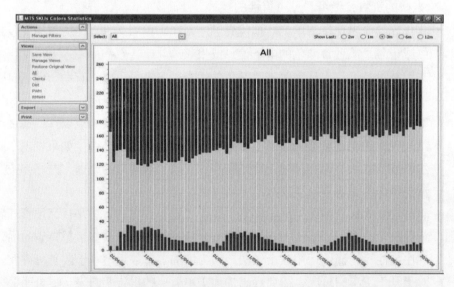

图 5-30　开工工单及缓冲状态的画面范例（来自 Symphony，彩图见插页）

第二个画面呈现开工工单按缓冲状态的颜色组合，如图 5-31 所示。

图 5-31　开工工单按缓冲状态的颜色组合范例（来自 Symphony，彩图见插页）

MTA 激发方案 3　　现在状况：相关的不良效应及对差距的影响

与激发方案 3 有关的现状是处理库存订单的方式。在 MTA 与 MTO 综合的环境中，生产人员倾向优先处理 MTO 工单，因为是"真的订单"。即使库存工单按 MTO 工单操作（这里的"客户"是销售部或成品仓），仍然不是面向"真的"客户。所以，真正 MTO 工单的优先顺序自然高于库存工单。此外，库存工单还常在 MTO 工单不足时，用于填补生产线的多余产能。在一般情况下，当销售人员介入和试图通过正式或非正式渠道推销某些产品时，库存工单才受到关注。

最终结果是造成备库存的 SKU 经常是零库存，尤其是市场想要购买的 SKU，而其他 SKU 却有大量存货。

MTA 激发方案 3　　未来状况：激发方案的正面结果

一套简单、务实及清晰的优先顺序设定方法的最大好处是，生产人员能立即知道某个特定的 SKU 库存水位正在快速下降。可能是因为需求快速增加，或者补货周期趋缓。无论是哪种情况，都能自行注意到工单的状态，并按优先顺序分配机器及资源。

颜色系统简单易懂，并可以减少以局部最优化来派工的倾向。一般的情况是操作简单、技术上不太复杂、不太容易报废的工作比较受欢迎。因此，员工可能对直接主管施以人情攻势，希望能派这样的工单给他们，即使不是需要优先完成的工单。实施激发方案 3 强调遵照优先顺序，让全体员工聚焦于需要做的事。

有了正确的思维和鼓励，车间人员会竭尽所能，尽快完成紧急工单（含黑单和红单），让工单流动到下一个操作环节。如此一来，工单便能快速抵达 P（C）W。

激发方案 3 的未来展望是建立自行迅速执行的基础。车间人员具备自行派工的能力，不需要管理层逐项下令，即可自行执行等待加工的工单。如果能做到这一步，管理层就有更多的时间去解决问题、采取修复行动、参与持续改善项目。

MTA 激发方案 3　　检查潜在的 NBR——有无与激发方案关联的风险

潜在的 NBR 可能来自颜色认知，或者按颜色状态派工的效应。

这些 NBR 与 MTO 激发方案 3 的 NBR 类似。

（1）由于过度换线损失产能。根据激发方案 3 的准则，按颜色设定派工的优先顺序。在决定相同颜色工单的加工顺序方面，给予产线主管某个程度的弹性，还可以允许同一个颜色的 SKU 集批加工。不过，不允许合并不同颜色的工单，因为这会引起更多的换线而损失产能。有些产能紧张的资源可能成为 CCR，这个问题在 MTO 激发方案 7 已讨论过。

（2）与自动（自行）派工相关的潜在风险已在 MTO 激发方案 3 的 NBR 部分讨论过。

MTA 激发方案 4

缓冲管理的修复行动就位

MTA 激发方案 4　激发方案的本质

激发方案 4 倡导管理层以积极的态度确保可得性并降低缺货风险。通过使用缓冲管理发现 P（C）W 面临的缺货风险。依照颜色机制，机器和资源被优先分配给红单或黑单。然而，只是分配机器和资源不足以确保工单在特定 SKU 耗尽前抵达仓库。如果有这种状况，管理层就必须采取修复行动。

这里的想法与在 MTO 激发方案 4 相同。

在现实环境中，生产管理者承受产品缺货的沉重生产压力。一般而言，管理者自有加速工单的本领，建议要检讨赶工方式作为修复行动的一部分。

激发方案 4 应充分利用每日的生产会议（会议通常处理生产入库问题和补足缺货的急单问题）。激发方案 4 每日的生产会议应聚焦于：

- 讨论黑色或红色工单。
- 持有这些工单的管理者，在开会前检查是否需要采取特殊行动，以确保快速送交仓库。
- 为了采取修复行动，管理者向不同职能及部门的同事寻求特别的协助。
- 必要时，高层管理者参与修复行动的授权（尤其在产生额外费用时）。
- 记录发生的状况与修复行动，并加入缓冲管理的数据库。
- 追踪行动及成效，将成功案例纳入团队的修复行动数据库。
- 会议时间简短，由带头的管理者主持。高层管理者定期参加，以表示支持及协助制定相关政策。

MTA 中立即修复行动的需求比 MTO 中的需求更多。MTO 中生产缓冲从黄单到成为红单间有个时间差距，而 MTA 中由于市场需求造成仓库超量消耗，可能很快就落入红区了。因此，红单甚至黑单可能出现在生产流程的任何阶段，这里需要一套更完善的修复行动组合。

结论：激发方案 4 要求在 SKU 缺货前采取修复行动，以利于提升 SKU 在库的可得性。使用 DBM 赋予管理者调整各个 SKU 目标库存水位的能力，以应对可见的消耗趋势。持续监督缓冲能使缺货程度继续下降，同时减少过剩库存。

MTA 激发方案 4　现在状况：相关的不良效应及对差距的影响

就 MTS 环境的管理现状来看，执行生产计划一般是不断地救火。也就是说，花了不少时间编制出来的月度生产计划，在区区几天内，在急单的压力下被改变了。MTS 环境中激发方案 4 针对的典型问题包含：

- 许多主要管理者浪费很多时间在日常协调会议上。
- 呈现在日常协调会议上的问题一再发生。
- 太多的急单。
- 生产计划不断变更。
- 全部的管理者都成了跟催员（有时介入生产，有时只是对需要加急的订单施压）。

MTA 激发方案 4　未来状况：激发方案的正面结果

主要的正面结果是减少"救火"的数量，提高修复行动的有效性。激发方案 2 和激发方案 3 落实补货工单投产与优先顺序自动设定的机制。如此生产管理者便能排除不必要的负担，而有时间采取修复行动。看到每张黑单及红单的缓冲侵蚀，便能清楚知道优先顺序，这有利于生产管理者聚焦于必要之处。积累一套有效修复行动的数据库，有助于借助集体的知识和成功经验，使生产管理工作更加专注与务实。

更有效地利用日常会议——依靠会议架构、会议准备、决议流程与会议结果的记录及会后跟进来实现。这有助于实现系统化管理，持续提升高层管理者与基层管理者的能力。"救火"不是浪费，而是提供了企业成长的源泉和基础。

开工工单的颜色概况能展现生产管理的进步结果。当黑单和红单的百分比呈现整体下降的趋势，表示可得性在持续进步中，而管理层有更多从事管理的时间。

最重要的结果是提升可得性，进而带来更多的销量。

MTA 激发方案 4　检查潜在的 NBR——有无与激发方案关联的风险

利用日常协调会议来建立激发方案 4 的启动平台，便于讨论与决定修复行动。激发方案 4 改变日常协调会议的焦点，并确保会议越来越有效。渐渐地，会议焦点转向针对黑单和红单，而持有这类工单的人在会议上可能感到不安，担心成为众矢之的。

应对这个顾虑的方式是，营造积极的会议氛围，以促使每位管理者能从中学习与成长，并得到更高管理层及其他部门的主动支持，以便齐心协力改善生产流程。从实务的角度来看，高层管理者参与日常会议也很重要。一般来说，参与会议的管理者缺乏采取已提出的修正行动的权力。因此，会议后必须将问题提交到更高管理层，而修复行动会被拖延。如果高层管理者参加会议，就可当场对修复行动进行授权。所以，会议的有效性取决于做决定的速度和人们的积极程度。应该有会议记录（以简单的文档，发送给所有相关的部门与管理者），以利于跟进和落实修复行动，并加快补货速度，减少缺货及黑单和红单的数量。

| MTA 激发方案 5

监督和管理原料与零部件的可得性

MTA 激发方案 5　激发方案的本质

在 MTA 环境中，补货系统的目标库存水位主要依据生产前置时间而定。这里的假设是，由外部供应商提供的物料——外购物料能在工单投放时全都到位，而激发方案 5 便是针对这类物料的可得性。原理上，MTA 激发方案 5 与 MTO 激发方案 5 相同，而实际的差别如下：

（1）MTA 必须保障所有外购物料的可得性。解决方案不能依靠特例的管理手段，只注意少数的关键外购物料的重要性。物料管理者必须是实施解决方案的积极伙伴，并能承诺外购物料的可得性。

（2）如果因某种理由管理层决定某些外购物料不备库存，那么在决定这些物料的补货时间时，应该考虑采购时间。此外，在备库存的情况下，拉长补货时间会提高目标库存水位，结果是增高系统中的库存。

激发方案 5 需要包含以下 3 种情境。

1. 库存式采购

在库存式采购情境下，如图 5-32 所示，公司的外购物料存放在产线前的进料库，作为保障可得性的库存缓冲。这里的缓冲管理方式与在 MTO 描述的相同（本书的第 3 章和第 4 章）。

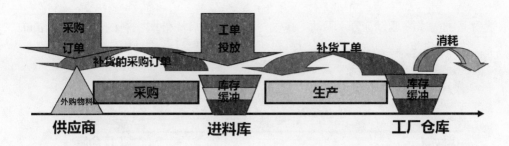

图 5-32　库存式采购示意图，提供在投放补货工单开工时外购物料的可得性（彩图见插页）

2. 工单式采购——采购时间短

在工单式采购情境下，需要采购的物料存放在供应商的仓库中，如图 5-33 所示。一般运送时间短，公司可按每张生产工单的投产计划来采购，不需备库存。在操作上，这样的管理方式可通过工单投产的准备程序来实现。

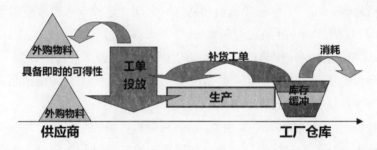

图 5-33　补货工单外购物料的即时可得性示意图，这些外购物料的交货时间很短，
进料库不备库存（彩图见插页）

3. 工单式采购——采购时间长

在工单式采购情境下，有些外购物料的可得性虽然不高，但又没必要备库存，如图 5-34 所示。操作上的想法是把采购时间加到生产时间里，以决定该物料的补货时间。这会反映在 P（C）W 中该物料的库存缓冲大小上，即补货时间越长缓冲越大。如果一张工单含有几种外购物料，那么采购时间定为其中交期最长且较不可靠的时间。这里的操作机制应该包含驱动该工单需要的所有采购单，以及监督（通过缓冲管理）采购单的准时交货情况。

为工单而采购的程序（上述 2、3 两类情境）应该依照 MTO 激发方案 5 中为客户订单而外购物料的原理。MTO 由客户订单来驱动工单，而 MTA 由 P（C）W 补充存货的需求来驱动工单。驱动工单投产的机制与启动外购物料的采购作业相同。

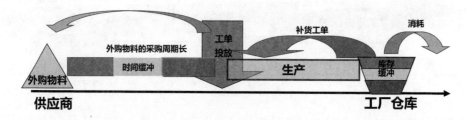

图 5-34　补货工单外购物料示意图，这些外购物料在进料库不备库存，
且采购时间长（彩图见插页）

MTA 激发方案 5　现在状况：相关的不良效应及对差距的影响

通常，采取库存式生产以应对预期未来销售的公司，可采取下列两种方式。

（1）针对备库存的产品，将库存工单视为 MTO 环境中的客户订单，客户是销售部或工厂仓库。库存工单包含数量和期待的交期。这种方式通常应用于基本供应模式为 MTO 的公司，并决定对一些 SKU 备库存的情况。

（2）库存式生产是根据基于销售预测的生产计划（通常是月度计划），包含月度数量及当月的预期生产量。在有些情况下，高需求的 SKU，如畅销品，可能需要按周进行生产及补货给仓库。

这两种情况的外购物料都必须根据预测来订货。采购时间长的外购物料，预测周期要比生产计划的时间长。例如，如果采购前置时间是 2 个月，而生产线按月度计划运行，那么采购必须提前 3 个月下单。

外购物料遭遇两个主要的 UDE，这是受预测驱动的库存环境的典型问题，即缺货与库存过剩。这两个问题源于预测与实际状况间存在的差异，加上供应商不可靠。缺货是由于实际销售大于预测，及/或采购时间比预期长而导致的。外购物料缺货也导致其他几个 UDE：

- 工单无法投产。

负面结果是延迟投放工单会使 P（C）W 的 SKU 缺货。

- 太多采购订单的需要催促。

- 太多急单需赶工——为了补足缺货。

预测与实际间的差异衍生出另一个后果——外购物料的库存过多，从而导致额外的 UDE。

- 太多资金被不必要的库存占用。
- 缺乏资金购买需要的物料。
- 已无法使用的淘汰库存造成资金浪费。

MTA 激发方案 5　未来状况：激发方案的正面结果

为了支持生产补货系统，物料管理承诺外购物料的可得性。激发方案 5 提供了相关机制，含作业程序和管理程序，以利于有条不紊地落实承诺。通过缓冲管理来处理采购任务，便可大幅度减少紧急采购的工作量，从而提高采购部的效能。当生产需要时，激发方案 5 有助于外购物料的高可得性水平。总之，激发方案 5 是针对上述所有的 UDE。

MTA 激发方案 5　检查潜在的 NBR——有无与激发方案关联的风险

在讨论激发方案 5 时，常会提到一个典型的担忧，使用目标库存水位还是有库存过剩的风险。当员工试图自我保护，以免出现红单或黑单时，这种情况可能发生，因为他们用公式来放大目标库存水位。从防止缺货（加重员工的工作量）的角度来看，公式算出的较多库存似乎合理，但可能大幅度超出实际的需要量。

其实，这不是一个真正的 NBR，只是激发方案 5 不够完善的实施结果，需使用 DBM 来确保实现无库存过剩的目标。如果管理层专注于降低黑区和红区采购单，就可能无暇注意到一直在绿区的存货。DBM 凸显持续在绿区的库存或超过目标水位的库存概况。

◀ MTA 激发方案 1~5 概述 ▶

在市场期望买到产品，但没有耐心等待生产的情况下，MTA 的前 5 个激发方案引导管理层踏上保证产品可得性的征途。

如果某个公司认为向市场提供现货是一个商机，那么 TOC 建议用一种有效且专业的方式来运作，就是从 MTO 或 MTS 转变成 MTA。

生产管理者承诺确保高水平的 P（C）W 可得性，同时提高库存周转数，这些是可衡量的承诺。

图 5-35 是 MTA 激发方案 1~5 运作的示意图。

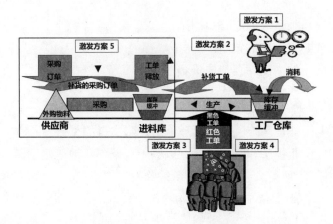

图 5-35　MTA 激发方案 1～5 运作的示意图（彩图见插页）

◀ 持续改善：MTA 激发方案 6～8 ▶

TOC 视管理为一种专业。这意味着管理者都有内在渴望，去持续改善其职责范围内的工作绩效。改善的前 3 个问题是"改变什么""改变成什么"及"如何促成改变"——如何实施并获得期望的结果和利益。激发方案 1～5 提供了"改变成什么"的大部分答案。第 4 个问题"如何打造持续改善流程"确保已实施的解决方案能发挥作用。

MTA 解决方案是思维上的重大转变，通过库存式生产应对未来销售的机制。在实施阶段，必须确保激发方案实施到位，实现期待的结果和利益，并且新的管理方式不会引起新的 UDE。应用 MTA 的前 5 个激发方案，搭建一个组织有序、稳定且清晰的系统。这组激发方案既简单又实用，可帮助管理者达成渴望的表现。

下一步是对系统的持续管理，这一点必不可少。

MTA 激发方案 1～5 聚焦于可得性和库存周转的立即改善，还不能保证达到全面可得性的境界。激发方案 6～8 建立一个平台、机制及管理程序，以找出妨碍全面可得性的潜在障碍。在实现高可得性水平后，接下来的改善是缩短补货时间，进一步降低系统的整体库存。

这就是激发方案 6～8 的作用。

图 5-36 是 Symphony 软件提供的缓冲管理分析，呈现关键原因的帕累托分析

包括阻碍和堵塞生产流动的原因。

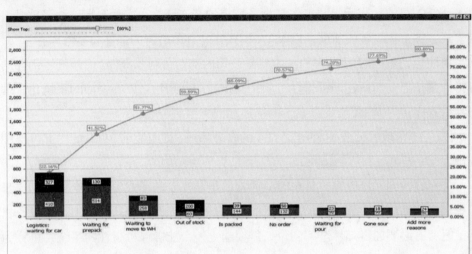

图 5-36　缓冲侵蚀原因的帕累托分析范例

MTA 激发方案 6 ~ 8 与 MTO 激发方案 6 ~ 8 的内容、逻辑、作业程序及管理程序相同，如本书第 3 章和第 4 章所述，在此不重复讨论。

◀ 特别应用 ▶

| 组装前 MTA 的内部可得性

公司在组装前建立库存，便于提出具有市场竞争力的交期前置时间。这部分内容是针对这类公司的 MTA 特别应用模式。

公司建立产品库存的主要原因是给客户的交期前置时间比客户愿意等待的时间还长。假如竞争对手可以在较短的时间内供货，那么公司将流失销售机会。不过，实际上客户不总是需要即时的可得性，他们愿意等一段时间。在这种情况下，建立成品库存未必有优势，反而太早消耗资源和金钱。在 T 形厂，通过在组装前建立库存可以达到快速响应市场的更大弹性及能力。TOC 建立库存的方式是使用 MTA 解决方案。

这类环境的解决方案是结合 MTO 与 MTA 的生产模式的。在此状况下组装线属于 MTO 模式，表示组装工作是为了特定的客户订单。实际上是一种订单式组装模式，加上在组装线前面，以 MTA 模式建立订单所需的部件和零件库存。

请注意，这个情境里的 MTA 主要是公司内部的自制零部件。而外购零部件的可得性则依照前面所述的可得性机制来操作，即外购物料库存缓冲的系统化管理与补货程序（与 MTA 激发方案 5 的描述相同）。

图 5-37 呈现了综合 MTO 与 MTA 的管理系统，即组装前 MTA 的内部可得性应用。

公司在收到并接受客户订单时，通常以组装工单的形式发出生产指令。这张工单包含产品规格、数量需求及承诺的交期。为了能即刻展开组装工作，以及在开工时所有必要的零部件全都到位，需要建立一个能确保可得性的系统，可称为组装前 MTA 的内部可得性应用。

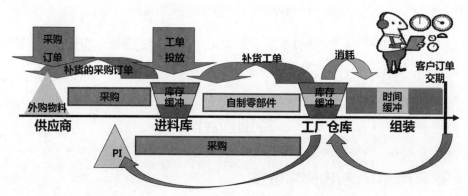

图 5-37　组装前 MTA 的内部可得性应用（彩图见插页）

| 组装前 MTA 内部可得性的基本概述

本章节沿用 MTA 解决方案的架构，不同之处是以 MTA 可得性模式建立成品库存，以利于随时供应给生产线之外的外部市场。而这里的场景是对内部的承诺，即组装线的存货可得性。

公司的一般战略可设定为 MTO 或 MTA，以建立对外部市场供应成品的方式，而内部可得性的作用是保障组装需要的零部件全部到位。

战术

零部件的生产与采购方式实行 TOC 补货及缓冲管理，以落实组装库存缓冲中零部件的可得性，且无过剩库存。

请注意，在此已结合补货系统的目的与战术。在经历了整个 MTA 解决方案之后，每当管理层需要确保可得性时，自然而然会采用 MTA 解决方案。TOC 补货机制是为了可得性，目的与战术总是在一起讨论的。

生产管理和采购管理（通常是物料管理的一部分）在确保可得性时都有明确的责任与承诺。二者对公司整体的贡献是有效管理库存缓冲。建立库存是为了达到某个目的，必须加以管理。

采购管理设立及维护组装前的库存，并将其作为零部件生产的主要调节器。零部件的生产管理者需要坚持为可得性而制造的目的。这是 MTA 系统，不是 DBR，也不是 SDBR。这是生产补货系统根据组装前的库存缓冲的需求来管理生产的流动。这里的缓冲反映组装的需要，也代表市场的需求。这里的 MTA 进行了一些调整，以符合内部的可得性。

运营层面：具体要做什么？

- 高层管理者必须确保思维及用以支撑的衡量方式到位。
- 物料管理部必须在组装前建立仓库，实施库存缓冲的机制，并作为零部件生产的调节器。
- 零部件生产部必须建立生产流动系统，以利于补充组装前仓库的库存消耗。

这个系统包括 3 部分的激发方案，与 MTA 相同。

（1）建立正确的思维：激发方案 1。

（2）立即改善：激发方案 2~5。

（3）持续改善：激发方案 6~8。

MTA 内部可得性由 8 个激发方案组成，分 3 部分。

1．建立正确的思维

零部件生产及采购部建立明确的信息，必须确保零件与部件的可得性。激发方案 1 的思维及本质和 MTA 激发方案 1 相同，如图 5-38 所示。

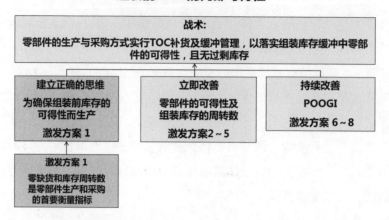

图 5-38　组装前 MTA 的内部可得性：激发方案 1

2. 立即改善

通过建立及管理在组装前仓库的库存缓冲，实现组装所需零部件的可得性的立即改善。

组装前的仓库成为零部件生产的调节器。

此处 MTA 激发方案 2、3 的内容有些调整，而激发方案 4、5 则与 MTA 的激发方案相同，如图 5-39 所示。

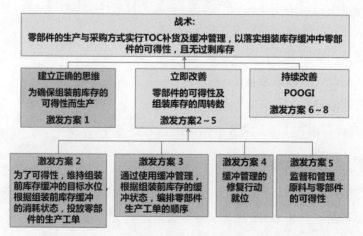

图 5-39　组装前 MTA 的内部可得性：激发方案 2 ~ 5

激发方案 2：由组装前仓库的消耗状态驱动零部件生产工单的投放。记录每张客户订单消耗的零部件数量。

激发方案 3：按照组装前仓库中库存缓冲的消耗水平设定零部件生产工单的优先顺序。

激发方案 4：缓冲管理的修复行动使用与 MTA 相同的管理平台及工单的颜色机制。激发方案 4 引发对黑单和红单的修复行动。请注意，黑单表示系统出现了严重问题，可能是客户的确定订单因库存不足而无法组装。这可能伤害公司的交期承诺及信誉，意指这里的黑单比常规的 MTA 黑单更严重。

激发方案 5：MTA 确保原料及零部件的库存缓冲的可得性，MTO 同时使用时间缓冲和库存缓冲。

3．持续改善

持续改善部分的结构与 MTO 解决方案及 MTA 解决方案相同，如图 5-40 所示。收集及呈现缓冲管理统计。当发现 CCR 与工单批量打乱生产流动时，需要管理 CCR 和挑战工单批量大小。这部分的目的是确保生产流动的持续改善，以继续提升可得性水平；确保新零件及部件快速到位，通过降低补货时间中零部件生产与外购零部件的采购时间，实现库存周转数的改善。

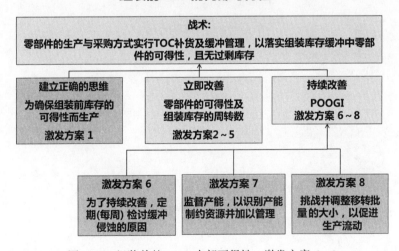

图 5-40　组装前的 MTA 内部可得性：激发方案 6 ~ 8

◀ 本章小结 ▶

　　MTA 解决方案的起点是识别公司的业务开展潜力，即有些或大部分的产品放在工厂或中央仓库中保证随时有货，客户在很短的时间内便可收到产品。总之，MTA 环境下的交货时间比 MTO 环境下的交货时间短多了。

　　持有库存以服务市场，让高层管理团队陷入了一个深度困境——究竟应该持有多少库存？一方面，公司想要拓展更多的销售机会，为满足市场需求，最好在工厂仓库持有更多的库存，防止因缺货而错失销售；另一方面，高库存必须付出代价——库存是一种投资，需要花钱，持有太多库存会影响财务表现。在许多 MTS 的现实环境中，这是核心疑云图。

　　MTA 是上述核心疑云图的解决方案。针对每个补货系统中的 SKU 建立目标库存水位，并且小心监督及管理库存缓冲，以提高可得性并增加库存周转数。改善的重点是将工厂仓库与生产线整合成一套完整的补货系统。在 MTA 解决方案中，生产线不单是中央仓库的供货者，还是通过缓冲管理来响应仓库的需求、并处理急需补充的 SKU 工单的快速通道。

EVER ▶ ▶ ▶

IMPROVE

本书简述

本书的旅程即将结束，一路走来，我们讲述了 TOC 的基本方法，含可汗 U 形图、MTO 和 MTA 的解决方案。书中各章节涵盖了很多知识点及务实的建议方案，在此重点简述 MTO 和 MTA 解决方案的关键内容。

◀ 建立正确的思维 ▶

激发方案 1：建立思维模式、管理团队的承诺和绩效衡量指标，以利于强化管理层与全体员工的决心。在绩效指标部分，MTO 的首要衡量指标是 DDP（准时交货率）和 QLT（交期前置时间），而 MTA 的首要衡量指标是可得性和库存周转数。

◀ 立即改善 ▶

采用管理流动的规则并使用 TOC 系统方法来运行，以获得立即改善的效果。

激发方案 2：系统的引擎，为生产提供基本的运行机制。生产任务按照工单的制造指令来执行，MTO 的中工单是由客户订单决定的，而 MTA 中的工单是由工厂（中央）仓库的库存消耗量决定的。在 MTO 中，由生产缓冲决定工单的投放时间；而在 MTA 中，生产计划与控制部根据补货订单的紧急程度和可用产能来决定工单投放时间。

激发方案 3：设立工单的优先顺序，以利于分配资源。根据工单对应的缓冲消耗量来排定优先顺序。MTO 中优先顺序根据时间缓冲的消耗而定，而 MTA 中优先顺序根据库存缓冲而定，含两项重要的区别：

- MTO 中的缓冲消耗只由工单的进度决定，工单的移动越慢，如期完工的风险越高。MTA 中的缓冲状态也是由工单的进度决定的，但不只如此。工厂（中央）仓库中 MTA SKU 的消耗速度也有很大的影响力。
- 更新缓冲状态的频率不同。MTO 按每 1/3 的生产缓冲改变颜色，而 MTA 的颜色变化可能很频繁——每天都在变化，也可能在一段时间内根本不变。

激发方案 4：缓冲管理的修复行动。MTO 和 MTA 中这部分的内容几乎一样。这里的管理平台相同，包括在每日会议中检讨黑单和红单、决定修复行动、跟进改善行动，以及持续减少黑单和红单。

激发方案 5：作业程序，以确保 MTA 和 MTO 中外购物料的可得性。MTA 承诺所有外购物料的可得性，而 MTO 主要是保障关键（有问题的）物料。

◀ 持续改善 ▶

在生产线的持续改善部分，MTO 和 MTA 的激发方案相同。其中的逻辑是，以生产的作业程序来看，不管工单是服务于客户订单(MTO 方式)，还是服务于工厂或中央仓库的库存（MTA 方式），并没有什么区别。从流动的角度来看，MTO 与 MTA 也没有区别。根据缓冲状态，每张 WO 有自己的颜色，应该按照颜色顺序来分配加工资源。

前5个激发方案建立了一套维持流动的运行系统。然而，有些工单在完成前变成红色，甚至黑色。激发方案6~8识别出扰乱流动的障碍和阻塞，并有条不紊地加以消除。

激发方案 6：聚焦于改进流动上的主要障碍。MTO 和 MTA 按照清晰的程序，搜寻阻碍工单的原因，以便找出可改进之处。数据分析能指出作业、程序及行为模式上的改进方向，这些都是系统本身的问题。

激发方案 7：处理产能制约资源（CCR）。通过激发方案 6 找出干扰流动的因素，即在需要时，资源没有足够的产能来完成分配的生产负荷。解决这个问题的方案对 MTO 和 MTA 而言都是一样的。

激发方案 8：调整工单的数量以适合流动的速度。还一种干扰与批量有关，也是系统本身的问题。批量大小问题是技术、管理与财务等因素综合作用的结果。作业程序与管理程序对 MTO 和 MTA 的处理方式都一样。

◀ TOC 供应链管理解决方案 ▶

在本书简述部分，值得一提的是为了供应链而生产的全貌。

MTO 是供应链的一部分，涵盖公司对公司（B2B）的业务，有时甚至最终客户也可能接受或主动要求按照他们的订单来制造产品。

MTA 是供应链的基础部分，该解决方案可作为或融入更大系统的一个模块。

（1）制造型企业的 MTA 内部可得性。有不少公司，尤其是 A 形厂和 T 形厂都是 MTO 的环境，这类公司在组装前建立自制件与外购件的库存，以利于随时供应未来的客户订单。这部分内容在第 5 章结尾已讨论过。

（2）MTA 是整体供应链的一部分，具体介绍如下。

供应链管理是 MTA 的延伸应用，包含了产品向外的流动方向。MTA 的焦点是生产功能，针对可得性的"制造"作业，而公司的供应链管理（SCM）还包括分销功能。"分销"是个通用名词，泛指负责管理产品（SKU）的功能，并将产品分销到供应链的下游环节。一家公司可能拥有自己的区域仓库，而这些区域仓库可能供应给批发商、连锁店或商店。

SCM 解决方案的架构和措辞与 MTA 很相近。

SCM 解决方案的战略：供应链确保高水位的存货可得性，且无过剩库存。MTA 的战略专注在公司层面，全公司确保高水位的存货可得性，且无过剩库存。

SCM 战术：生产与分销应用 TOC 补货系统。实施 MTA 的战术是生产与物料管理应用 TOC 补货系统。

激发方案：SCM 包括 3 部分的激发方案。

- 思维：为保证可得性而供应。
- 生产：采用 MTA 以确保工厂（中央）仓库中的可得性，7 个激发方案与 MTA 的两部分相同：

——可得性的立即改善，激发方案 2 ~ 5。

——持续改善，激发方案 6 ~ 8。

- 可得性分销：

可得性分销(DTA)的目的是设置与维持一套可靠又有效的配销系统，以确保可得性。

MTA 和 SCM 解决方案的整体架构如下图所示。

TOC 供应链管理解决方案

战术:
生产与供应链应用TOC补货系统

思维	可得性生产	可得性分销
供应以确保可得性	确保工厂（中央）仓库的可得性	设置与维持可靠又有效的配销系统，以确保可得性

可得性的立即改善   **持续改善**

激发方案 2	激发方案 3	激发方案 4	激发方案 5	激发方案 6	激发方案 7	激发方案 8
维持P（C）W的库存缓冲，确保100%可得性，根据P（C）W缓冲的消耗，投放生产工单	根据P(C)W中对应的缓冲状态排定开工工单的优先顺序	缓冲管理的修复行动就位	监督和管理原料与零部件的可得性	为了持续改善，定期(每周)检讨缓冲侵蚀的原因	监督产能，以识别制约资源，并加以管理	挑战并调整移转批量的大小，以促进生产流动

图　支持 SCM 的 MTA 整体架构

上图是 TOC 的 MTO、MTA 和 SCM 解决方案的精华缩影。

结语

　　撰写本书的过程充满挑战，却也让我获益良多。本书提出的思路和建议一次又一次地经过学以致用的专业人士与公司管理层的检验。希望本书能以务实且有价值的内容，对读者有所助益。如读者能使用本书提升生产绩效，本人将深感欣慰。

反侵权盗版声明

电子工业出版社依法对本作品享有专有出版权。任何未经权利人书面许可，复制、销售或通过信息网络传播本作品的行为；歪曲、篡改、剽窃本作品的行为，均违反《中华人民共和国著作权法》，其行为人应承担相应的民事责任和行政责任，构成犯罪的，将被依法追究刑事责任。

为了维护市场秩序，保护权利人的合法权益，我社将依法查处和打击侵权盗版的单位和个人。欢迎社会各界人士积极举报侵权盗版行为，本社将奖励举报有功人员，并保证举报人的信息不被泄露。

举报电话：（010）88254396；（010）88258888

传　　真：（010）88254397

E-mail：　dbqq@phei.com.cn

通信地址：北京市万寿路 173 信箱

　　　　　电子工业出版社总编办公室

邮　　编：100036